河南省农民合作社典型案例及评析

河南省农业厅　编

中国农业出版社

本书受以下机构及项目资助出版：

河南省普通高校人文社科重点研究基地（河南农业大学农业政策与农村发展研究中心）

河南省软科学研究基地（河南省农村区域经济发展研究中心）

本 书 编 委 会

序

　　农民合作社是在我国农村基本农业经营制度基础上发展起来的的互助性经济组织，是带动农户进入市场的基本经营主体，是发展壮大农村集体经济的新型实体，是新时代创新农村社会治理的有效载体。党中央、国务院高度重视新型农业经营主体的培育和发展。党的十九大作出了实施乡村振兴战略的重大决策部署，提出发展多种形式适度规模经营，培育新型农业经营主体，建设现代农业。国务院常务会专题审议了新型农业经营主体培育有关工作，明确培育新型农业经营主体、加快发展现代农业是落实党的十九大精神、实施乡村振兴战略的重要内容，提出了今后一段时期新型农业经营主体的发展方向和扶持的政策举措。

　　进入新世纪以来，特别是《农民专业合作社法》颁布实施十年来，在农业部、省委省政府的高度重视和正确领导下，河南省农业厅认真履行法律赋予的指导、扶持和服务职责，会同有关部门采取有力措施抓好法律贯彻落实，主动沟通协调，推动出台财政、税收、信贷、涉农项目等惠农惠社政策措施。2014年，经河南省政府同意，建立河南省农民合作社发展部门联席会议制度，形成了农业、财政、国土、工商、税务等部门协调配合、共同支持农民合作社发展的新机制，推动农民合作社建设与发展取得了积极成效。

　　近10年来，农民合作社蓬勃发展，到2017年6月底，全省在工商部门登记的农民合作社达到14.9万家，是2007年的88.6倍；实有入社农户超过690万户，超过全省农户总数的三分之一；产业涵盖粮棉油、肉蛋奶、果蔬茶等主要产品生产，并扩展到农机、植保、民间工艺、旅游休闲农业等多领域；在专业合作的基础上，农民群众探索出股份合作、信用合作、合作社再联合、合作社与农业企业再联合等多种形式和业态。农民合作社正在成长为重要的新型农业经营主体和现代农业建设的中坚力量，在促进农业适度规模经营、推动农业供给侧结构性改革，以及带动农民就业增收、脱贫致富中发挥的作用越来越突出。

农民合作社已发展成为引领小农户进入现代农业轨道的重要载体，成为推进农业供给侧结构性改革的重要推手，成为带动农民发展产业脱贫增收的主要渠道。为总结宣传《中华人民共和国农民专业合作社法》实施10年来河南省农民合作社建设取得的显著成效，扩大农民合作社在全国的知名度和美誉度，河南省农业厅农村经济体制与经营管理处组织编写《河南省农民合作社典型案例及评析》一书。进入本书的农民合作社案例既具有鲜明的时代特征，又极具浓郁的地域特色，能够代表目前河南省农民合作社建设的总体水平，其面临的发展难题与困境又具有一定的共性。本书通过解剖麻雀式分析，以鲜活的案例勾勒出河南省农民合作社蓬勃发展的总体轮廓，以生动实践呈现出河南农民合作社创新经营的各种经验，精辟的专家点评则使人对案例的特色和亮点一目了然。

本书既可以作为开展农民合作社培训的辅导资料，供各级辅导员和各类农民合作组织相互交流、相互借鉴、相互启发，也可供广大理论工作者研究参考，对引导农民合作社规范快速发展、提高经营管理水平具有积极作用和重要价值。

希望河南省各地（市、县）农业部门和合作社负责同志通过交流学习，相互汲取经验，拓宽成长思路，提升发展水平。河南省各级农业部门应认真总结推广成功经验，找准扶持农民合作社加快发展的突破点和着力点，完善扶持政策，强化指导服务，不断增强农民合作社经济实力、发展活力和带动能力，为加快推进河南农业农村现代化、实施乡村振兴提供有力支撑。

编　者

2017 年 12 月

前　言

　　《中华人民共和国农民专业合作社法》颁布实施十年来，河南农民专业合作社蓬勃发展，成效斐然。十年间，全省农民合作社数量增长了 80 多倍，入社农户占全省农户总数已超过 1/3，实施标准化生产的合作社超过4 000 家；实现农超对接、农社对接、农企对接、农校对接的合作社超过6 000 家；通过各类农产品质量认证的合作社从 2007 年的 261 家增加到2016 年的 4 081 家，增加 14.6 倍；拥有注册商标的合作社从 257 家增加到1 909 家，增加 7 倍多。合作社经营范围不仅涵盖粮棉油、肉蛋奶、果蔬茶等农产品，还拓展至植保、农机、旅游等各领域；合作模式已在专业合作的基础上逐渐探索出土地股份、信用合作、联合发展等多种形式。总之，经过十年的发展壮大，河南省农民合作社已欣然成长为引领小农户进入现代农业轨道的有效载体，成为构建新型农业经营体系的中坚力量。

　　农民合作社已成为引领小农户进入现代农业轨道的重要载体。农民合作社内部成员结构中的普通农户数量最多，2007—2016 年平均占比为83.1%。从服务内容看，多数合作社已经发展成为融产、供、销为一体的综合型经济组织，不仅为农户提供耕、种、收、储、运等中间环节的生产性服务，还提供生产资料采购和产品销售服务，在小农户与大市场之间切实起到了桥梁和纽带作用，打通了小农户进入大市场的渠道。在引导产品进入市场的同时也把要素、技术、管理等现代农业所要求的元素随同服务一道植入小农户生产经营过程当中，成为引领小农户进入现代农业轨道的重要载体。2007—2016 年，全省产加销一体化服务的合作社数量从 2 149家提高到 55 847 家，生产服务型合作社由 503 家增加至 36 204 家。2016年，统一销售农产品 80% 以上的合作社有 89 018 个，合作社统一组织销售农产品总值达 446.47 亿元；统一组织购买农业生产投入品总值 215.98 亿元，统一购买比例在 80% 以上的合作社有 27 029 个。

农民合作社已成为传统农区稳定粮食生产的重要力量。2007—2016 年的合作社产业分布统计数据表明,河南省种植业合作社在各类合作社总数中占比最高且呈显著上升态势。河南省种植业合作社占比从 45.3% 上升至 65.2%。而在种植业合作社中,粮食类合作社占比呈逐年上升趋势,从 2013 年的 55.3% 提高至 2016 年的 62.5%。比如,荥阳市新田地种植专业合作社通过"农业生产要素车间"方式逐年扩大粮食生产托管范围,通过为社员农户提供包括良种、农资、农机、烘干、收储等在内的全程社会化服务,引导农户种植市场需求缺口大的专用性小麦和玉米,在有效引导生产结构调整的同时也夯实了传统农区的粮食生产基础。长垣县正大种植专业合作社用现代高新技术改造传统种植方式,培育出富硒农产品,主推"富硒小麦、富硒玉米和富硒水稻为主、经济作物为辅"的种植结构,在满足消费者对健康食品要求的同时,也探索了稳定粮食生产的有效途径。

农民合作社已成为推进农业供给侧结构性改革的重要推手。合作社通过引导农业生产结构调整、推行绿色生产、实施标准化种植、向新业态延伸等不同举措,提高了农产品的质量效益和市场竞争力,为传统农业注入新的活力,使其获得新的发展潜力,从供给端强化了农业的基础地位。比如,孟津县慧林源种植专业合作社启动了"河南省无公害蔬菜瓜果生产普及推广"科普项目和"猪—沼—菜—棚"四位一体生产模式,不仅从源头上杜绝了农产品的污染,而且实现变废为宝,在节约成本的同时也减少了环境污染,实现了农业的绿色生产。虞城县幸福种植专业合作社注册"幸福童依"商标,借助生态农业的平台从不同角度宣传品牌、打造品牌;把产前、产中和产后各环节纳入标准化管理,形成农业品牌全程管理体系,以标准化管理和品牌农业创造出品质农业,产品远销数十个省(区)。

合作社已发展成为各级政府实施精准扶贫的重要帮手。农民合作社是我国农村贫困户较集中的组织,在缩小城乡贫富差距中被寄予厚望,成为推动广大农户脱贫致富的理想载体。一方面,很多合作社(尤其建有党支部的合作社)积极响应国家精准扶贫政策号召,努力探索"农民合作社十党支部"的工作模式,给予贫困户技术、资金等帮扶。据河南省农业厅统计,2009—2012 年,建立党支部的农民合作组织数量从 450 个增加到 1 118

个，党支部在合作组织中发挥的作用越来越大。另一方面，合作社成为政府实施精准扶贫的有效载体，政府对"三农"的扶持举措通过合作社更具针对性地落到了实处。比如，鹤壁市山城区晶金食用菌合作社，创办扶贫创业基地，安排一定贫困户到合作社创业就业，为贫困户提供增收渠道。兰考县和滑县政府引导构建"企业＋合作社＋贫困户"的扶贫模式，把财政给予的产业扶贫资金以贫困社员农户的名义入股合作社，以保证贫困户每年能从合作社获得不低于6％的收益回报。

作为一类具有特殊内涵的企业组织形态，农民合作社不仅在推进现代农业发展、促进农民增收等方面取得显著成效，同时，也日趋表现出现代企业所具有的联合化、一体化、综合化等显著特征。截至2016年年底，河南省各类联合社与合作社联合会的数量超过2万家。联合发展不但降低了单个合作社的运营成本，也显著提升它的市场竞争力。实践当中越来越多的合作社呈现出沿产业链向上下游纵深发展态势，由生产环节延伸至加工环节，由产前、产中环节向产后的烘干、包装、储藏、加工、销售等服务拓展。2007—2016年，河南省开展农产品深加工的合作社数量从85个增加到1 570个。另外，实践当中的大多数合作社既有劳动合作，也有资本和土地合作，并逐渐形成以劳动合作为主、多种生产要素合作为辅的发展态势。在联合化、一体化、综合化的发展趋势中，起步阶段局限于村社区域内的合作被逐渐打破，取而代之的是稳步走向以产品产业为纽带的户间合作，逐步由地缘合作走向业缘合作，日益体现出现代企业所具有的一些特质。

但是，也要看到，河南省农民合作社仍然处于初级发展阶段，面临很多现实问题和难题，有待于加大引导和规制力度。比如，农民合作社的单体规模总体偏小，市场竞争力仍然缺乏，规范化程度总体不尽如人意，相当一部分合作社的治理结构仍然流于形式，多数合作社仍然面临资金、用地、人才等方面的严重约束。数据表明，2016年年底提供金融服务的合作社仅占全省合作社总数的0.59％。2013—2016年开展内部信用合作的合作社数量从6 524家下降到4 589家。同时，政策对接错位、落实难、不能产生预期效力的情况也时有发生。但是，这些问题终归都是农民合作社发展过程中的问题，不能也不应该影响我们对农民合作社发展成效的总体判断。何况，相比较世界合作社近180年的发展历史，国内自农民专业合作社法颁布实施以来的十年，不过是合作社蓬勃发展的开端而已。总之，农民专业合作社法颁布实施以来，河南省农民合作社正逐步走向规模数量与质量效益并重的发展阶段。

收入本书的案例均为省级或者国家级示范社，总的来看，这些案例合作社既能够代表目前河南省农民合作社建设的总体水平，其面临的发展难题与困境也具有一定共性。本书对案例合作社创新经营的做法进行了逐一总结并明晰启示，对合作社存在的不足与难题进行逐一审视并展望未来，以期通过鲜活案例勾勒出河南省农民合作社蓬勃发展的总体轮廓，通过生动实践呈现出河南省农民合作社创新经营的区域经验。逐篇读来，每个案例合作社的背后都是一段生动感人的创业故事，都是一段合作社从无到有、从弱到强的成长记录。希望本书有助于广大读者理解我国农民合作社发展状况，希望能够对农民合作社的建设提供些许借鉴和思考，希望能够为河南农民合作社的成长壮大尽绵薄之力。

编写组

2017 年 10 月 31 日

目　　录

序

前言

工业理念种粮　种粮也能致富

　　——荥阳市新田地种植专业合作社 ·· 1

"三位一体"谱新篇　合作互助富社员

　　——长垣县正大种植专业合作社 ·· 9

依托特色种植　搞活终端市场

　　——孟津县慧林源种植专业合作社 ·· 16

工匠精神筑就"一社一品"大市场

　　——扶沟县交拓瓜菜专业合作社 ··· 24

一个合作社土地流转业务的羁绊与转型

　　——南乐县鑫农种植专业合作社 ··· 32

合作社再联合　强实力促农业增效

　　——兰考县谷雨专业合作社联合社 ·· 40

规模出效益　分工出效率

　　——罗山县莲花农机农艺专业合作社 ····································· 48

种特色菜　闯大市场

　　——汝州市鑫源生态农业专业合作社 ····································· 56

以规范促发展　以品质换口碑

　　——永城市中凯种植专业合作社 ··· 62

"互惠互助"结硕果　农民致富不再难

　　——孟津硕丰种植专业合作社 ·· 68

土地托管助力合作社发展

　　——鄢陵县大力鼓种植农民专业合作社 ································· 76

经营多样化 致富路子稳

——驻马店市驿城区富强瓜果蔬菜种植农民专业合作社 ·········· 83

全程社会化服务 粮食高产很轻松

——浚县惠华粮食高产创建专业合作社 ·········· 91

围绕"菡香"谋发展 生态成就产业梦

——河南菡香生态农业专业合作社 ·········· 97

你在外打工挣钱 我在家帮你种田

——商水县天华种植专业合作社 ·········· 105

从养殖中走出的生态循环经济之路

——虞城县阿健生态养殖专业合作社 ·········· 112

发展绿色生产 打造魅力乡村

——虞城县幸福种植专业合作社 ·········· 118

植保合作社为丰产增收保驾护航

——杞县大丰收植保专业合作社 ·········· 123

"地保姆"解决谁来种地问题

——项城市红旗农资专业合作社 ·········· 131

公司领办 互利共赢

——固始县佳茗茶叶专业合作社 ·········· 139

村支部带动 创国际市场

——封丘县青堆树莓专业合作社 ·········· 146

互联网让合作社和农户都受益

——安阳市龙安区运保红薯种植专业合作社 ·········· 154

强化内控管理 食用菌撑开脱贫致富伞

——鹤壁市山城区晶金食用菌专业合作社 ·········· 158

"草庐文化"走出大产业

——方城县草庐养蜂专业合作社 ·········· 166

内外兼营 开创广阔发展空间

——河南蜜乐源养蜂专业合作社 ·········· 173

人本化管理 凝聚无限发展潜力

——济源市济水大鲵养殖专业合作社 ·········· 180

目　录

技术创新促品质　小平菇成就大梦想

　　——伊川县平等乡马庄食用菌种植专业合作社 ·················· 186

合作社是保障食品安全的中坚力量

　　——孟州市黄河蔬菜专业合作社 ·················· 194

政府推动谋发展　"地标"创出一片天

　　——济源市大峪镇寺郎腰大葱专业合作社 ·················· 203

村委助力　合作共赢

　　——泌阳县裕民种植专业合作社 ·················· 208

外发促内生　实现生产生活双循环

　　——兰考县南马庄生态农产品专业合作社 ·················· 213

植保专业化　农药"负增长"

　　——叶县民昌种植植保专业合作社 ·················· 222

借助优势　富农增收

　　——潢川县金塔红蔬菜种植专业合作社 ·················· 230

创新土地托管　促农业增效农民增收

　　——宝丰县金牛种植专业合作社 ·················· 236

小小植保乾坤大

　　——汝南县天顺农业高新技术专业合作社 ·················· 244

后记 ·················· 252

工业理念种粮　种粮也能致富

——荥阳市新田地种植专业合作社

一、合作社概况

荥阳市新田地种植专业合作社成立于 2011 年，由理事长李杰联合 6 家农户成立。目前，合作社成员有 203 户，辐射带动了周边 7 个乡镇 60 个行政村 12 000 户农民，统一种植新麦 26 强筋小麦和宇玉 30 机收玉米；已经辐射到周口太康县板桥镇，许昌鄢陵县，焦作武陟县、修武县，新乡辉县、获嘉县，濮阳市濮阳县、南乐、清丰等地；托管土地面积为 50 000 亩①，合作社成员小麦平均亩产 1 200 斤②，玉米平均亩产 1 500 斤（高产攻关田平均亩产 1 800 斤），示范带动能力强。

合作社的主要特色是利用工业化的理念搞粮食生产，探索出一套适合大田种植的优质强筋小麦和优质玉米的高产创业模式。在荥阳市的 50 个村建立了"农业生产要素车间"，实行农业生产模块化管理，为农民直接提供农资、农技、农机、烘干、收储等全程社会化服务。

在中国农业面临成本"地板"化、价格"天花板"化等多重压下，合作社的粮食不仅卖上了高价，还有效降低了每亩地的生产成本。平均来看，合作社的玉米和小麦价格要比正常市场价每斤高出 0.1~0.2 元；合作社一亩小麦的平均生产资料成本比普通农户低 110 元，一亩玉米的平均生产资料成本比普通农户低 120 元，有力地促进了农民增收、农业增效。

◼◼◼【链接】发起背景

合作社理事长李杰大学毕业之后曾在食品企业工作 12 年，在多家食品企业当过营销副总，在快销品行业积累了很多资源，给农业发展提供了机会。随着国家强农惠农富农政策力度的加大，李杰看到了农业转型的巨大机会，决心回乡创业。2011 年在农业部门的帮助下，联合 6 家农户成立了新田地合作社。

---

① 1 亩≈666.67 平方米，下同。
② 1 斤=500 克，下同。

李杰凭借在食品企业多年的发展经验，发现小麦和玉米的产量虽大，但高品质的小麦却非常缺乏。因而，高标准、严要求生产优质的强筋小麦，走优质优价的路，就确定为合作社成立之初的发展方向。路子对了，合作社不断发展壮大，农地经营规模也不断扩大。在发展运作过程中，出现了新的问题：随着规模的扩大，管理成为短板，小麦的品质出现下降。李杰又根据自己从事工业的经验，在2014年年底，试图采用工业化模式实施农业工业化，进行单元式管理。建立"农业生产要素车间"，按1000亩作为单位，1000亩以内作为农业生产要素车间，1000亩以上称为农业生产要素工厂。每个农业生产要素车间配备车间主任，每个农业生产要素工厂配备厂长，在农业生产要素车间内完成"从种到收"的环节。通过工业化模式完善管理，实现了小麦的标准化生产，品质不断提高。

除此之外，新田地种植专业合作社经过创新经营突破了农业生产中存在的严重金融供给不足的问题，而且现在已有银行、质检中心与合作社进行专业对口合作，预计近期中国人寿保险集团也将入驻新田地。未来新田地种植专业合作社将会成为一个集合银行、保险、种植等多方位的服务平台。

二、发展经验

（一）合理控制组织规模

民主议事制度是合作社的根本属性之一，但其天生也带来议事效率低、议而不决的弊端。特别是在中国当下的市场环境之下，合作社既是农民的互助组织，又是独立的市场主体，行为的高效相比议事的程序规范更加重要。该合作社理事长拥有超前的经营理念和创新思想，相对集权的制度安排更加符合合作社创新发展的现实需求。

合作社在2011年刚起步时有6个成员，托管土地200亩；第二年发展到20个成员，服务土地面积500亩；第三年合作社成员扩大到成员200个，托管土地面积5000亩。成员按照合作社法立案，以土地、设备、资金的形式入股，目前一股1000元。为了方便合作社重大决策的实现，自2014年起不再接受成员的入社，只接受社员的入社申请。目前合作社已经扩张到拥有203个成员，以及1.9万余个社员，成员可以参与合作社决策和分红。

合作社设立成员代表大会，在决定合作社重大事项时，需通过成员代表大会表决，经过三分之二以上人数同意才可通过生效。成员代表选举是由10个成员选举1个代表。依据《中华人民共和国农民专业合作社法》设置理事会和监事会、理事长和监事长。新田地农民合作社聘请总经理1人、副总经理1

人。设置办公室、统计信息部、财务部、生产要素配置部、互联网电商平台部。

（二）创新稳健的经营模式

与许多合作社进行多样化种植的理念不同，该合作社以做精做优优质小麦和优质玉米为发展理念，其经营的农作物分别为强筋小麦和角质玉米，且只经营这两种作物。

强筋小麦选择的品种为新麦 26，由于种植技术难掌握以及良种发育期易生病，如果没有一定的专业知识以及成熟的技术，一般难以种植。理事长李杰通过多年摸索和主动向高校、科研院所请教学习，摸索出了一整套新麦 26 的种植技术，能够保证种植品质。关于玉米良种，合作社选取河南省农业科学研究院合作单位秋乐种业的宇玉 30，该品种每亩种子达到 5200 粒，属于密植型角质玉米，角质玉米具有较高的蛋白质含量，更适合饲料使用。再者，黄淮河区域玉米价格低是由于该地区缺乏玉米专业烘干配套设施，本地区的玉米自然风干后会产生黄曲霉素，而黄曲霉素是致癌物，而新田地专业合作社拥有配套的烘干塔作为烘干设施，有效降低了有害物质的产生，提高了玉米品质。

新田地种植专业合作社的经营模式细节：首先，合作社和农户之间在种粮季节前签订合同规定明细的双方职责，并在耕种前两个月开始向社员提供低价高品质种子和专业化肥；等到耕种时期，合作社将播种机驶入田间进行种肥同播且不用追肥，之后的植保全权交于合作社作业，但是浇水这一项需要农户自己进行；最后收割时，收割机在田间收获后的农作物直接由三轮车运输至合作社，过磅后合作社直接按折算成国家烘干标准后的重量收购作物，收购价一般较高于市场价。至此，合作社与农户间的合同结束。新田地种植专业合作社运用自己购置和国家补贴购置的烘干塔进行烘干后收储，并将收储的粮食交付于农业深加工公司，大部分为中粮储等大规模深加工企业。在此过程中，新田地种植专业合作社将 80％的农机作业外包给农机专业合作社，包括：播种、飞防、除草、收割等。

（三）规模经营提高效益

与依赖政府政策性托底收购的大部分农户相比，合作社走出了一条市场化创新之路，通过规模经营获得规模效益，降低了经营成本；通过改变原有粮食流通结构，直接与大型粮食加工企业合作，通过订单农业提高粮食收购价，增加利润。

新田地合作社成功降低了粮食生产成本，增加了产品销售利润。荥阳市传统农户生产一亩小麦的生产资料成本约为 372 元，产量约为 1 000 斤，销售额 1 030 元，而合作社的成本为 261 元，产量 1 200 斤，销售额 1 476 元。新田地合作社不仅生产成本低于传统农户，且在小麦的亩均产量和单位销售价格上都要高于传统农户，由此带来的结果是合作社生产一亩小麦的净利润比传统农户高出 557 元。那么，合作社是如何实现降成本、提收益的呢？

首先，新田地合作社通过扩大规模分摊了农业生产成本。具体体现在生产资料方面，合作社的规模化生产使其可以与农资生产商直接对接，从而剔除掉中间商、经销商代理环节的渠道成本，有效降低了种子、化肥、农药、机械的投入成本。

其次，合作社通过改变原有的产业组织结构，以合约的形式直接与上下游企业进行合作，缩短了传统农业的上下游产业链。突出体现在产品销售环节，合作社运用了订单式经营服务模式，合作社与益海嘉里、中储粮、中粮等 30 多家面粉企业以及泰国正大、广安饲料等 20 多家饲料厂签订合作合同，有效规避了"谷贱伤农"及"卖粮难、卖粮贱"的现象，提高了小麦、玉米等大田作物的价格。

（四）保障品质诚信经营

合作社之所以能成功扩大规模并与众多企业签订合约，其中的重要原因是该合作社的产品质量有保障。为了打造合作社产品的品牌形象，合作社主要做了两件事。

第一，优选品种。合作社理事长李杰始终坚持"好的品质，才能有好的市场"。2011 年合作社成立之初，李杰就率先前往全国小麦技术中心，向众多专家请教哪些小麦可以作为优质麦。在生产过程中，合作社也非常注重小麦品质的变化，例如，2011 年合作社选择的是玉农 416，这是一款强筋小麦，但生产了两年左右，该小麦品质下降，合作社立即切换新麦 26，始终保持产品的高品质。

第二，诚信经营。合作社生产 51 000 亩小麦，敢于承诺"新田地的产品，三年之内检测，都不会有问题"。为了赢得上下游企业的信任，合作社始终确保每一车产品都出自合作社的土地，绝不掺假。2016 年 5 月，合作社的晾晒场有挖掘机施工，司机不小心将碎石撒到了即将装车的麦子上，李杰当即让所有工作人员将麦子中的碎石拣出来，从而保证品质，以防多年赢得的口碑被毁。另外，2017 年夏季小麦收割时雨水多，导致小麦发芽率高，品质下降。在这种情况下，李杰在发走的每一批货中都会向对方注明该批小麦是"雨前麦"还是"雨后麦"，以备对方查验。正是这样诚实细致的工作才使合作社获得了行业内的认可。

（五）聚焦种植创新管理

除了品质和诚信，合作社的可贵之处还在于"一心一意做一产，全心全意搞服务"。不同于其他合作社或企业，新田地合作社的理念是一定把农业生产环节做到高精尖，而不追求一条龙、全产业链的发展。李杰曾说："新田地这个牌子，未来只要还存在，就一定是只做一产，只种小麦和玉米，且最大规模100万亩左右。"在李杰看来，只有品质最高的一产，加上技术最优的二产，加上价格最优的三产，才是农业领域真正的"一二三产业融合"。单一企业要在全产业链做到高精尖十分困难，为此李杰选择了把农业生产环节做到品质最优，然后通过合作对接二产和三产中的品牌企业，共同打造精品农业产业链。

在专业做一产方面，合作社采取的策略是高标准种植玉米和小麦。这里的高标准体现为投入品的高标准和生产管理的高标准。首先，投入品的标准方面，合作社要求所有与生产资料有关的供应商都必须是上市公司中的一线品牌企业，能够提供高标准的产品、技术指导和服务；所有合作的上游企业都必须要签订合同，合同中要注明该企业需要提供的技术服务、配套资金。例如，合作社采购的农药来自红太阳集团，它是深交所上市企业；合作社的化肥供应商也是洋丰、史丹利等国内上市企业中的一线品牌。

生产管理的高标准上，合作社开创了农业生产要素车间的管理模式。在合作社规模扩大的过程中，合作社的人员管理、组织架构、农作物飞防、植保等问题陆续出现。受工业企业管理方式的启发，李杰尝试把农业进行单元化管理。合作社把1 000亩作为一个管理单位，1 000亩以内的叫农业生产要素车间，1 000亩以上的叫农业生产要素工厂，然后每个车间配备车间主任，每个工厂配备厂长。凡是跟生产要素有关的投入都在车间处理完毕。正是通过标准化生产，合作社的产品质量得到了又一重保障。

在创新搞服务方面，合作社依托"农业生产要素车间"的管理平台，借助互联网技术，基本形成了集"生产资料采购、农业技术推广、农作物植保、农业机械服务、粮食收储及销售"为一体的全程社会化服务体系。这一综合的服务体系包括统一采购农业生产资料，配置到各生产要素车间，既可以保证一流的品质，又可以降低采购成本和物流成本。除此之外，合作社还致力于建设农业经营主体信用服务平台、进行新型职业农民培训、农产品检验检测、动物疫病防控等一批易监管可量化的服务项目；未来，合作社还着力承担生产要素车间基本单位的生活日用消费品的配送工作，将合作社打造成集农业生产、农产品销售和农民生活消费品配送为一体的综合服务平台。

正是秉持着诚信经营的态度和创新发展的理念，合作社从 2011 年至今实现了巨大发展，辐射到周口太康县板桥镇、许昌鄢陵县、焦作武陟县、修武县、新乡辉县、获嘉县、濮阳市濮阳县、南乐、清丰等地，目前托管土地面积为 50 000 亩。今后 5 年合作社种植的耕地面积准备从 5 万亩继续发展至 10 万亩。

（六）合理规范利润分配

由于合作社的合理经营，不断降低生产成本，保证优质优价，2016 年新田地种植专业合作社盈利额高达 1.2 亿元，2017 年预计达到 1.7 亿元。

对于成员内的利益分配，合作社成立和发展需要资本积累带动，所以合作社计划在前 6 年内不分红，但是存在量化盈余分配至个人账户，量化方式 40％是按照交易量、40％按公积金、20％按照投资额。合作社的获利为双层利润：低价买入种子等农资高价卖出给农户，赚取差价；农户收获的原料农产品被合作社收购后再以较高价出售给深加工公司。而社员以低于市场的价格获得种子等农资相当于社员福利。2016 年 6 月 1 日起郑州市农业担保有限公司入股新田地种植专业合作社，入股方式是：对于需要贷款的大额交易，郑州市农业担保有限公司提供 49％的交易资本，并在交易后收取 40％的盈利额，其余的将作为分红分发给原始的 6 位发起人。

三、未来规划

在未来，合作社将继续扩大服务规模，为推动河南优质小麦、优质玉米的扩大生产不懈奋斗。其次，合作社将续建日烘干能力 400 吨的烘干塔，确保合作社能达到日烘干能力 700 吨，与周边的生产能力相匹配。第三，采用可复制的模式，在省内种粮大县设立新田地合作社分社，指导分社规范运作，带动周边按照新田地模式生产。第四，为解决合作社缺少相应资金的问题，在金融方面将进一步与郑州市农业投资担保公司合作，采用风险可控，规避风险的模式，根据业务需要进行融资。五是协调当地政府，解决用地问题，规划建设 5 000～10 000 吨的粮仓，服务合作社发展需要。

还有一些具体规划。未来，荥阳市新田地农民合作社将定位为一家综合信息服务枢纽，其主要功能是收集、整理、分析各生产要素车间的重要数据，适配各生产要素车间的生产要素，使其达到合理配置，发挥最大效率。新田地农民合作社所需的功能服务，除农业技术专家组以外，都将采取购买和利益共享的方法获得。新田地农民合作社的合作方式多种多样，全国各地生产要素生产公司，都可以用不同的方式同新田地合作社合作。合作社依法接受外来投资，合作社的员工原则上将从合作公司和投资方招收。未来合作社的生产要素车间将依照经济规律运行，车间主任的收入依据生产要素所产生的效率获得。

点　评

由能人领办合作社，依托能人自身的社会资源，做大做强粮食作物种植，提高农业生产的效率和效益、生产中着力发展优质小麦、保障国家粮食安全，是这个合作社的特色。

在合作社的创办和成长的过程中，领办人在其中起着灵魂的作用。领办人的气质、性格、特质，或多或少都会体现在合作社的发展之中。本案例中的合作社就是一个比较成功的由能人领办的种植业合作社。领办人在创办合作社以前已经有12年的食品行业工作经验，可以说对粮食市场十分了解，非常清楚粮食市场行情和食品企业的粮食需求情况。正是由于这种经验，使得他在粮食生产中能够按照粮食收购企业的需要来生产粮食，从小麦和玉米品质、干湿度、纯净度等多个维度严格要求，使得粮食企业安心、舒心收购小麦和玉米。这为合作社日后的良好发展奠定了基础。

由于生产的优质强筋小麦和角质玉米品质高，不愁销路，这就为合作社发展壮大、吸纳更多农户加入合作社创造了条件。随着在合作社进一步发展壮大，优质小麦和玉米的生产能力不断增强，合作社就有底气和能力与大的粮食加工企业如益海嘉里、中储粮、中粮等面粉企业以及泰国正大、广安饲料等20多家饲料厂直接签订合作合同，在稳定销售的同时，大企业也能确保优质优价。这就有效规避了"谷贱伤农"及"卖粮难、卖粮贱"的现象，提高了小麦、玉米等大田作物的价格。这是合作社经营比小农经营效益更高的一个方面。

另一个方面是，随着经营规模的扩大，粮食生产中各种农机和农资的投入规模也在扩大。合作社通过提高规模能够降低农业生产成本。具体体现在生产资料方面，合作社的规模化生产使其可以与农资生产商直接对接，从而剔除掉中间商、经销商代理环节的渠道成本，有效降低了种子、化肥、农药、机械的投入成本。

从节约成本、提高售价两个方面，合作社的经营效果比传统农户要好得多。据测算，合作社小麦亩均净利润比传统农户要高557元。

如果回过头来看合作社之所以能够有这样好的发展，其根本原因是在于保证小麦和玉米品质。因此，在合作社日常经营过程中，领办人就紧紧围绕保证小麦和玉米品质来做文章。

为此，合作社一方面在优选品种上下功夫。合作社成立之初，李杰就率先前往全国小麦技术中心，找到河南农业大学的校长，向众多专家请教哪些小麦可以作为优质麦。在生产过程中，合作社也非常注重小麦品质的变化，例如，2011 年合作社选择的是玉农 416，这是一款强筋小麦，但生产了两年左右，该小麦品质下降，合作社立即切换新麦 26，始终保持产品的高品质。

另一方面，则是诚信经营，不断赢得客户的口碑。为了保证交售的小麦的水分低，该合作社不惜购进烘干塔等大型设备。为了保证小麦的纯净度，要求工人将麦子中的碎石逐一捡出，这便是诚信经营的体现。

这样的诚信经营、品质稳定，使得与大企业合作时能够实现优质优价，长期合作。而反过来，长期稳定的合作关系又会使得合作社主动诚信经营。因为一旦作弊，代价太高。

该合作社在农业生产中摸索出了一种创新型的做法：农业生产要素工厂。合作社把 1 000 亩作为一个管理单位，1 000 亩以内的叫农业生产要素车间，1 000 亩以上的叫农业生产要素工厂，然后每个车间配备车间主任，每个工厂配备厂长。凡是跟生产要素有关的投入都在车间处理完毕。这样做的好处，是将工业标准化生产的思维应用到农业生产中，从而确保了产品生产的品质，同时也提高了各种生产物资的配送效率。更进一步，依托农业生产要素工厂，该合作社未来准备承担农业生产要素工厂内的生活日用消费品的配送工作，从而使农业生产要素工厂由单纯的农业生产单元转变为农业生产、服务，更加兼具公共服务属性。

能人办合作社的好处虽大，但也存在着领办人个人权力过大、缺乏制约的问题。领办人不是万能的，合作社的长远发展不能把希望都寄托在领办人一个人身上。因此，就长远来看，这一类合作社在发展成熟以后，如何建立起一套有利于合作社长期健康发展的治理机制，是合作社基业长青的关键。

"三位一体"谱新篇　合作互助富社员

——长垣县正大种植专业合作社

一、合作社概况

因为长垣县民营企业多且多数农民种植粮食作物，形成了农忙时务农、农闲时务工的独特农村经济模式。种植结构比较单一，种植水平普遍落后。为了适应当地农业发展的特点，更好地实现粮食增产、农业增效、农民增收，合作社积极引导农民种植特色农产品。合作社发起人吴清泉经过全面考察，最终确定以种植富硒小麦为主、经济作物为辅的种植结构。在村民逐步接受后，为了响应政府号召并且结合大学生返乡创业的历史契机，于2009年3月在樊相镇秦庄村正式挂牌成立了长垣县正大种植专业合作社。

当时入社成员5户，注册资金85万元，法人代表吴清泉。目前，合作社富硒小麦种植面积达2 200多亩，无公害蔬菜种植面积达到1 300多亩，2016年经营服务总收入达800多万元，总利润200多万元。

长垣县正大种植专业合作社按照民办、民管、民受益的原则，以合作共赢为宗旨，以采购、销售、信息交流、技术合作为服务基础，实行规范化办社、科学化管理、社会化服务，按照企业＋合作社＋农户的发展模式，建立健全利益联结机制，从而增强了各种植户的抗风险能力，提高了种植水平，促进了合作社的健康发展，使广大社员得到了更多的实惠。

二、主要做法

（一）发挥大户示范带动，提高社员种植积极性

选好领头人是办好农民专业合作社的关键因素。专业合作社的领头人必须是合作社成员中的顶尖人物，是生产经营大户，具有较强的号召力、凝聚力和管理能力，同时还要具备为社员办事的热心肠。正大种植专业合作社领头人吴清泉就是一个很好的实例。吴清泉示范作用主要体现在两方面：一是不断扩大自己种植规模的同时，实行标准化种植。自合作社成立以来，他将自己种植规模从30亩扩大到目前的200多亩，种植了100亩富硒小麦、100亩马铃薯，

全部按照标准化种植，经济效益明显。二是在种植技术、种植品种、化肥使用等方面起到很好的示范带动作用。合作社提供的任何技术、品种、化肥在使用时，首先自己试用，然后推广，从而使社员可免除疑虑，放心使用。

（二）迎合市场需求，研发富硒农产品

合作社用现代高新技术来改造传统普通小麦种植管理技术，培育出适宜当地种植的富硒小麦。硒元素被科学界称为人体微量元素中的"抗癌之王"，可增强身体防癌抗癌能力。为满足广大消费者日益增长的对富硒农产品的市场需求，合作社不断加快现代农业建设，继续开发新的特色农产品，如富硒玉米、富硒水稻、富硒蔬菜、富硒葡萄等，正在筹备成立富硒农产品产业协会。

除此之外，合作社还与史丹利农业集团有限公司、山东正威农业科技有限公司达成战略合作关系，对社员进行不定期的技术培训，使社员掌握先进的农业种植技术，提高农业生产水平，实现了粮食增产，农业增效，农民增收。

（三）引导社员互助，实现资源共享

好的农民专业合作社社员之间必须加强交流、互帮互助。正大种植专业合作社积极引导社员互相交流、资源共享，主要体现在技术交流和信息交流。合作社定期召开社员现场交流会，邀请技术专家和有较好种植经验的科技带头人现场讲课，使社员在和技术专家、科技带头人面对面交流中学到知识，促进了学习的实效性。如果说技术交流是定期的，那么信息交流就是日常的。当每位社员得到种植技术、化肥使用、销售市场等方面信息，就会在第一时间交到理事长处，理事长负责收集管理各类信息，社员可随时查阅。

（四）发挥互助功能，保障健康发展

农民专业合作社顾名思义，是农民合作起来寻求共同发展的一种组织。其重点在于互帮互助、互相联合、发展共同的产业。正大种植专业合作社充分发挥了合作社互助功能，主要体现在经济互助、信用互助、技术互助三方面。要发展规模化种植，完全依靠社员自行解决资金问题难度很大。基于这种情况，社员之间开展小额资金内部流通，互帮互助。在社员有较大额的资金缺口时，合作社出面向金融部门以互相担保形式贷款。同时，种植户都有一定的种植经验，在实践中摸索到一些"土方法"，这就使合作社内部有了部分"土专家"，当种植过程中出现一些小技术问题时，"土专家"就成了及时雨，帮助解决紧急问题。

为了进一步解决农民的资金难题，合作社联合 50 户社员于 2009 年 12 月

成立了资金管理组和互助资金监督组，并制定了严格的资金使用、管理制度。

■【链接】《长垣县正大种植专业合作社的资金使用与管理制度》

（1）社员入股股金不计息。入股社员因特殊原因确需退股的，写出书面申请，经资金管理组审批后退还本金。

（2）严格资金投放范围。互助资金只限用于社员运用高科技技术发展特色农产品生产项目。

（3）实行借款户抵押和联户担保。采取借款户拖拉机、马车、摩托车等实物抵押并联户担保形式。借款户提出申请的同时，也应出具实物抵押的证明，借款期间实物仍由借款户使用，不得出售。资金管理组应于抵押物实际价值的80％予以借款，同事需要由一定经济实力的2户以上入股社员联合担保。已为他人担保的社员担保期内不得借款或另行担保。若不按期还款，通过法律程序拍卖其抵押物并抵扣担保人股金。

（4）借款额度和期限。每户一次借款原则上为其入股资金的5倍，最高不得超过20 000元。借款余额不低于互助资金的10％，借款期限一般为3～6个月，特殊情况不得超过一年。

（5）资金使用费按月息千分之七收取。

（6）借款户数同期内不得超过入股总户数的49％，按时归还的农户，按规定办理相关手续后可连续借款，3年内在股东范围内周转3次，覆盖到每个入股社员，资金管理组成员不得同时借款。

（7）资金使用费和银行存款利息的分配。按当年实际收取的使用费和银行利息收入中分别提取20％，作为"风险统筹金"上交镇财政专户管理，提取40％用于资金管理组工作经费。资金管理组和监督组成员一律义务，没有务工补助，剩余40％转入互助资金本金，扩大资金规模。

（8）严格借还程序。按照"户主申请—担保人签名—资金管理组审批—公示—签订合同—发放贷款—回收贷款"的程序办理。

（9）及时公示。在合作社公示栏内，将借款人的姓名、借款金额、用途、还款措施等内容及时公示接受全体入股社员的监督。

（10）资金管理组严格按照审批程序办理借还手续，每月10日召开例会，进行总结研讨，第一时间发现并解决存在的问题。

（五）坚持"四统一"，提高种植效益

合作社通过统一技术培训、统一测土施肥、统一回收、统一销售等措施，不但提高了经济效益，而且降低了种植风险。由于统一销售，产品价格可适当

提高。同时，由于统一测土施肥，在化肥方面又降低了一定的成本，提高了化肥的利用率，每亩每年可降低成本 100 多元。统一培训，合作社按实际需要举办技术培训班，做到早准备、早防治，在 2017 年就举办了培训班 4 次。统一回收，在收购方面进行统一运作，解决了社员的后顾之忧。

三、经营成效

合作社规模不断扩大。伴随合作社不断取得阶段性成果，2010 年新加入成员 60 户，2011 年又增加了 48 户。现在全县各乡镇富硒小麦种植面积达到 2 200 多亩，无公害蔬菜种植面积达到 1 300 多亩，发展社员 209 户，2016 年年底经营服务总收入达到了 800 多万元，总利润达到了 200 多万元。从合作社成立之初的种植面积 200 多亩发展到目前的 3 000 多亩，社员人数由成立时5 人发展到 206 人。在合作社发展壮大的基础上，社员在种植规模、种植效益、种植技术上均有了明显提高。

合作社经济效益不断提高。种植富硒小麦每亩收入可提高 300 多元，种植蔬菜每亩可提高收入 3 000 多元；同时由于集中采购，在农资等方面又降低了一定的成本，每亩每年可降低成本 100 多元。

合作社的社会影响力不断扩大，种植管理更加规范、更加科学。合作社于2010 年 5 月组织全国约有上千人在全县召开高新技术推广会和特色农产品示范园观摩会，涉及洋香瓜、葡萄、珍珠西红柿、洋葱、小麦等 9 个品种。在中国星火农业服务网专家团的培训下，掌握了一门独特的高效生产技术，可使粮食增产 10%～30%，使经济作物增产 20%～40%，据不完全统计，长垣县种植小麦面积达 80 余万亩，此技术可使全县小麦增产 1 亿斤，节约投资成本700 多万元，加上附加值可达 2 亿元。

四、启示

正大种植专业合作社充分发挥当地资源比较优势，因地制宜大力发展特色农产品"富硒小麦"和"无公害蔬菜"。富硒小麦中的硒是一种人体不可缺少的微量元素，硒被称为"抗癌之王"，人体有 40 多种疾病跟缺硒有关，中国有2/3 的人缺硒。富硒小麦"硒"含量特别高，是普通小麦的十几倍甚至几十倍，现在全国供不应求，其售价自然也高于普通小麦。对于无公害富硒蔬菜，由于现在人们对健康特别重视，无公害蔬菜不仅销路好，而且售价高，发展无残留、无公害蔬菜前景广阔。

要继续做大做强特色高效农业,以正大种植专业合作社为例,我们可以得到如下启示:

一是规模化、集约化种植,适当调整特色农产品的种植结构。要想发展就必须有规模,改零散种植为规模种植,把种植富硒小麦的农户集中到一块,把种植富硒蔬菜的农户集中到一块,实现种植规模化、集约化、标准化。继续丰富产品种类,进一步调整种植结构,在推广种植富硒小麦的同时,加大无公害富硒蔬菜种植面积。

二是完善土地入股机制,设法在增加农民收入与扩大合作社规模之间实现平衡。对于一部分农户不愿意种地,认为不如外出打工的,可以把土地入股到合作社,由合作社统一管理,保证最低年收入,并且参加年底分红。合作社对入股土地进行独立的财务管理,由入股社员选举成立财务监督小组来监督入股土地的财务,确保财务状况完全透明化,年底合作社从净利润中拿出10%～20%分红给入股社员,再拿出纯利润的10%～20%用于村内的公益事业。

三是不断完善土地流转机制。对于既不愿种地又不愿入股的农户可以把土地出租给合作社,由合作社进行管理,并向农户如期缴纳租金。对于不愿出租也不愿入股的农户可以加入到合作社,种植富硒小麦、富硒蔬菜等,由合作社统一技术,统一管理,统一回收,以高于市场价10%～20%进行回收。

点　评

合作社立法至今已有十年,十年间,合作社在法律的规范下发展迅速,各种合作社发展理念不断得到实践的检验。什么叫"三位一体"呢?即构建具有生产、供销、信用"三位一体"服务功能的农民合作经济组织联合会,推动以农户家庭经营为基础、合作与联合为纽带、农业社会化服务体系为支撑的立体式复合型现代农业经营体系加快形成。这个合作社体系能够为农户提供全方位的社会化服务。目前,对"三位一体"大家会简单机械地理解为就是农业生产、购买销售和金融信用合作,其实,这"三位一体"可以理解为很多,只要是农民需要的服务,将来这个"三位一体"合作社体系都能够提供。

长垣县正大种植专业合作社着力发展特色高效农业,利用星火农业服务网专家的高新技术,不断对优质特色的农产品进行深度开发,对社员进行统一技术培训、统一供种、统一测土施肥、统一回收、统一销售的规范化管理,实现了种植规模化、生产标准化、产品多样化。在供销合作方面,合作社与史丹利农业集团有限公司、山东正威农业科技有限公司达成战略合作关系:集中采购农业生产资料,在一定程度上降低了成本;统一测土施肥,在化肥方面又降低了一定的成本，同时提高了化肥的利用率；统一回收、销售，使产品的价格可以适当提高。开源节流，降低了农户的成本，提高了农户的总体收益。在金融信用合作方面，任何种植规模的发展都离不开资金，要发展规模化种植，完全依靠社员自行解决资金问题难度很大。基于这种现状，社员之间采取小额资金内部流通，互帮互助。在社员有较大额的资金短缺时，合作社出面，通过相互担保，向金融部门以互相担保形式贷款。"三位一体"的综合化合作方式，基本能够解决农户生产全过程的问题，从农资的供应，到整个生产环节的合作，再到农产品的统一销售，特殊时期通过信用合作满足自身对资金的需求，这些综合使小农户通过合作实现自身经济利益的提升。

通过对正大种植专业合作社案例的思考，有以下几点想法：

第一，"三位一体"这种农民合作社体系可以让政府支持农业发展的资金得到高效使用。政府的支农资金通过合作社体系来落实，就是说农民要想获得国家财政资金的支持，就必须得加入到这种合作社体系中来。而政府的支农资金，要想高效率的使用，也只能给这种农民的综合性的合作社体系，而不是给一家一户。要是给一家一户的话，撒芝麻盐起不到多大的效果，支农资金使用效率不高。在这个过程中，农户参与某类项目，也应该都了解国家支农资金投放的情况，并和自己的生产经营项目紧密地联系在一起，所以有了这么一个合作社体系，才能把支农资金用好，用活。同时，国家有了这样的支农资金之后，合作社才对农民产生吸引力，国家有支农资金的支持，又有农民的积极性，加上合作社内部这些农村精英来做决策搞经营，合作社理事长领导农民做事才比较好干。

第二，要坚定不移地推进农村金融信用合作建设，解决农民贷款难的问题。2013年中央农村工作会议中就提到，解决农村金融老大难问题的关键就是要在体制机制顶层设计上下工夫，鼓励开展农民合作金融试点，建立适合农村实际情况的金融体系。农村金融信用合作，一定要在固定的区域内，比如说一个行政村，一个乡镇，不要出圈。吸收社员，吸收股金，吸收存款，发放贷款，还本付息，这都要在这个固定的或者一个村或者一个乡镇范围内，保证是熟人社会。然后有了利益，有了风险共担，有了利益共享，所以一定在不能出圈，这个圈就是行政村、乡镇。

第三，要充分调动广大农户参加合作社民主管理、综合经营的积极性，最终让农民得到真正的实惠。扶持"三位一体"农民合作社的发展，关键就是要让农民都参与进来，特别是把支农资金、扶持农民合作社发展的政策主张告诉农民，往后要想得到政府的支持，就要参加到合作社中来，因为很多经营项目都是要通过合作社来落实的。在具体的实施过程中，如何正确地使用国家支农资金和合作社内部的互助资金来促进农业的生产经营，大家要充分地协商。合作社理事长一般都是农村精英，办事人员也都具有专业素养，通过合作社开会提出一些好的想法和建议。通过组织农户开会，讨论如何把国家的财政支农资金利用好，把外面的市场充分开拓出来，把合作社的资金、土地、劳动力高效地利用起来。在这个过程，既要充分发动农户、调动其参与合作社事务的积极性，同时也要让农民得到切实的利益。

依托特色种植　搞活终端市场

——孟津县慧林源种植专业合作社

一、合作社的基本情况

孟津县慧林源种植专业合作社位于孟津县送庄镇梁凹村，西距孟津县城10千米，南距洛阳市区16千米，梁新公路和孟扣公路穿境而过，地理位置优越，交通便利。合作社于2007年7月在孟津县工商局注册，注册资金500万元，法人代表高宇飞。

孟津县慧林源种植专业合作社以大棚蔬菜起家，其大棚蔬菜种植起步于2005年。大棚建成初期，由于规模小，缺乏管理经验，加上分散的小农经营方式导致菜农之间缺乏价格、销售渠道等信息的沟通协调，相互压价销售的现象较为普遍。村党支部经过认真调研后认为，只有通过土地流转，实现规模化种植，才是梁凹村发展大棚蔬菜种植基地的重要方向和有效途径。2007年，在送庄镇党委的协调下，由村支书高宇飞牵头，吸收"两委"成员和本村种植大户，联合成立了慧林源种植专业合作社。发展至今，合作社现有社员210人，股金总额891万元。依托中央统战部新农村建设帮扶资金以及宝龙集团的资助，建成1个占地6亩集产供销为一体的蔬菜批发市场、1座容纳500吨果蔬的保鲜库、2座无菌育苗日光温室、23座高标准日光示范温棚，1个4 300平方米集采摘、观光、餐饮、休闲娱乐为一体的慧林生态园。同时，为及时捕捉市场信息，建成了农产品监测中心和信息网络平台。自2005年至今种植规模已达2 700亩，年产瓜果蔬菜达到了3 100万斤，年销售收入达3 500万元，亩均效益达到13 000元以上。

自成立以来，合作社先后通过无公害农产品基地、无公害农产品认证（2007年）；被授予河南省农业标准化生产示范基地（2008年）、河南省示范合作社（2011年）、蔬菜标准园和全国农民专业合作社示范社（2012年）；被评为河南省放心菜工程达标创优先进单位（2013年）；被农业部农产品检测中心授予"绿色食品基地"（2014年）；被评为河南省特色农产品品牌和洛阳生态农业绿色产品典范企业（2017年）。

【链接】合作社发展历程

慧林源种植专业合作社是以蔬菜大棚起家的。发展蔬菜产业，没有科学技术支撑，要想取得成功是非常不容易的事。以高宇飞为主的合作社主要成员多次往返于河南省农业科学院和省蔬菜研究所，邀请专家来现场考察。经过反复考察论证，在河南农业大学等科研机构和专家的帮助指导下，制定了总体发展规划，确定以高起点、高标准、快节奏发展蔬菜产业。从规划布局到温室建筑，从科学生产到市场营销，从新技术应用到组织管理，各个环节论证周到，规划具体，具有实际操作性。并聘请山东寿光的技术人员作指导，参照寿光经验，建设日光温室。

任何事情都不是一帆风顺的，创建合作社初期，土地流转、技术引进和资金筹集，是发展规模化产业首先遇到的难事。为了解决这些问题，第一，合作社带领会员及村民到山东去"开眼界"，让更多的农户加入到合作社中来，合作社成为百姓脱贫致富的顶梁柱，成为村集体积累财富的桥梁。第二，在土地流转方面，合作社按照"依法、自愿、有偿"的原则，采用反租倒包的形式，集中土地近3 000亩，用于发展蔬菜生产，为产业结构调整和生态农业发展打下了良好基础。第三，积极调整产业结构。2005年以来，合作社结合本地实际情况，大力调整产业结构，以种植反季节蔬菜和小西瓜为突破口，促进农业增效，农民增收。

合作社的发展规划是，蔬菜生产基地全面依托合作社的土地资源优势、市场信息优势，采取以蔬菜为主导，其他相关产业并举的经营机制，进一步夯实硬件投入和提高科技含量，实现产品升级、产业链规模化和运行规范化，使设施农业快速发展，农民收入大幅提升。

二、依托特色种植，建设蔬菜标准园和绿色食品基地，示范效应显著

（一）依托传统优势，明确特色种植经营方向

慧林源种植专业合作社所在地——孟津县送庄镇一直有种植果蔬的传统。20世纪80年代就有农民专家朱忠厚在自家田里培育出无籽西瓜的故事，送庄西瓜也曾因其"甜"而美誉远扬；90年代就曾建起农业科技实验示范园区，展示现代农业的愿景。2007年合作社成立之后，把分散的土地连成片，把分散的农民抱成团，把分散的资金捆一起，通过集聚效应，实施规模经营，形成

了数百户农民共创一个品牌的局面。当年就通过了无公害农产品基地、无公害农产品认证，"慧林源"无公害蔬菜一炮打响，远销四方。如今梁凹村已是洛阳市的特色种植示范村，以种植反季节设施蔬菜为主，通过实行"返租倒包"，统一调整土地，建设日光温室 685 座，拱棚 200 座，种植西红柿、茄子、茄瓜、西芹、线豆角、黄瓜、香椿、四季豆、韭菜、辣椒等反季节设施蔬菜，远近闻名。同时，合作社依托地处邙岭，昼夜温差大、红土层厚、透气性好，水质好、含矿物质多且无污染（灌溉所需的地下水都是深层地下水，最浅处离地面也有 180 多米）等优势，大力种植特色袖珍小西瓜，一改西瓜传统平地生长模式，采用大棚双膜覆盖，管道滴灌方式，并采用无公害生态农业的技术标准进行生产管理，经有关部门检验该品种已达到有机西瓜品质。2014 年袖珍小西瓜通过农业部检测中心绿色食品认定。经过多年探索，合作社逐渐形成了一茬西红柿一茬袖珍小西瓜的特色经营方向。

（二）建设蔬菜标准园和绿色食品基地

近年来，送庄镇加大了农业产业结构调整力度，鼓励和引导农民种植高产、高效、优质、生态安全的农作物，积极扶持合作社建设蔬菜标准园和绿色食品基地。"慧林源"种植专业合作社采取"返租倒包"形式流转土地 60 亩，建立了蔬菜标准园和绿色食品基地，于 2012 年通过了有关部门的认证。目前主要种植西红柿和精品小西瓜。在蔬菜标准园和绿色食品基地建设方面，合作社主要做了一下工作：

一是推行标准化生产和管理。首先，推行无公害生产模式。自合作社建立以来，就坚持无公害生产标准，率先启动了"省无公害蔬菜瓜果生产普及推广"科普项目和"猪-沼-菜-棚"四位一体生产模式，从源头上杜绝了农产品的污染。合作社所在村是沼气示范村，沼气大规模的使用，降低了化肥和农药的使用量，化肥最多使用 30％，而通过鸡粪、猪粪和沼渣种植蔬菜，减少了病虫害的发生，也减少了农药的使用。其次，采取"五统一"的经营模式，推行标准化管理。合作社借鉴外地经验，结合自身特点，按照无公害农产品的要求，标准化管理，通过统一供种育苗、统一技术指导培训、统一生产管理、统一收购包装、统一价格销售的经营模式，为社员提供产前、产中、产后一条龙服务。最后，严把果蔬质量关。合作社从山东寿光聘请技术员常住基地，并建成了农产品监测中心，检测蔬菜品质；建立了投入品管理、生产档案、产品检测、基地准出、质量追溯等 5 项质量管理制度，严格按照上级制定的检测制度对瓜果蔬菜进行检测，要求果农菜农认真做好生产记录，坚决杜绝使用违禁农药，检测不合格的拒绝回收，甚至就地销毁，合作社从生产源头上把控投入市场的果蔬质量。

二是提升科技含量。合作社积极推动校社合作，从山东寿光和河南农大、洛阳农林科学院聘请技术员常住基地，及时提供新技术、新方法，科学指导农户提高种植技术，不断提高社员的科技水平和文化素质，增加农户效益，40%的村民通过种植蔬菜致富。此外，合作社还得到了送庄农机推广区域站的技术支持，区域站内农产品质量检测室、土壤养分速测化验室等设施齐全，还建有综合服务大厅，集专家咨询、远程服务等功能于一体，基于物联网技术，将摄像头、传感器设在田间地头，病虫害、气象信息、土壤温湿度都能实时掌握。科学种田带来了良好的经济效益。

三是品牌化销售。为扩大合作社的县内外影响力，经过认真谋划，精心准备，合作社注册了"慧林源"商标，2009年4月获国家工商总局批准，2012年4月确定为河南省著名商标。在合作社成立后，利用中央统战部的新农村建设帮扶资金（2007年6月，中央统战部确定梁凹村为其新农村建设帮扶村），先后建起慧林源蔬菜冷鲜库、慧林源蔬菜交易市场、多媒体信息网络平台等，助力"慧林源"蔬菜的品牌销售。合作社一方面发挥组织优势，积极开拓销售渠道，与各大蔬菜批发市场、食品加工企业建立长期稳定流通渠道；另一方面充分发挥经纪人作用，建立"龙头企业＋合作社＋经纪人＋大户"的销售模式。每到蔬菜成熟季节，梁凹村便吸引周边县、市的大型超市和加工企业纷纷前来采购。特别是每到春节，"慧林源"蔬菜集装箱供不应求。合作社还积极与洛阳各大超市对接，产品直销超市。

（三）合作社的示范效应

蔬菜标准园创建，就是集成技术、集约项目、集中力量，在优势产区建设一批规模化种植、标准化生产、商品化处理、品牌化销售、产业化经营的生产基地，示范带动蔬菜质量提升和效益提高。通过建立高标准、高水平的样板，树立标杆，引领产业发展，推动产业提档升级，实现质量和效益双提高。随着慧林源种植专业合作社的蔬菜标准园和绿色食品基地建设的推进，社员越来越得到实惠。在加入合作社的时候，社员可以以土地、资金、技术、人才等形式入股，按入股份额多少享受分红，除提取规定的公积金、公益金、风险金外，其余部分全部用于成员的股金分红，每年可为社员分红、利润返还40万元左右，社员每年人均收入达11 000多元，比一般农户年人均收入7 600元，高出3 400多元。示范效应显著，带动周边村镇1 600余户，发展蔬菜面积10 000余亩。在梁凹村的示范带动下，周边的送庄、朱寨、十里、营庄、七里等村也学习梁凹村的发展经验，建设日光温室680座，送庄全镇日光温室达到1 325

座，蔬菜大棚 260 座，种植蔬菜面积达到 12 600 亩，逐步形成了以梁凹村为中心的洛阳市洛北万亩无公害蔬菜生产基地和蔬菜交易集散中心，建成了集旅游观光、休闲娱乐、采摘餐饮为一体的现代农业生态园。

三、积极引入外来资本，实现一三产业融合

农村缺资金、缺人才、缺先进管理理念，工商资本进入农业可以带来先进的技术和经营模式，加快传统农业改造和现代农业建设。2009 年，孟津县慧林源蔬菜专业合作社利用上级扶持政策和扶持资金，依托北京宝龙集团资助新农村建设项目，投资 350 万元建设慧林生态园，于 2011 年 3 月正式运营。生态园由宝龙集团经营，每年通过合作社向村集体缴纳 10 万元的承包费。

在产业融合上，一方面，慧林生态园与周边众多蔬菜瓜果日光温棚相连接，有着丰富的乡村旅游资源，游客来到生态园，亦可到周边观光、采摘，带动了周边农户种植精品蔬菜瓜果的积极性；另一方面，生态园园区集观光、采摘、餐饮、休闲、农家乐为一体，融合"生态与生产、观赏与休闲、绿色饮食与娱乐参与"等旅游活动，体现"旅游观光、绿色健康、节能环保、示范推广"现代生态农业四大"循环经济"功能。园区不断完善服务设施、提高服务质量，深度挖掘服务项目，通过举办蔬菜采摘节、草莓采摘节、精品西瓜采摘节等活动，使观光游客趣味性、体验性增强，吸引了周边地区的大量游客前来游览，实现了第一产业和第三产业的有机对接，促进了经济效益和社会效益的良性发展。此外，梁凹村依托新农村建设的帮扶资金及配套资金，加大了配套设施和基础设施建设力度，对整村进行改造，创造了优美整洁的乡村环境，为乡村旅游业提供了有利的发展空间。如今，慧林生态园年接待游客达 10 万人次以上、吸纳农村劳动力达 810 人，拉动本村就业 20 多人，年收入达 310 万元，经济效益、社会效益、生态效益相当可观。已发展成为农业产业特色突出、基础设施配套、生产设施先进、科技水平领先、休闲娱乐项目众多、经济效益和辐射带动效应明显的现代农业园区，在孟津县众多休闲农业园区中脱颖而出，成为休闲农业园区中的佼佼者。

今后，慧林生态园区拟充分挖掘和利用当地的历史文化资源，计划投资 3 200 万元建设慧林文化园区（恢复千年古刹慧林寺、抗日大队造枪所旧址、建设窑洞宾馆等），进一步丰富旅游活动。通过不断引进发展，着力将孟津县慧林生态园园区打造成现代农业主导产业集聚的功能区、生态循环农业的示范区、现代农民的创业区、市民休闲旅游的好去处，推动休闲农业与乡村旅游业更好更快发展。

农旅融合发展，富了农民，也美了乡村。配合农业和乡村旅游业发展，送庄镇加大了对产业基地和农业园区的基础设施建设力度，实施环境治理，提升镇容村貌。2012年梁凹村凭借"慧林源"果蔬品牌获得全国"一村一品示范村"称号，2013年梁凹村通过实施"一事一议"美丽乡村项目，村容村貌发生了翻天覆地的变化，美丽乡村更显品质。

四、启示

（一）合作社要立足本地资源，发展特色产业

农民之所以喜欢专业合作社，关键在于一家一户的分散生产经营模式，不仅不能保证农产品品质，也形不成集约规模，更创不出优质品牌，而合作社能够解决单家独户难以解决的事，并为农民带来实实在在的好处。农民合作社不同于农业公司，是农民自愿联合民主管理的组织，更为松散；合作社也不同于专业大户和家庭农场，在经营的思路上有着自己独特的视角。合作社到底应该做什么事，经营什么，才能带动农民致富？这个问题值得每个决策者思考。合作社要立足本地资源，找准该地区优势、传统、特有产业是合作社成功的基础。慧林源蔬菜专业合作社的诞生和发展充分说明了这一点。2005年以来，合作社结合本地实际情况，依据传统优势和特色，大力调整产业结构，以种植反季节蔬菜和精品袖珍小西瓜为突破口，创建"慧林源"品牌，主打无公害和绿色牌，取得巨大成功，促进农业增效，农民增收。

（二）合作社的发展壮大要善于借助外来资本

资金是企业生存和发展的血液，也是衡量企业生产经营状况的重要指标，对农民合作组织来讲尤其如此。资本缺乏是我国当前农民合作社发展面临的最大瓶颈。随着经营规模的扩大，农民专业合作社对资金的要求越来越多。由于农民专业合作社获取资金的主要途径是靠社员自筹、外部股金和自我资本积累，大多数农民专业合作社无法聚集大量股金，盈利有限缺少必要的积累。由于缺乏资金，合作社不少业务活动无法正常开展，致使合作社自我发展后劲不足。合作社能够利用哪些外部资本？如何利用外部资本？利用外部资本是否符合合作的要求？把利用的外部资本用到何处？是合作社首先要考虑的问题。慧林源蔬菜专业合作社，用诚信、质量，品牌和效益，引入资金数千万元，建成一个占地6亩的蔬菜批发市场，一座容纳500吨果蔬的保鲜库，两座高标准智能无菌育苗车间，23座高标准现代化日光示范温棚和一个43 000平方米集采摘、观光、餐饮、娱乐于一体的慧林生态园。同时还建起了农产品检测中心和

信息化网络服务平台，不仅全面实现了国家标准化管理和生产，而且还实现了第一产业和第三产业的有机对接，大幅提高了经济效益和社会效益。

点　评

慧林源种植专业合作社以种植反季节设施蔬菜和精品西瓜为主，依托特色种植，积极推进蔬菜标准园建设，发展绿色食品基地。在此基础上，合作社依托外来资本积极发展第三产业，重点加强休闲农业和乡村旅游服务业，实现多元化经营。休闲农业与乡村旅游的发展不仅可以充分开发农业资源，调整和优化产业结构，延长农业产业链，还可以带动农村运输、餐饮、住宿、商业及其他服务业的发展，促进农村劳动力转移就业，增加农民收入。慧林源合作社在种植反季节设施蔬菜和精品西瓜的基础上延伸合作社的功能，积极引进外来资本，发展休闲农业和乡村旅游业，卓有成效，带动一方农民，成为了当地著名的休闲农业观光园区。

慧林源种植合作社是一个村委兼管型的合作社，在合作社发展壮大的过程中得到了中央统战部等政府部门和村委会的大力支持。无论是蔬菜标准园的建设（包括2个无菌育苗日光温室和23座高标准日光示范温棚），蔬菜批发市场的设立，农产品检测中心和信息化网络服务平台的建立，还是慧林生态园的建设与发展都有政府帮扶项目的身影。这些帮扶项目的实施，奠定了梁凹村蔬菜基地建设的坚实基础，推动了合作社的快速成长。该合作社的主要负责人之一是梁凹村支部书记，能够很好地协调合作社与村集体的关系，给合作社的健康发展提供良好的外部环境。合作社的社员大多是本村村民，合作社的发展反过来也促进了农村经济社会的发展。梁凹村凭借"慧林源"蔬菜品牌获得全国"一村一品示范村"称号，成为全国美丽乡村创建试点乡村。

合作社注重与社员结成紧密型利益共同体，形成"利益链"。农民合作社作为一个经济利益团体，不仅提高了产品质量，解决了农产品卖难问题，而且改变了粗放经营方式，促进了农业结构调整和产业化经营；同时，通过合作社，更便于农民直接有效享受国家对农业、农村、农民的扶持政策等，使农民的收入随着合作社的发展而"水涨船高"。合作社始终把社员的利益放在第一位，在慧林源种植专业合作社组建过程中，农民可以用资金、技术、承包地入股，享有产品定价权和合作社盈余分配权，盈余除了提取规定的公积金、公益金、风险金外，其余部分全部用于成员的股金分红。合作社对社员的种子、种苗实行统一购进、分户供给，最大限度降低成本；对社员的农产品，根据市场确定最低保护价，当市场价低于合作社确定的最低收购价时，以合作社确定的最低价为准，保证社员利益不受损害。正是这条"利益链"使更多的农民富了起来。

　　还有一点值得特别指出的是，慧林源种植合作社的主营产品是蔬菜和精品小西瓜，这些都是生鲜产品，对冷库和冷链运输有较高的要求，虽然现已有一座容纳 500 吨果蔬的保鲜库，可以初步满足市场对果蔬余缺调剂的需要，也尚未出现产品滞销问题，但是，合作社应该具有市场风险意识，积极延伸产业链条，开发果蔬产品深加工，从而提高产品的附加值，增加收入，增强应对风险的能力，进一步做大做强合作社，使之成为集蔬菜生产、加工、销售为一体的全产业链的现代经济组织。

工匠精神筑就"一社一品"大市场

——扶沟县交拓瓜菜专业合作社

一、合作社概况

扶沟县江村镇李田村是扶沟县西北最偏远的村庄，距离县政府所在地40千米，交通闭塞，农民思想守旧，农业种植结构单一、品种落后、技术含量低，没有主导品种，导致瓜果滞销频繁，农民增收困难。

2000年开始，长期经营农资生意的陈交托为了改变现状，先后从新疆、北京、郑州引进优良西瓜、甜瓜品种，通过自身试种形成示范效应，带动村民发展种植优良品种。2007年，《农民专业合作社法》颁布实施，陈交托从宣传中了解了合作社。为了带领群众调整当地农业种植结构，增加农民收入，解决当地群众种植、管理、销售的难题，他经常与当地农户交流探讨合作社的成立问题。深思熟虑后，陈交托联系亲戚朋友以及当地有20多年种植经验的老瓜农成立合作社，实现抱团发展。2008年10月24日，扶沟县交拓瓜菜专业合作社由陈交托、赵国安、陈顺礼、赵宝丰、侯清顺、赵建新等6人发起，在当地工商局注册成立。合作社注册资金60万元，注册地址为扶沟县江村镇李田村。

历经多年发展，扶沟县交拓瓜菜专业合作社先后被誉为"周口市示范农民专业合作社""河南省杰出青年农民专业合作社""周口市青年农民专业合作社建设先进单位""河南省农民专业合作社示范社""国家级农民专业合作社示范社"。与此同时，合作社也获得河南省"无公害农产品产地认证"、国家"无公害农产品证书"、周口市"农业标准化生产"和"三品一标"示范基地等荣誉。

▦【链接】合作社发展历程

陈交托，现年52岁，扶沟县江村镇李田村人。17岁开始农资、种子的经销。之后一直在做农资经销，经常在全国各地考察、参观、学习。2000年与村民沟通后，与山东某种子公司开展合作。公司根据当地气候、土壤等条件，专门培育了甜瓜品种，以及配套的农资和技术。当年开始试种，甜瓜丰收，市场销售良好。2001年，发展种植面积100亩，但因管理和技术原因，试种失败；2002年，试种新疆网纹哈密瓜，由于气候原因，品质不好，试种失败；2003年，连续42天阴雨天气，光照不足，糖分积累不够，试种失败。

经历三年的失败，村民不再相信他，不再种植他提供的新品种。不过，他并没有气馁。2004年，陈交托自己加大了种植面积，当年风调雨顺，甜瓜产量高、品质好，仅仅第一茬甜瓜就实现了3 000～4 000元/亩的盈利。戏剧性的是，当年6月15—17日，天降大雨，由于当时西瓜还未成熟上市，当地的瓜农损失惨重。

2005年，试种成功之后，获得了该种子在河南省的独家经销权。村民跟风种植新品种甜瓜，当年收获颇丰。

2006年，由于陈交托的示范作用，镇政府要求全镇都开展甜瓜种植，实现了2 000多亩的种植面积，为了保证瓜农收益，陈交托要求全镇瓜农统一价格，当年成功实现了农民增收，每亩相对于西瓜种植增收1 000多元。

2007年，甜瓜种植发生病毒病，甜瓜种植受到一定程度的冲击。

2008年，合作社成立。合作社种植的甜瓜品质好，众多经销商来当地采购甜瓜，附近的218省道上到处是堵着的车。

2010年，在扶沟县的江村镇等周边县30多个村800多户农户中大面积推广露地甜瓜种植，推广面积1 000多亩。

2011年底，基地面积达到2 000亩，社员人均纯收入超万元。

2012年，社员达到180人，基地面积达到3 800亩。

2013年，合作社社员发展至232人，比上年增加129人，发展甜瓜生产面积5 155亩。

2014年，共举办各类培训班15次，培训社员500人次，发放各类技术资料1 500余份。

2015年，开展农机化订单作业，实行"保姆式"服务，拓展服务领域，创新服务模式，在合作中发展，在发展中壮大。

2016年，免费为贫困户、低保户旋耕深松土地7 500余亩。

二、主要做法

(一)组织机构和决策机制

交拓合作社理事会由三人构成，陈交托任理事长，陈顺礼为副理事长，赵宝丰为理事；监事会有三人构成，陈秋德为监事长，赵国安、赵建新二人为监事；专职管理人员有三人，分别为陈世付、陈留青、陈涛。交拓合作社成员代表大会有36人，由全体社员组成。理事长、理事、监事、经理都由社员大会选举产生。重大事项全体社员投票决定，全体社员的赞同票超过 80%，重大事项才能通过实施。例如，聘用管理人员时，首先使社员知晓聘用人员的技术水平、相关资质、工资水平等，然后投票表决，全体社员的赞同票超过 80%，才能实现人员聘用。重大投资决策时，首先理事会出面聘请省市有关部门进行论证，写出论证报告，其次交由每位社员审阅，然后进行投票表决，全体社员的赞同票超过 85%，重大投资才被允许实施。

在重大事项、管理人员任用、重大投资决策方面，全员参与、一人一票，采取无记名方式投票。

（二）收入和盈余分配

合作社收入主要来源于经营销售种子、农资以及蔬菜瓜果的利润、合作社种植基地的利润、新鲜瓜菜的交易手续费。其中，种子的利润是：合作社每年为社员及周边农户免费提供新品种让社员和农户试种，如果试种满意，次年的种子会收取费用；交易的手续费是对经销商单方面收取的，露天的产品手续费为 0.02 元/斤，大棚的产品手续费为 0.03 元/斤。

合作社的经营成本主要包括合作社的租赁费、承包费和生产成本、管理费、技术员工资、培训费、宣传费、资料费、交通费、餐饮费等。其中租赁费主要为生产和收获季节租赁的农机具支出。

合作社盈余的 72% 按社员的交易量返还，剩下的 28% 为股金分红。

交拓合作社近三年的财务状况：2014 年，收入为 9 985 万元，利润是 161 万元，盈余 38 万元；2015 年，收入为 6 127 万元，利润是 128 万元，盈余 31 万元；2016 年，收入为 5 285 万元，利润是 190 万元，盈余 45 万元。

（三）大基地＋小经营，调动农户积极性

交拓合作社坚持大基地的发展方向和小个体的经营理念，化整为零、集零为整。实践证明，"大基地＋小经营"不失为合作社生存的最佳方式之一。

交拓合作社发展初期流转了部分土地，以固定工资雇佣劳动力从事田间管理，但是后来发现雇佣的工人在从事农业劳动时缺乏积极性，部分存在消极怠工的现象。后来，为了将合作社的整体利益和社员的生产积极性相结合，创新发展了"大基地＋小经营"的生产经营方式。"大基地"是指由合作社实行"六统一"：统一农资供应、统一技术服务、统一田间管理、统一病虫害防治、统一销售、统一商标等。"小个体"是指由社员经营：合作社将土地整合后按区域划分，实现每个社员都有自己的"责任田"，社员管理区域的农作物产量直接关系到该社员的分红。

通过这种经营模式，合作社的规模优势、技术优势、统防统治优势、销售优势等都能有效实现，而"一亩三分地"的管理，又充分激活了社员的活力。

（四）围绕产量和品质，做好技术服务

交托合作社主要种植的农作物为西瓜和甜瓜。众所周知，瓜果在生产过程中的技术要求较高，如果管理不科学、不规范，不仅会影响产量还会影响口感和品质，因此，合作社的技术服务主要围绕产量和品质进行。

在保证产量方面，有五项措施。第一，合作社根据实际情况，每年年初制定生产技术指导方案，要求社员依照方案进行生产和管理；第二，合作社定期组织技术人员进棚入地，面对面地解决社员生产过程中的技术问题；第三，合作社建立微信平台，社员遇到技术问题可以通过微信求助；第四，根据社员的实际需要，不定期召开技术交流会解决生产过程中社员遇到的普遍问题；第五，建立技术员巡查制度，定期技术巡查为社员解决问题。

在保证品质方面，有四项措施。第一，制定了17种瓜菜标准化生产规程，要求社员在生产时，严格按照标准化操作；第二，统一购买农药，不允许社员私自购买和使用规定之外的高毒农药；第三，购买农药残留速测仪，对瓜菜进行定期和不定期的抽查；第四，结合技术员巡查制度监督社员的生产活动。

（五）注重培养专职技术人员

陈交托长期从事农资经营，经常到全国各地交流学习，日积月累，他掌握了作物生长各个环节的技术，成为技术能人。也正是基于此，交托合作社才能为农户提供技术支撑和服务。但是，随着种植面积的增加令陈交托深感分身乏术，于是他挑选了一批有丰富种植经验的农户集中进行技术培训。另外，合作社定期邀请农科院、高校和相关农业技术部门的专业人员对农户进行培训，从选种、育苗、管理、虫害防治等各个方面提高农户生产水平，使农户能够将长期的经验积累与科学技术相结合，探索出一条符合当地生产实际的路子。

同时，合作社还向外输出技术人员。海南是我国反季节瓜果蔬菜生产基地，为了满足各地区的消费需求，海南需要从事各种作物生产的专业技术人员。由于海南方面没有生产白甜瓜的技术，于是委托交托合作社培训技术人员，合作社根据海南地区的需求，不定期培训技术人员输送到海南。技术人员的工资高达6 000元/月，夫妇两名技术员同去的话能够实现月收入过万元，提高了农户的收入水平。

三、经营成效

(一)发展壮大

交拓合作社于 2008 年成立,当时发起人 6 人,注册资金 60 万元;2009 年社员就发展到了 50 人;2010 年在政府的支持下甜瓜的种植面积达到了 1 000 多亩。截至 2016 年年底,合作社社员达到 456 户(其中吸收贫困户社员 413 户),现有资产 757 万元,办公用房 10 间,专业技术人员 10 人,瓜菜种植面积 12 000 亩,基地大棚面积 1 800 亩。

(二)乡村文化建设成效显著

近些年来,随着规模的扩大和管理的成熟,合作社逐步走上了正轨。为了进一步吸纳农户入社,同时也是为了服务社员和周边农户,合作社在乡村文化建设方面也有了自己的探索。

其一,合作社成立了文化下乡服务演出队。每逢节假日,合作社会在周边乡村组织文化演出,丰富社员的精神文化生活。仅在 2016 年,合作社演出场次就达到 30 多场。

其二,合作社发起"好媳妇""好儿子""好婆婆"评选,宣传和谐的家庭环境。此举为村民树立榜样,促使家庭环境和邻里关系更加融洽。近三年,共有 19 位村民获得此荣誉。

其三,合作社每年春节慰问村中的十户困难户,每年中秋节慰问周边的五保户,每年重阳节慰问困难党员和老军人。这些措施不仅起到了雪中送炭的作用,也宣传了我国的道德节日,提高了周边村民的道德意识。近三年来,合作社慰问困难群众 68 人,慰问老党员、老军人 12 人。

其四,培养了社员及周边农户的公益意识。近些年来,陈交托免费发放种子 440 千克,公益捐款捐物总计价值 40 余万元;2016 年,合作社免费为贫困户、低保户旋耕深松 7 500 余亩。在陈交托的带领下,当地的慈善事业从无到有发展起来了,受益个体和受益群体不断增多。

(三)关注精准扶贫

合作社成立之初,当地政府给予了很大的支持。当时合作社转变作物种植类型,由传统的西瓜种植转变为甜瓜种植,为了鼓励合作经济发展,镇政府在全镇推广甜瓜种植。有了产量的保证,逐步形成了产地市场,合作社才没有为市场发愁。合作社发展起来后,为了回馈政府,回馈社会,主动承担起扶贫攻坚的任务。

2016 年，合作社先后为贫困户、低保户免费旋耕深松土地 7 500 余亩，为贫困户减免生产费用 20 余万元；免费提供优良品种 2 200 亩，节约种子费用 19 万元；为贫困户实行订单化生产，使贫困户增收 30 万元。

2017 年，计划购置粮食烘干设备降低农民减产减收的风险，为社员及贫困户脱贫提供生产后勤保障。合作社将加大宣传力度让贫困户入社，以免费发放新品种和免费提供技术服务，代耕、代种、代收托管模式，建成科学种植、标准化生产、加工、销售一体化的链条式发展，重点对贫困户进行技能培训，使其脱贫致富。

四、困难及规划

（一）困难

我国的合作社事业处在初级阶段，受市场、社会、人的思维观念等方面的影响，合作社在发展的过程中出现了一些问题。

第一，流转难。一方面，很多老人不愿意流转手中的土地，阻碍规模化经营的实现；另一方面，土地流转费用很难界定。目前为止，国家没有具体的政策推动土地的集中化和规模化，也没有完善的土地流转分级管理制度。例如：偏远地区的土地流转费用如何界定，城乡结合部的土地租金该参照什么标准。

第二，贷款难。合作社的资产多为固定资产，不符合银行抵押贷款的要求，很难以合作社的资产和名义获得贷款，很多合作社的运行出现问题都源于资金链的断裂。国家对农业的扶持不仅仅要重视基础设施建设，也应该将一部分政策和资金支持具体落实到位，通过合作社的带动作用，或许能够更好地实现我国的农业发展。

第三，用工难。合作社以西瓜、甜瓜种植为主，在种植、管理、收获期都需要大量的劳动力，而农村青壮年劳动力大多外出，剩余人口多为老人、妇女、儿童。有些生产任务这些"61、38、99 部队"能够完成，但是很多时候合作社也会出现"用工荒"的问题。

第四，盈利难。合作社的本质是一个经济组织，只有盈利才能实现盈余返还。近些年来，我国市场不稳定，通货膨胀、物价上涨。虽然合作社的西瓜、甜瓜受市场冲击较小，但是生产、管理、运输、销售等合作社运营成本都在增加，而合作社的利润增长不足，分红减少，达不到社员的预期收入，引起了部分社员的不满。

（二）发展规划

合作社的未来规划主要由建设育苗工厂、发展多样化种植、强化农机服务、建设农产品产地市场四部分构成。

第一，建设育苗工厂。理事长陈交托每年为当地农户提供免费的种子和技术服务。但是，由于农业生产的不确定性和农户实际管理上的欠缺，种子的发芽率和成活率总是不尽如人意，不能满足当地农户对新产品的需求。为了进一步为服务农户，合作社计划建设一个百亩育苗工厂，由专业的技术人员实行育苗管理，直接为农户提供幼苗，帮助农户完成育苗环节。

第二，发展多样化种植。合作社长期发展西瓜、甜瓜种植，市场波动大，单一的种植模式不能有效地防范市场风险。为了实现合作社的良性发展，陈交托经过长时间的市场考察，准备引进麻椒，一方面发展麻椒种植，一方面准备发展麻椒的初加工产业。

第三，强化农机服务。合作社的主要业务是技术服务，通过技术推广和技术指导帮助社员发展生产。由于合作社以技术服务为主，为了免费向贫困户提供农机服务，合作社计划购置大型拖拉机 10 台、深松旋耕联合整地机 10 台、翻转犁 10 台、秸秆粉碎还田机 10 台、大型收割机 5 台、打捆机 5 台、农机服务车 2 辆、植保航空无人机 3 架。同时组建农机服务队为贫困户提供土地深耕和播种、统防统治、秸秆还田等机械化服务。

第四，建设农产品产地交易市场。适宜的气候和过硬的技术使当地农户的生产实现了"丰产"，但是"丰收"却有待商榷。每年合作社生产的西瓜、甜瓜品质都很好，但在销售的过程中，由于缺乏正规、高效的渠道，总有一部分产品出现销售难题。为了让农户的西瓜、甜瓜有一个正规的销售渠道，合作社计划建设农产品产地交易市场，为外来的经销商提供方便，也为自己的产品提供销路。

■ 点　评 ■

合作社本质是小农的合作，是弱者的联合。合作社的目的在于保护弱势农户的利益。因此，在《中华人民共和国农民专业合作社法》第十五条有明确规定：农民专业合作社的成员中，农民至少应当占成员总数的百分之八十。成员总数二十人以下的，可以有一个企业、事业单位或者社会团体成员；成员总数超过二十人的，企业、事业单位和社会团体成员不得超过成员总数的百分之五。但是，农户由于自身受教育程度和认知能力等方面的局限，在合作社的组建及运营方面缺乏能力，往往不能使合作社得到良好的发展。因此，提高社员的能力和素质就成了合作社发展的重中之重。

扶沟县交拓瓜菜专业合作社，成立于2008年10月24日，注册资金60万元。发起人陈交拓是当地一位种瓜能手，为了带领村里群众致富，解决群众种植、管理、销售的难题，在农业部门的大力帮助指导下，成立了合作社。合作社成立后，在陈交拓的带领下，合作社逐步完善了治理机制、组织结构、财务管理、盈余返还原则，使合作社逐步走上正轨；通过统一农资的供应、统一农产品的销售、统一的田间管理使农产品的生产标准化，保证了农产品的质量安全；通过"公司＋合作社＋农户"、"大基地＋小经营"使社员的农产品销路得到保证，保障了社员的经济效益。

合作社在培育"新农人"方面有自己独到的经验和方法。

在技术服务方面：一方面为社员提供面对面的技术交流学习；另一方面采取定期和不定期的形式，召开技术会，现场解答社员的问题；合作社还建立了技术员巡查制度，技术员现场解决问题。

在质量安全方面，采取六项措施：一是在瓜菜大棚内悬挂《禁止使用农药和推荐使用农药》活页，指导用药。二是统一农药购置。三是合作社购买了测试仪，对瓜菜采取定期和不定期的抽查和普查。四是实行可追溯制度。五是合作社对社员进行质量安全培训。

在民主管理方面，合作社的所有问题全部由社员投票决定。重大事项，全体社员无记名投票，赞成票超过80％以上方可通过。账务公开，年终把全年的收支情况全部张贴到村中的政务公开栏中，接受社员的监督。重大投资决策，理事会聘请省市有关部门进行论证，写出论证报告，复印交给每位社员，然后进行投票表决。

社员是合作社的基石，是合作社发展的决定性力量，提高社员的综合能力才能真正实现合作社整体发展。所以说，在合作社运行的过程中，应该始终重视提高全体社员的综合能力，只有每一社员的自身素质和能力都得到提升，才能心往一处想，劲往一处使，共同促进合作社的发展。

一个合作社土地流转业务的羁绊与转型

——南乐县鑫农种植专业合作社

一、合作社概况

南乐县鑫农种植专业合作社位于河南省南乐县城西两千米路北，注册成立于 2011 年 9 月，注册资金 413.6 万元；以良种繁育、订单农业、高产创建、配方施肥、机械作业、烘干储存、科技推广、信息咨询等为主营业务；社员总数 818 户（名），托管和半托管土地 15 000 亩；现有场院面积 15 000 平方米、标准仓库 3 000 平方米、晒场 6 500 平方米，仓储能力 13 000 吨，各种农业机械 136 台（套），飞防航空器 8 架，烘干机 3 套，检验仪器 117 台，种子加工生产线 1 条、精选机 3 台，种子包衣机 4 台，掺混肥生产线 1 套，固定资产总计 2 301 万元。2014 年、2015 年经营收入分别为 8 200.47 万元、6 911.52 万元，成员社内年平均所得比全县农民人均纯收入高出 20％以上。

目前，合作社为"南乐县精准扶贫就业点""南乐县东华职业技能培训学校实习基地""濮阳市农产品质量诚信红名单"上榜单位，获得"濮阳市放心农资店""全国农技推广农业科技试验示范基地"等称号，成功创建为"省级农民合作社示范社""全国农民专业合作社示范社"。

二、发展历程

回顾鑫农种植专业合作社的发展历程，既有成功的喜悦，也有暂时的曲折，但是，合作社主要负责人始终保持清醒的头脑，面对成功不骄傲，遇到曲折不气馁，发展壮大的决心始终没有动摇。近些年，随着我国发展现代化农业号角的奏响，农业、财政等部门不断出台相关支农政策与措施，鑫农合作社顺势紧扣时代脉搏，在实践中探索，在挫折中崛起，边发展、边规范，一步一个脚印，逐步成熟壮大起来。合作社的发展成长大致经历了两个阶段：

（一）起步阶段

2000 年，现任理事长凭借一张"种子经营许可证"，开始为新科种业等大型种子企业代繁小麦种子。由于地块不固定、繁育人员更换频繁等缘故，繁育质量时好时差。此时的经营重心都放在保证种子繁育质量上。经过几年摸索发展，2006年2月注册成立了"南乐县小麦良种繁育专业合作社"，由于地块相对固定，社员对种子繁育的技术要点掌握的越来越准确、繁育经验越来越丰富，再加上南乐县的自然条件非常适宜种子繁育，合作社繁育出的小麦良种成为市场的宠儿，社员收入与非社员农户的收入渐渐拉大，农户入社的积极性一下子被调动起来。种子的繁育面积越来越大，除进行种子代繁加工外，还有一部分种子被种子企业委托自销。

（二）发展阶段

随着生产规模的扩大，原有的收购加工场所已不能满足生产所需。2011年9月，合作社搬迁至南乐县城西两千米的南乐原种一场，经社员代表大会表决，合作社更名为南乐县鑫农种植专业合作社，组成了新的理事会和监事会，理事会5人，监事会5人，成员出资额413万元，其中理事长出资150万元，理事会成员（含理事长）共出资393万元。为了扩大生产实现规模经济，2011年合作社在杨村乡张胡庄、吴村等村流转农民土地300多亩，当年秋季作物长势良好，丰收在望，却遭遇当地农民哄抢，合作社损失惨重，只好把土地重新退还给农民，土地流转以失败而告终。合作社理事会痛定思痛，转变思路，采取了一系列新的措施：一是改变基地的运营方式，采取半托管的方式与社员签订合同。二是在不放松良种繁育的基础上，积极发展订单农业，回收小麦玉米种子，解除社员的后顾之忧。三是购置烘干机械和农业飞防机械，做强农业生产的薄弱环节。四是加大服务力度，当好社员的科技后盾。五是着力完善合作社内部制度，走靠制度约束、靠制度发展的路子。以上措施的施行，使合作社走上了平稳发展的道路。

三、主要做法

（一）优化内部治理结构

要实现合作社的发展壮大，首先要从治理结构入手。近几年，鑫农合作社贯彻"对称、透明、效率"的理念，重新完善了社员代表大会制度，规范理事会权限，落实一人一票，配齐基地负责人，合理设置内部机构。

合作社最初只设有财务部、繁育部和市场部，后来根据实际发展需要，合作社合理增设内部机构，新增了技术部、作业部和掺混肥生产部，分别负责技术培训、技术指导、项目实施、农田作业和掺混肥生产。合作社每调整一次内部结构，都预示着合作社的发展前进了一步。

（二）加强团队素质建设

鑫农种植专业合作社站稳脚跟后不满足于已有的成绩，为了提升档次、夯实基础、拓展市场、做大做强业务，又进行了几个方面的完善。首先，针对合作社需要，引进了几位专门人才。2014年先后聘请了几位离岗的种子、植保、供销专家，分别负责繁育、技术和掺混肥生产。专家们的加入，使鑫农合作社每个部门都拥有可以独当一面的领头人，效果立竿见影，合作社面貌焕然一新。为了进一步提升管理水平，在与北京金色农华种业科技有限公司协商后，引进了金色农华的管理团队，管理团队到位后，建章立制，明确奖罚，营造文化氛围，增强了合作社内部活力。以上措施使合作社开始步入发展的快车道。其次，巩固经营网络，对基层代理商和基地负责人进行重新洗牌，形成了一支讲信用、懂民情、能干事、会指导的经营队伍。第三，重视队伍建设，凡是有外出学习参观机会，合作社尽量派人参加，使整个队伍的视野得以拓宽，业务素质得到提升。

（三）强化对社员的服务

社员是合作社生存和发展的基础，为社员谋福利是合作社的最大追求，合作社提出了"社员利益是我们的最高目标，社员需要是我们的最大追求"的口号。第一，规范社员账户，根据社员与合作社的关系，把社员分为核心社员和带动社员，对核心社员以2 000元为一股建立个人账户，把国家财政补贴量化到个人账户，但本户退社时，这部分补贴要留在合作社，不能与入社资金、公积金等一起退还。财政补贴应该看作是对农民合作行为的支持，对农民合作事业的扶持，不针对单个社员，不能随着个别农户的退社而流失。第二，专业技术人员经常到田间地头巡诊，到社员家中走访，对社员进行技术指导；基地负责人也经常进行互查，及时发现问题，交流经验。第三，为提高对社员的服务能力，降低作业成本，合作社陆续更新了种子精选机械，购置了玉米籽粒收获机械、精播机械、飞防航空器等，为社员提供高效的作业服务。第四，技术人员根据农业生产的实际情况，经常采取编发资料、发短信、办培训班等形式，为社员提供及时服务。

（四）形成独特的生产模式

鑫农种植专业合作社在全县25个基地村都安排有基地负责人（或联络员），对社员的土地实行统一种子、统一施肥、统一植保、统一收获、统一回收、统一标准等"六统一"服务。在小麦生产方面，可提供测土—配方—供肥—供种—植保—机械收获—回收—精选—贮藏等"保姆式"服务；在玉米生产方面，形成了播种—供肥—植保—籽粒机收获—烘干—回收等"一条龙"服务。

（五）重视营销渠道建设

营销是一个市场经营主体后期能否做大做强的关键，营销活动做得好不仅能够扩大产品销路，增加收入，还能够强化消费者的认知，打响企业知名度。鑫农种植专业合作社非常重视营销活动。一是注重营销网络建设，掌握产品的最佳销售时机。合作社在全县布置建设了 164 个较为规范和完善的营销网点。二是组建合作社专职营销人员，建立营销团队，通过专业的营销团队将合作社的产品推向全国各地。三是与北京大北农集团、中国种子集团、北京联创、隆平高科、北京屯玉、正大集团、五得利面业集团、濮阳粮食储备库、中国农科院、新乡农科院等大型企业和科研院所均保持紧密协作关系。经营服务区域不断扩大，涉及河南、河北、安徽、江苏、山东、陕西等省。

四、发展难题

（一）议事效率较低

由于合作社的社员分散在全县不同村落，近几年，除合作社搬迁更名时召开过一次社员大会，之后再没有成功召开过社员大会。另外，即使召开社员代表大会，由于代表的学识、眼光、性格差异较大，协商一些事情时，容易出现较大分歧，形成议而不决的局面。"一人一票"的实际落实难度较大，民主管理不得已流于形式。

（二）缺乏内生动力

一部分社员由于多年来形成了懒散习性，不愿意遵守合作社制定的制度，不愿意受各种规范的约束，使制度落实打了折扣。再者，一些入社规模较小的农户对合作社关注度不够，而这种小规模的社员又占社员总数的绝大多数，如此一来，受"一人一票"制约，致使那些投资额较大、贡献较大社员的积极性受到抑制，附加表决权在实践中很难拿捏。还有一些社员，只能共享利益，不能共担风险，患得患失，一些具有发展前景，而现实即期利益不明显的项目往往被扼杀在摇篮中。最后，对贡献较大人员的奖励，也由于个别社员的抵触难以落实。这些现象的存在，使合作社难以调动各方积极性，对合作社的跨越发展形成很大阻碍。

（三）难以实现科学分配

从规模经营的实际操作来看，合作社的生产成本要高于农户小规模经营，这样就压缩了利润空间，合作社高昂的组织成本、管理成本居高不下，如何降低这类支出，平衡土地、资金、技术、机械等各方利益关系成为制约合作社发展的一个难题。

（四）难以吸引高素质人才

高素质人才需要高额回报，而合作社不是真正意义上的企业，不以追求利润最大化为目标，合作社内部长期形成的平等氛围像一支无形的手，使得拉开工资档次成为一种非常复杂、牵动各方神经的事情。另外，合作社地处农村，条件艰苦，工资不高，很难留住高素质人才。

五、未来规划

（一）培训教室的扩建与农民科技乐园建设

目前的培训教室档次较低，随着合作社规模的扩大，已不能满足实际需要，要加强社员的培训，提高他们的技术水平、业务素质、守法意识和合作观念。农民科技乐园是集良种和产品展示、种植示范、休闲娱乐等为一体的综合园地，也是打造亮点的一个窗口。计划在2017年内建设新的培训教室和高标准农民科技乐园。

（二）继续探索土地流转的有效经营方式

目前的一人一票使得大家的意见很难统一，各自为政，议而难决，导致一盘散沙，严重影响了工作效率。土地流转能够将土地经营权集中起来统一管理实现规模效益。合作社认真分析了第一次土地流转失败的原因，在各方支持下，在近德固乡佛善村、李村以及杨村乡吴村等几个基地负责人能力和号召力较强的村，重新开始流转耕地851亩，以图在规模经营方面做新的探索，有新的突破。

（三）注重品牌建设

合作社品牌是一笔巨大的无形资产，品牌建设包括两个方面：一是要有自己的注册商标，使合作社的产品拥有自己的品牌；二是加强自身建设，提高规范化程度，大力倡导文明经营、诚信经营，决不为一时一事的利益而牺牲信用，进一步打造形象，形成良好口碑和较高的信誉度。

（四）搞好两个平台建设

一是建设生产作业调度平台，负责制定年度和阶段性生产计划，探讨提高合作社品质的途径，根据生产需要对作业人员和机具进行科学合理调配，保证各项生产作业任务保质保量按时完成。二是建设互联网平台。以推进"互联网＋合作社"为目标，以电子商务、指挥调度、综合服务为重点，加快互联网信息技术应用，提升智能化水平。

（五）赋予农产品新的价值

由单纯追求数量增长向质量效益增长转变，凸显农民专业合作组织在推广先进农业科技、培养新型农民、提高农业组织化程度和集约化经营水平的重要载体作用。

总而言之，合作社不同于一般的市场主体，没有雄厚的资金支持，先天性的社会功能缺失迫切需要政府功能进行弥补。合作社在保证外部安全、优化发展环境、疏通部门关系、群众纠纷协调、支持土地流转、规划路网建设、加大宣传力度等方面都离不开基层政府的大力支持。期待基层政府能够当好合作社的推动者和保护人，通过外力促动内力，而不能任由合作社在市场中沉浮，自生自灭。

点　评

由鑫农种植专业合作社的案例我们能够清晰梳理出一个国家级示范合作社的成长历程。诚然，合作社在我国早已不是什么新鲜事物，《农民专业合作社法》已在我国落地生根数十载，但纵观我国当前合作社的发展状况，仍然无法与发达国家成熟的合作社相提并论。顺应我国当前农业供给侧结构性改革的时代大背景，合作社的发展仍然任重道远。虽然发展的过程不会一帆风顺，但是从诸如鑫农之类的示范合作社案例来看，我们仍能从其过往或成功或失败的经历中吸取不少精髓。

鑫农合作社是一家典型的种植专业合作社，在其成长经历中依然存在能人推动的办社诱因。纵观大多数合作社的成立背景，除去少数由官方扶持或民间团体联合转型外，不少合作社都是在能人带动下发展起来的。如何"培育能人成长土壤，为这些能人发展提供更广阔空间"，是当前国家及相关政府部门应给予足够重视的问题。

其次，创新方式，迎合民情。鑫农种植专业合作社的土地流转境遇：2011年的丰收成果由于管理不善、农民法制意识淡薄、集体观念薄弱等原因遭遇当地农民哄抢，合作社损失惨重，土地流转以失败告终。在这样的惨痛教训下，鑫农合作社并没有因为失败而选择退缩，重新尝试以土地托管来经营土地。土地托管是对土地流转的一种新的探索，采取了折中的办法来集中经营农民手中的土地，既顾全了农民对土地承包权的掌控心理，同时也分离出土地经营权实现了土地集中规模化经营。这一方面是因为他们看清了合作社的发展前景，明白土地流转是发展农业的大势所趋，另外，不可小觑的是鑫农合作社形成的粗浅企业文化中蕴含一种不服输、不畏缩、不惧失败、愈挫愈勇的奋起精神。

再次，聘请职业经理人，提升团队整体素质。我国的合作社大多是发之于民用之于民的民间组织，而我国当前农村劳动力大多学识不高、知识储备有限，造成了以农民为基础的合作社在发展过程中缺乏高层次高素质的人力资源。案例中的鑫农种植专业合作社聘请种子、植保、供销专家，分别负责相关生产；重视队伍建设，创造机会鼓励社员外出学习参观。众所周知，注重内部人才培养能够提升合作社内部劳动力素质。除此之外，借助外援，吸引高素质人才也不失为一计良策。而且，内部培养需要较长周期，直接招聘相比于内部培养具有节约时间成本的优势。当然，具体到不同合作社，应该根据自身情况量身定制，各取轻重，才能给合作社发展带来更有效的发展动力。

另外，鑫农在每个村设有科普员，负责整村社员具体事务。受制于内外因素的影响，我国当前多数合作社中的民主管理普遍流于形式，"一人一票"较难落实。鑫农的业务范围辐射4个乡20多个村，它将每个村中具体事务交由土生土长的科普员负责，这些人作为社员代表参与合作社的各项决议。这种方式能够使外部矛盾内部化，再利用科普员的人脉关系去化解异议，推进工作发展。

最后，注重市场营销。这点差不多是统览所有成功案例后涉足经营类示范社所具有的共性了。近些年来我国的市场经济发展已逐渐趋于成熟，在激烈的市场竞争中众多经营主体所生产出来的产品差异化并不十分明显，如何在百舸争流中突破重围成为众多商家关注的焦点。实施企业市场营销，在末段发力成为解决问题的关键。成功的市场营销活动，能够顺利卖出产品，更重要的是还能够吸引消费者的关注，树立企业的品牌形象，推动经营主体更长久的发展。鑫农种植专业合作社大搞品牌建设、网络平台建设、打造营销网络等举措都是一种营销活动，在向市场终端发力。需要指出的是，通过营销活动来扩宽销路确是一条较直接的发展创收方式，但是随着市场上产品同质化现象严重，市场上同类产品的竞争逐渐向完全竞争市场靠近，在这样的大环境下众多商家竞相效仿各种已成模式化的营销活动，成效显然不会再像刚开始那样收益颇丰。农业供给侧结构性改革正是在这样的背景下提出的，刺激需求、创造需求，成为当前我国众多农业经营主体不得不考虑的问题。

当然，在鑫农合作社的发展过程中还有其他可资借鉴抑或引以为戒之处在此不再一一赘述，这些经验或教训终将成为合作社今后发展的动力支撑，为我国合作社的纵深发展发挥作用。

合作社再联合　强实力促农业增效

——兰考县谷雨专业合作社联合社

一、联合社基本情况

为了团结起来谋求更好地发展、为了与北京宜信公司等外部机构更好地合作，兰考县 20 家合作社在自愿提出、多次协商后，经农业局推荐，于 2015 年 4 月 20 日"谷雨专业合作社联合社"当天联合成立，并于 6 月 9 日在工商局正式注册，注册资金 600 万元，理事长张砚斌。成立当天，北京宜信公司落户到兰考，兰考县政府副县长与宜信公司副总裁刘大伟代表双方正式签约。截至目前，联合社已发展社员 5 000 余户，覆盖种植面积 15 000 多亩。在谷雨联社的带领下，成员社相继开展了农村电商、资金互助、土地托管、农资统购统销、品牌塑造等多项业务。谷雨联社 20 家专业合作社有丰富的农副产品，包括大米、杂粮、纯红薯粉条、苹果、葡萄、辣椒酱、小米、葡萄酒、柿子醋、花生油、食用菌、黄桃罐头等。

谷雨联社的成员社中南马庄生态农产品专业合作社、胡寨哥哥农牧专业合作社被评为国家级示范社、万家食用菌专业合作社被评为省级示范社，其他合作社均为县级示范社。

二、搭建融资平台，对接社会资本为社员提供融资服务

首先，联合社与宜信公司开展贷款项目合作。北京宜信公司是一家集财富管理、信用风险评估与管理、小微借款咨询服务与交易促成等业务的综合性现代服务业企业。"宜农贷"是宜信公司在 2009 年推出主要针对农村贫困妇女的公益扶贫助农平台。通过"宜农贷"平台，有爱心的出借人可以在互联网上直接一对一地将资金出借给远在贫困地区需要贷款资金支持的农村借款人，每个人一两百元的资金汇集在一起就能够改变一家贫困农户一生的命运。为支持兰考县"三农"事业的发展，为促进农民创业兴业，尤其是农村妇女创业，宜信公司与联合社进行深度合作，为联合社内部成员社中符合条件的农村妇女创业

提供小额资金贷款支持——"宜农贷"。每年的贷款具体流程是：有资金需求的社员先向所属合作社提出申请，合作社初步审核认定后，对符合条件的社员由合作社先行放款，双方签订借款合同，同时合作社对社员提供担保，然后把相关手续提供给联合社，联合社再把借款合同等相关债权手续汇总，发往北京宜农贷项目部，最后宜农贷审核通过后，把债权买走给予相应的放款。原则上，每户贷款额度不超过 2 万元，贷款期限为一年。这种模式有的放矢，有效地把钱用到了有需求的社员手中，同时大大降低了资金风险。宜信公司每年批给联合社的授信额度为 500 万元（联合社再把授信额度分给下面的资金互助部），每年可帮助 250 多户农民创业兴业，取得了良好的社会反响，得到了政府和群众的充分肯定。

其次，与农信普惠管理咨询（河南）有限公司对接，开展战略合作。农信普惠管理咨询（河南）有限公司是由农信普惠管理咨询（海南）有限公司（农信互联网小额贷款股份有限公司全资设立）发起设立，主要承接农信普惠在河南地区普惠金融的推广和实践。农信互联网小额贷款股份有限公司是海南农信小额贷款普惠金融模式在全国推广和复制的重要载体和先锋模范，是响应国家号召，专注于普惠小额贷款的专业机构。海南农信专注农村小额贷款 10 余年，累计发放 10 万元以下贷款将近 300 亿元，不良贷款率一直控制在 2% 以下，为当地百姓创业兴业提供了巨大的支持和帮助，取得了良好的经济效益和社会效益，是国内普惠金额小额贷款运行良好、可持续发展的成功范例之一。农信普惠公司与谷雨联合社进行多次磋商和试行开展部分业务，与 2017 年 3 月正式签订战略合作协议，由谷雨联合社在联社内部向农信推荐客户，农信直接向客户放款，农信普惠管理咨询（河南）有限公司负责人对谷雨联社各乡镇负责人进行培训，详细讲解"给农民放款，教农民技术，帮农民经营，促农民增收，保农民还款"的工作方法。农信普惠管理咨询（河南）有限公司携手兰考谷雨联社在兰考县推动普惠金融实践即发放无担保、无抵押的农信普惠小额贷款 5 000 户，1 亿元；2016 年 3 月以来，累计发放 39 笔，112 万元，待发放 10 笔，15 万元。主要用途为大棚种植、果树管理、养猪、养牛等。经初期试行，农民反映良好。

最后，与京东合作开展了京农贷业务。2016 年 9 月，京东金融发布农村金融战略，将充分发挥京东在渠道下沉、电子商务、互联网金融的巨大优势，紧扣以"农产品进城""电商下乡"为核心的农村经济闭环，设计和打造具有京东特色的农村金融模式。一方面，在农业生产环节，覆盖农户从农资采购到农产品种植，再到加工、销售的全产业链金融需求；另一方面，聚焦农村消费生活环节，完整地向农民提供信贷、支付、理财、众筹、保险等全产品链金融服务。京东金融以产业链农村金融、产品链农村金融为特色，通过金融服务加速建设和优化农村经济生态，焕发农村金融活力，助力农村经济发展，提高农民生活水平。其中，作为京东农村金融的信贷品牌，"京农贷"不仅着重解决农民的资金问题，更追求如何激发农村经济的内生动力，帮助农村经济实现可持续发展。2016 年联合社与山东五洲丰农业科技有限公司合作，通过京农贷把钱直接拨付给五洲丰农业科技有限公司，联合社获得五洲丰公司生产的化肥在联合社内统一销售，一定程度上缓解了资金紧张问题。

三、构建"三位一体"综合服务平台

（一）土地托管

联合社与兰考县供销合作社合作，率先在兰考县开展土地托管业务，试点选在三义寨和仪封两个乡，分别由三义寨乡南马庄生态农产品专业合作社和仪封乡仪丰种植专业合作社联合社负责具体实施。以南马庄为例，除了合作社育秧的 100 多亩地是以土地流转方式获得外，其余的均为托管土地，农户不需再买种子、育秧等，试行阶段实行一季一托管，托管每季作物从种到收整个生产环节的所有服务，包括农资、机械、耕种、管理、收割、销售等。社员根据需要购买合作社的服务，合作社加价回收产品、免费烘干，社员还可以参与分红。虽然目前还处于半托管方式，却为以后的全年全整化托管积累经验，最终实现全托管，让老百姓在家不进地头就能实现和自己耕种的同等效益，彻底让老百姓转变为土地收益的老板。联合社可以在试点合作社土地托管运作的基础上，积极总结土地托管经验，向其他成员社推广。从联合社层面看，社员可以通过联合社与生产厂家对接，根据厂家的需要指导生产。目前，联合社与三全食品股份有限公司达成合作意向，向三全公司供应蔬菜，联合社内的社员有土地想种植蔬菜的话都可以种植，合作社可以提供土地托管服务，保证蔬菜品质，并统一回收，这将有助于社员依据市场需要调整种植结构，实现增收。

（二）供销合作

一是开展了农资统购统销。在过去，一家一户的分散农业生产和经营形式，导致农民在农业生产资料和农产品收购市场上仅仅是价格的接受者，缺乏价格谈判能力，无法做到单个家庭实现成本最小化或利润最大化。成立了合作社以后，虽然增强了议价能力，但大多数合作社规模有限，议价能力还比较弱小，合作社之间的联合成为必然。谷雨联合社成立后，依靠规模优势，增强了议价能力，降低了农业成本。联合社为了节约社员的农业成本，保证农资的优质供应，与"施可丰、鲁西、晋开"等大型农资生产厂家合作，为社员统一采购化肥、种子、农药等，节约了成本，保证了质量。每年为社员提供 2 万多亩的农资，为社员节约成本 20 多万元。通过统购统销让社员对联合社产生更紧密的联系和依赖。

二是开设了谷雨微店。现代通讯技术及社交软件的发展，使得微信已深深介入人们的生活，浏览微信成为大多数人每天都要做的一件事情。从 2014 年开始，微商利用微信这种新媒体平台，以其低门槛、便捷性和高效性等特点迅速抢夺传统商务和电子商务的市场，遍布各个领域，虽然在微商的发展中出现了部分不良商家面对巨额利润的诱惑不择手段，使微商行业的发展陷入尴尬的境地，但是随着市场监管、商业链条的逐渐完善，利用微信平台推广和销售产品有着巨大的发展潜力。2017 年 3 月联合社在微信注册了公众号，及时发布联合社信息和动态，也有一些科普知识的宣传和专家学者关于合作社的一些专题演讲，使人们逐渐认识、了解谷雨联社。同时开设了微店——兰考宜乡情农副产品专营店，主销联合社的农副产品，包括兰考大米、小米、粉条、食用菌、茶叶、玫瑰花茶、黄秋葵酒、果脯、葡萄酒等，既推广了联合社的农副产品，又扩大了联合社的影响。

三是统一注册商标。联合社成立前，都是各自为政主打自己的品牌，花费了极大的时间、精力与金钱。自从联合社成立以来，统一注册了"谷雨桐花"牌商标，各成员社没有加工的农产品都可以使用该商标。联合社请专人进行宣传策划，极大地节约了各项成本，目前已在兰考当地赢得了认可。

（三）内部信用合作

联合社成立初期主要有南马庄生态农产品合作社资金互助部、仪封合作社资金互助部、仪封胡寨哥哥资金互助部三家资金互助组织。各资金互助部经历了十多年的发展，由小变大、由弱变强，积累了丰富的成功经验。联合社成立之后，谷雨人并未满足现状，联合社带领大家走南闯北，上下求索。为寻求更好的发展之路，联合社成立以来，跨越 8 个省，行程 4 000 多千米，南到重庆开县，北至吉林四平，西到山西永济，东临山东泰安。所到之处认真学习，在重庆开县学习民丰资金互助会成熟的小额资金互助；在吉林四平同样学习百信之家的资金互助；在山东泰安、山西永济学习郑冰老师等人的综合农协的成功经验。通过两年的奔走学习，博采众长，补己之短，谷雨人明确了联社的发展方向，坚定了发展信念。如今联合社内的资金互助已涉及兰考县 6 个乡镇，联合社的社员均可投资入股。

在联合社的框架下，开展内部信用合作最大的好处在于各个资金互助部不再担心挤兑风险。如果某成员社经营中出现问题，如产品滞销，农户纷纷到资金互助部提取现金，合作社可以向联合社内的其他资金互助部调拨资金，满足农户提现的要求，当农户意识到资金安全有保障的时候，不仅不会再提现，还会把已经提取的现金重新存入资金互助部，这样就大大增强了资金互助部应对挤兑风险的能力。此外，联合社内的资金互助部之间还可以相互拆借资金，账户中有多余资金的拆借给资金不足的，既可以进行余缺调节，满足社员的资金需求，也可以增加收益，但在这种拆借的过程中要有人监督，保证拆借的资金确实符合政策规定和要求。

四、多种方式服务成员社和社员

一是延伸服务领域，借助电商平台为社员提供质优价廉的家电产品。联合社与"唯农汇家电和京东家电"合作，共同打造合作社农村电商平台，并开设实体经营店，在实体店内线上线下购买均可，为广大社员及农民提供优质价廉的家用电器。其经营模式是农村电商，主要通过电商网络平台和全国各大名牌家电、手机等厂家合作，通过特定的渠道来保证产品的品质和价格优势。谷雨联合社集兰考 20 家优秀合作社为一体，覆盖兰考县 13 个乡镇，直接面对 5 000 多户社员，给广大有需求的群众带来切实的方便和利益。当社员购买家电资金不足时，还可以向资金互助部贷款，随着贷款量的增加，宜信公司还会增加授信额度，从而实现双赢。2017 年电商平台销售情况良好，仅空调一项就销售了 400 多台，得到了社员的认可。

二是创办茶社扩大联合社影响力。联合社结合外出学习的经验，在兰考县城租下 300 平方米的房子开了一家档次较高的茶社。茶社有两项功能：一是茶社对联合社的社员免费开放，以此来增强社员的存在感，增强凝聚力。二是茶社是联合社所有客户来兰考的联络点，茶社二楼设有会议室、卧室，既可会谈亦可住宿，营造出良好的氛围，增加了谈判的成功率。此外，联合社各个成员社的农副产品，以及兰考特色农副产品都能在茶社展销，也作为一项收入来支撑茶社的正常运营。茶社开业伊始，环卫工及出租车司机均可进店免费喝茶休息，既体现了合作社在向公益迈进，同时也扩大了联合社的影响。

三是植入快递业务对接社员需求。随着成员社的业务的发展，快递费用越来越多，2017 年上半年仅南马庄合作社一单生意的快递费就花费了 30 万元，南马庄合作社全年快递费用大约需要 60 万～70 万元，整个联合社每年的快递费将近 200 万元，之前，各成员社都是各自为政，各发各的快递，成本高而且快递公司和代理点收益颇高。联合社看到了商机，也是为了向成员社提供更好的服务，降低快递成本，整合挖掘联合社内的资源，由联合社出资成员社入股，投资代理了速尔快递，如今快递已开始运作。

五、发展规划

经过两年多的运作，谷雨联合社初步实现了当初成立的目的，为了谋求更好的发展，更好地为成员社提供服务，联合社拟就以下三方面加大工作力度：一是，积极引进人才。谷雨合作社联合社在发展中还面临一些问题，特别是人才的缺失制约了联合社的发展。作为新型的农业经营主体，对人才的渴望尤其强烈。有关部门应该出台相应的就业政策，鼓励大学毕业生到基层到新型农业经营主体中去锻炼、去建设，为"三农"事业的发展注入新鲜血液，以便于合作社人才的引进。二是，联合社在与小额信贷联盟对接过程中，将在为农民解困、监管审批、建章立制、规范发展等方面积累经验和教训，探索农村小额资金互助的可推广、可复制的兰考模式。三是，加强与供销系统合作。2015年中央关于供销社的11号文件精神为供销合作社赢来了空前的历史发展机遇，给联合社造就了与其合作的巨大空间。

六、启示

（一）联合社的组建为外部资金的介入搭建了平台

合作社发展中面临最大的问题是资金缺乏，"巧妇难做无米之炊"，有再好的点子、再好的创意、没有足够的资金予以支持，也是很难变为现实的。因此，合作社的发展仅靠自身是不够，需要大量外部资金的介入，借助更便宜的资金推动农民发展，而单一合作社规模弱小，承接外部资金的能力非常弱，外部资金将承担较大风险，因此，面对单一合作社很少有外部资金敢于开展业务的，即使有其业务规模也非常有限。合作社联合起来，就有了承接大的外部资金的能力，大的平台，对接大的资金，再由联社根据各自的情况再分配。谷雨合作社联合社的建立，既是在南马庄生态农产品专业合作社与宜信公司合作的基础之上，为了更深入地与宜信公司合作，也是为了探索普惠金融的模式，在兰考县农业局的推动下而诞生的。没有谷雨合作社联合社提供的平台，就没有宜信公司对合作社每年500万元的贷款。

（二）联合社组建的前提就是要把单一合作社做好

相互信任是合作社联合的基础，如果一个合作社没有规范，生产的产品卖不出去，品牌也打不好，农户没有得到实惠，如何能够赢得其他合作社的信任？更别提组建联合社了。因此，在组建联合社的时候，各个合作社已经有了较为充分的发展，受单一合作社规模限制有些无法做或做的不充分事情，需要建立联合社来解决单一合作社解决不了的问题。谷雨合作社联合社的 20 个成员社是从兰考县众多合作社中挑选出来的优秀合作社，其中南马庄生态农产品专业合作社、胡寨哥哥农牧专业合作社被评为国家级示范社、万家食用菌专业合作社被评为省级示范社，其他合作社均为县级示范社。这就保证了联合社成立后的正常运转。

（三）联合社要拓展服务领域

农民合作社联合社的建立是市场经济条件下农民合作社进一步发展的结果，是农民合作社在更大范围、更高层次上更加开放的合作形式，起到合作共赢的作用。联合社组建的目的之一在于为成员社及社员提供更好更有效的服务，其服务领域一般为生产服务、供销服务和信用服务。谷雨合作社联合社在为成员社提供这些服务外，拓展服务领域，开办了家电电商平台、茶社和快递业务，赢得了民心，增强了凝聚力。

■ 点 评

合作社发展到一定程度，走向联合是大势所趋。国际合作社联盟在 1966 年将"合作社之间的合作"写入了合作社原则之中。目前，单一合作社存在发展规模小、经营实力弱、市场竞争力有限等问题，如何解决这些问题，按照自愿互利原则发展合作社联合社是一条重要的途径。通过联合社进行资源整合，形成规模经营优势，进而拓展合作社的服务领域，最终实现农户增收。联合社可以解决单一合作社无法解决、或是解决不充分的问题。谷雨合作社联合社正是在这种情况下组建的。为了寻求更好地与北京宜信公司开展深入合作，在兰考县农业局的推动下，自上而下，由兰考县 20 家优秀的合作社自愿组建联合社。联合社成立后，在承接外来资金、"三位一体"和拓展服务领域等方面进行了有益探索，取得初步成效。

首先，组建联合社抱团取暖，大平台承接大项目。单一合作社势单力薄，难以应对大的风险，难以承接大的外部资金，正是谷雨合作社联合社的成立，提供了承接大规模外部资金的平台，这才有了与宜信公司每年 500 万元授信额度的深入合作；也才有了与农信普惠管理咨询（河南）有限公司的先期携手推动普惠金融放款 1 亿元覆盖 5 000 农户的战略协议；也才有了"京农贷"的运作，借助于低价的外部资金促进农户的发展。

其次，联合社谋求"三位一体"综合发展。"三位一体"的理念起源于供销社时期，至今仍有重要的实践意义，也是合作社未来发展方向。在生产合作方面，通过土地托管，向农户提供托管菜单，农户可以根据需要选择多种服务，解放了劳动力，在一定程度上解决了土地谁来种，怎么种的问题。在供销合作方面，联合社可以在更大的层面与规模上进行统购统销。由于统购，谈判能力提高，降低了农资产品的价格，降低了农业生产成本；农资需求总量增加，减少了农资购买环节，确保了农资质量的安全。由于统销，同样也是具有了产品销售价格的谈判能力，能够部分地提高农产品的市场销售价格，这是联合社的优势所在。在内部信用合作方面，通过联合社这个平台，各个合作社的资金互助部之间可以相互拆借资金，增强了单一资金互助部应对风险的能力。

最后，联合社有效拓宽了服务领域。除了为成员社和社员提供产供销和资金服务外，谷雨联合社创建了农村电商平台为社员提供质优价廉的家电产品；开办了茶社，不仅社员免费，也为成员社提供了业务商谈的落脚点，增强了谈判的成功率；代理了速尔快递，为成员社降低了快递成本。这些服务进一步增强了联合社的凝聚力。

规模出效益　分工出效率

——罗山县莲花农机农艺专业合作社

一、合作社概况

罗山县莲花农机农艺专业合作总社于 2010 年 8 月注册成立，注册资金 1 915 万元。该社是在罗山县周党镇莲花农村土地流转信用合作社、罗山县周党镇莲花种植专业合作社、罗山县莲花植保专业合作社、罗山县包氏资金互助合作社、罗山县包氏农资综合服务中心等四家合作社和一家农资企业的基础发展而来的。现有在工商注册备案成员 70 人，入社农户 588 户。流转中山村、青龙村、杨柳村、龙镇村等村农户耕地 6 830 亩，辐射带动周党镇及其周边乡镇农户生产 21 000 亩，年平均收入达 850 多万，社员单季平均每亩收入达到 1 500 元。

合作社通过"企农结合"的形式，与周口莲花集团等企业实行订单生产，建立和完善了规模化、集约化、标准化粮油生产和农副产品加工基地，注册"周党"牌农副产品商标，形成优势产业链条。

经过几年努力，现已建成库容达 1 400 吨组装式冷藏库多座，形成周党粮油及土特产等地方特色农副产品冷藏、包装、加工、运输、销售一条龙的生产经营格局，产业化优势十分明显。

合作社自成立以来先后与中国农业科学院、河南省农业科学院植物营养与资源环境研究所、信阳市农业科学院、信阳市科学技术协会、罗山县农业局、罗山县农科所、罗山县种子技术服务站、罗山县农机局、罗山县科学技术协会等多家机构合作，进行科学试验示范、农业科学知识普及等工作。经过多年的努力，合作社逐步发展成为"县级示范合作社""市级示范合作社""省级示范合作社""2015 年全国农民合作社加工示范单位""国家级农民合作社示范社"。被认定为"信阳市优秀农村科普示范基地""河南省科技型中小企业""农业部万亩水稻高产创建核心项目区""全国农技推广示范县农业科技试验示范基地""全国农技推广示范户""新品种新技术推广示范基地""服务三农优秀单位""农业产业化优秀单位"等。

■■【链接】合作社成立背景

合作社理事长包乃勇一直站在农业生产一线，长期从事农业生产资料销售工作。为了更好地服务农民群众的农业生产工作，带动农民增收，缓解农业生产成本过高，农民种植积极性不高，效益不好，增产不增收，卖粮难，农村劳动力不足等一系列问题，决定成立农民专业合作社，于2010年8月在工商部门注册成立了罗山县莲花农机农艺专业合作总社。

在成立合作总社以前，包乃勇就依托罗山县周党镇莲花种植专业合作社从事农业生产服务。2009年，政府为推动土地流转，鼓励合作社以租地的方式流转土地，试图通过土地集中来实现农业规模化经营。莲花种植专业合作社当年以每亩500元租金的价格，流转了土地5万余亩，土地规模骤然扩大。

然而，受制于水利设施、农机规模的不配套，导致农业生产效率并未提高，土地的规模化没有带了农业经营的规模经济。另外，粮食作物价格不高，导致了农业经营收入较差。收入不高，而生产成本不低，这导致了2009年合作社亏损十分严重。包乃勇意识到以租地的方式经营农业风险太大，是不可持续的。

于是，在2010年，他改变思路，把经营模式由租地经营转变为土地托管，从而实现合作社与农户的利益和风险共担，降低经营风险。同时，成立合作总社，把罗山县周党镇莲花种植专业合作社、罗山县莲花植保专业合作社、罗山县包氏资金互助合作社、罗山县包氏农资综合服务中心等四家合作社和一家农资公司联合起来，以应对土地规模扩大后各种配套服务的同比例扩大。同时，改造合作总社的组织结构，通过"一社三环、四级管理、六位一体、企农结合、多元增效"的运作模式，改善经营管理水平。通过这样一系列的手段，实现了合作社在粮食作物种植中的良性循环，合作社经营逐渐走上正轨。

二、发展经验

（一）现代化成体系的股权结构和治理与分配机制是合作社长治久安的基础

股权结构清晰。在股权安排上，除资金出资外，大部分合作社成员均以机械出资。其中，理事长包乃勇出资71.94万元，在合作社总社成员出资中占比最高，为3.8%；其余70户骨干成员共计出资1 914.535万元。出资的机械主要是拖拉机、插秧机、收割机等农用机械。出资成员可以单个成员入股机械发票价格占所有成员入股机械总额比例作为每位成员的入股比例，享受合作社的盈余返还和剩余盈余返还。

治理体系健全。合作社最高权力机构是全体成员大会，由合作社全体成员及社员代表组成。社员代表大会每年年终定期召开一次，会议内容包括上一年度主要工作的汇报总结，下一年度种植结构、种植模式以及新品种、新技术等试验示范基地统筹的安排，盈余方案的布置，人事的任免，财务状况的公布与章程的修改等工作。合作社全体成员大会采取一人一票制度选举产生各个职能部门负责人。

全体成员大会下设理事会和监事会。理事会是合作社最高执行机构。理事会由 7 人组成，设理事长 1 名，理事 6 名。理事会成员由成员大会从该社社员中选举产生，任期 3 年，可连选连任。理事会实行充分协商一致原则，凡是涉及合作社生产经营的重大事项都要召开理事会会议经过集体讨论，理事会会议的表决，实行一人一票，并经三分之二以上理事同意方可形成决定。理事个人对某项决议有不同意见时，其意见记入会议记录并签名。全体成员大会的定期会议一般由理事会主持召开，主要讨论本年度投资等其他重大事项。理事会下设办公室、财务科、市场销售科、技术科等业务部门。办公室设主任一名，主要负责合作社社员的培训等工作，财务科设科长一名，主要负责合作社具体的会计和出纳工作，市场销售科主要负责合作社的初级产品的销售工作，技术科主要负责解决农业生产技术和硬件的维修工作。

监事会通过成员大会选举产生，对全体成员负责，是合作社的监督机构，代表全体人员监督检查理事会和工作人员的工作。监事会由 3 人组成，设监事长 1 名，监事 2 名。

财务管理规范。合作社设会计和出纳各一名，会计负责建立总账，作好财务收支、成本费用核算、会计报表编制和财务档案管理工作；出纳负责建立现金日记账、银行存款日记账以及合作社资金收支、账款划转和支取。建立社员账户，详细记载社员的出资额、应享有的公积金份额、国家财政扶持资金和接受捐赠份额、交易量和交易额等。确保做到对于财政资金形成的资产平均量化到每个社员。

利润分配合理。合理分配经营成果，是促进合作社可持续发展的有力保障。由于合作社经营得当，近三年合作社的年平均收入达到 850.37 万元，年平均利润为 79.52 万元。按照《农民专业合作社法》及《农民专业合作社财务会计制度》规定，在盈余分配前合作社召开成员大会作出决议，按照合作社章程进行盈余分配。

合作社盈余分配程序为：首先，弥补亏损，按章程规定弥补以前年度亏损。其次，提取盈余公积金，按照章程规定的比例提取当年公积金，提取比例为 10％，截至目前公积金余额为 39.32 万元。再次，计算出本年的可分配盈余，按照可分配盈余总额65％的比例，按成员与合作社的交易额进行第一次的盈余返还，并计算到每个成员，平均每户成员分配盈余达8 200元，最后进行剩余盈余返还。按照各成员账户中记载的出资额、专项基金份额等占总额的比例计算每位成员应得的剩余盈余数额。近三年，平均每个成员分配剩余盈余返还4 000元。

（二）为农业生产各个环节提供一体化服务，是打造合作社核心竞争力的关键

完善各环节服务。合作社经营是围绕着农业产前、产中、产后各环节展开的，在各环节的服务上，根据不同的生产工序，对服务进行分工细化。具体包括：机械耕、插、播、收；农机的保养维修；农机农艺培训；技术信息服务；农业生产资料购买；粮食生产加工销售；综合服务等。同时，该合作社种植水稻、小麦、油菜等大田作物，提供粮食烘干、板栗冷藏储存等农产品初加工服务，为全镇及其周边乡镇农户提供农作物植保等产前、产中、产后关键技术服务。合作社为社员统一采购农药、化肥、种子等生产资料，采购回的农业生产资料由专业人员检测，杜绝假冒伪劣农资坑农。合作社长期为该社社员低于市场价供应生产资料，统一收购社员所生产的农产品（如小麦，水稻等），直接销售给用粮单位及加工企业，减少中间环节，提高社员了农产品的价格，增加了社员收入。

创新服务模式。采取"一社三环、四级管理、六位一体、企农结合、多元增效"的运作模式。即合作总社是核心，合作社成员、合作社社员、合作社会员为三环。其中，成员是指带现金入股合作社的人员，可以获得年终分红；社员是指带机入社的人员；会员是指原有租地模式下租入土地的承包人（合作社现有服务土地面积为2万亩）。以片区主管、片长、组长、队长四级管理组织生产，以统一农作物生产布局、统一农业生产资料采购、统一机械化耕作、统一农作物新品种和新技术推广应用、统一农副产品订单销售、统一农作物病虫害综合防治"六统一"内容服务社员生产经营。并以高于市场的价格回收社员农副产品，以低于市场价格为社员提供农资、种苗供应、机耕、机种、机收一条龙服务。同时免费为社员提供生产技术培训指导等。

加强技术推广。引导农户科学配方施肥、合理选择种植品种、统一进行生产布局。提供农业生产全程社会化服务，统一进行病虫害防治，达到种地、养地相结合，保持农业的可持续发展。例如，引进高产、性状优秀、适合机收的"双低"油菜品种"中双11"，进行油菜的轻简化等"五化"高效栽培，组织召开现场观摩会，推广种植技术及品种，努力扩大种植面积。另外，合作社采用机械化插秧及直播的播种方式，引导农户对水稻种子采用"三起三落"方式泡种，降低出现因水稻种子吃水不够造成烧苗、苗不齐等问题的几率。还有，扩大粳稻种植面积，选用香粳品种，利用紫云英、毛叶苕子等绿肥翻压覆膜清洁生产有机稻种植，然后由固始县顺兴粮油有限公司收购，提高种植效益。

提高产后仓储能力。为解决由于贮藏能力不足造成粮食等农产品发生霉变，造成农户增产不增收、谷贱伤农等问题发生，该社新建粮食烘干机 12 套，单批次烘干能力达到 180 吨，新建仓储 1 160 平方米、晒场 2 000 平方米，实现农户增产增收，拉动当地农业经济发展。另外，合作社还大力推广粮食晾晒贮藏，减少变质耗损，实现贮藏增值。还有，合作社完善了冷藏库的配套设施，解决了由于贮藏能力发展不足，板栗集中上市，一时难以贮藏和销售，价格急剧下跌，造成粟贱伤农、价贱伤商的现象。众所周知，粮食晾晒的季节性需要大量临时工，这也解决了部分农村剩余劳动力的临时就业问题，带动农民增收。

落实生态种田。为实现农业的可持续发展，合作社购置碎草机多台，解决了秸秆焚烧问题。购置深耕深松机 12 台，利用深耕深松机有助于打破犁底层、白浆层或黏土硬盘，加深耕层、熟化底土，利于作物根系深扎；不翻土层，后茬作物能充分利用原耕层的养分，保持微生物区系，蓄雨贮墒，降低化肥用量。

三、精准扶贫

合作社与罗山县农业局、罗山县农科所、罗山县农机局、罗山县科学技术协会等多家机构建立良好的合作关系，突破各项生产难题，并共同合作探讨工厂化育秧、紫云英翻压清洁生产、小麦免耕种植、泥浆法育秧、水稻机械化直播、水稻病虫害的无人机防治等各项农业生产的新技术、新方法，积极进行各项农业科学试验示范、农业科学知识普及推广工作。农业主管部门不仅仅从科技上的理论层面为合作社出谋划策，而且在实践方面积极解决问题。县农业局委托该合作社积极了解贫困户的相关信息，因地制宜地为贫困农户出谋划策，增强贫困户的致富本领，切实做好帮扶工作。在农业生产上：委托合作社免费为农户提供农业生产种植技术和部分农业生产资料，对农业生产进行全程跟踪，产后优先收购贫困农户的农副产品，解决农户卖粮难问题。在林业生产上：委托合作社聘请专家培训农户，帮助其生产出高品质板栗增加农户的增收渠道。

周党镇在开展精准扶贫工作中，把产业扶贫作为加快贫困人群脱贫致富的主要抓手，围绕特色产业，坚持"一村一策、一户一法"的扶贫方略，充分发挥合作社在产业扶贫中的带动作用，采取"合作社＋贫困户"的方式，建立稳定利益联结机制，有效解决了农村贫困家庭自我发展能力不足的问题。乡政府联合合作社组织社员及贫困户进行科技培训，引导转变传统思想，大胆创新，以标准化、规范化、科技化、机械化指导农业生产，打破传统的种植模式，不断探索新的种植模式。2016年周党镇政府委托该合作社实施到户增收项目，积极用资金直接帮扶贫困户发展产业，在其生产过程中合作社免费提供农业生产的产前、产中、产后技术服务，协助其稳步走上致富之路。

迄今为止，合作社共结对帮扶贫困户80户，位于周党镇东峰村及中山村的不同组别。合作社对接帮扶贫困户后，积极了解贫困户的相关信息，因地制宜地为贫困农户出谋划策，增强贫困户的致富本领，切实做好帮扶工作。

四、未来规划

在精准扶贫方面，未来合作社将会紧盯小康目标，对照小康指标逐项研究、逐条确定发展举措，在延长产业链、不断提高贫困户收入、带动贫困户脱贫奔小康等方面多下功夫，有针对性地制定措施、分解任务、落实责任，在率先实现奔小康上做好示范带好头。与贫困群众结对合作，在本领上教，路子上引，资金上帮，通过向贫困户传授技术、带动群众发展种养业、吸纳群众务工，让他们在种植、销售、加工各环节分享收益，帮助还未实现脱贫的群众尽快富裕起来。在业务拓展上，合作社将继续大力延长产业链，融合一二三产业。积极推广应用电子商务，不断扩大产业发展规模，提升产品质量，拓宽产品销售渠道，进一步增加合作社收入。

点 评

这是一家由四家合作社和一家农资企业为基础发展而来的联合社。小的合作社通过有机整合，形成更大规模的合作社，可以说是中国合作社发展的一个方向。

中国实现现代化的关键是农业现代化，农业现代化的关键是规模经营。是否能实现规模经营，实现农业生产的规模经济，可以说是决定了中国能否成为现代化国家的关键。中国传统农业生产单元是小农户，小农经济无法应对大市场的风险，这已经是定论；把一家一户的农地集中起来经营，实现规模效益，也是理论界广泛认可的。而在集中经营的路径选择上，可以有不同的选择，其中合作社就是一种集中经营的好办法。这叫做规模出效益。

而在合作社经营的过程中，随着其经营土地面积的不断扩大，农业生产中的各个环节所需要的各环节服务规模也在不断扩大，例如机械服务、植保服务、农资服务等。当经营的范围扩大到一定规模，农业生产各环节的服务单独就有了分工经营的可能性，于是会看到各种专业合作社，例如农资服务合作社、农机服务合作社、植保喷防服务合作社等。正式由于其服务规模的不断扩大，才使得相应的规模经济得以显现，农用机械使用效率提高，农资单位成本降低，各种服务型合作社才有了经营的可能。这叫做分工出效率。

然而，各合作社作为独立的市场主体，其在寻找服务对象的时候面临着不确定性。这种不确定性，其实就是市场的交易费用，给服务型合作社的进一步发展带来困扰。比如对于农机合作社而言，今年代耕的规模是这么多，现有的拖拉机够用了；但明年会怎么样？要不要上新的拖拉机？这很难说。可以说，服务类合作社发展到一定阶段，可能会遇到发展的瓶颈：即是否需要继续扩大投资。

这时，联合社就有发展的必要了。联合社其本质就是把处在农业生产不同环节的合作社联合起来，类似于不同的公司合并成更大的公司。通过联合，把他们各自面对市场时的交易费用内化为联合社内部的交易费用，其本质是用一种低交易费用的合约模式来取代原有高交易费用的合作模式。还以农机服务为例，原来农机服务合作社每年都要判断第二年服务的土地面积是多大，但在联合社内部，农机服务部门只需根据联合社现有的经营规模数字就可以明确知道他要服务的规模了。这就用确定性取代了不确定性。

我们来看看这个联合社是怎么来实行联合的。

起初，合作社理事长包乃勇一直站在农业生产一线，长期从事农业生产资料销售工作，为了更好地服务农民群众的农业生产工作，带动农民增收，缓解农业生产成本过高，农民种植积极性不高，效益不好，增产不增收，卖粮难，农村劳动力不足等一系列问题，决定成立农民专业合作社。随着合作社经营不断发展，通过企农结合的形式，稳定了产品销售渠道，在此基础上理清产业链条，扩大经营规模，建立和完善了规模化、集约化、标准化粮油生产和农副产品加工基地，注册"周党"牌农副产品商标，形成周党粮油及土特产等地方特色农副产品冷藏、包装、加工、运输、销售一条龙的生产经营格局。经营中，实行统一农作物生产布局、统一农业生产资料采购、统一机械化耕作、统一农作物新品种、新技术推广应用、统一农副产品订单销售、统一农作物病虫害综合防治"六统一"内容服务社员生产经营。并以高于市场的价格回收社员农副产品，以低于市场价格为社员提供农资、种苗供应、机耕、机种、机收一条龙服务。同时免费为社员提供生产技术培训指导等。

除此以外，在生产实践中遇到什么难题，就解决什么难题。需要上什么设备，就有能力上什么设备。上了设备，利用效率也不低。而这全是规模大带来的好处。

自此，该社实现了农业生产服务的全覆盖。那么经营效果怎么样呢？

近年来年平均收入达到 850.37 万元，年平均利润达 79.52 万元。按照章程规定的比例提取当年公积金，提取比例为 10%，截至 2017 年公积金余额为 39.32 万元。再次，计算出本年的可分配盈余，按照可分配盈余总额 65% 的比例，按成员与合作社的交易额进行第一次的盈余返还，并计算到各成员，平均每户成员分配盈余达 8200 元，最后进行剩余盈余返还。按照各成员账户中记载的出资额、专项基金份额等占总额的比例，计算每位成员应得的剩余盈余数额，平均每个成员分配剩余盈余返还 4000 元。

可以说，经营效益非常好。合作规模扩大后的另一个附带的好处，就是规模扩大后会计核算方面需要更加仔细认真，因而可以估计该合作社的财务制度和财务人员配置是比较规范的，从上述计算盈余的过程中也看得出。

合作社规模扩大以后，甚至能够发挥一些扶贫的功能。如资料所言，合作社的发展，解决了单门小户所不能解决的一些生产、存储方面的问题，带动了农民致富；除此以外，合作社主动结对帮扶贫困户 80 户，帮助他们脱贫。这也是规模扩大后，合作社农业生产的边际经营成本较小，扶贫负担轻的一个体现。

总而言之，农业在中国是一个风险较大的行业，而合作社相比其他经营主体能够更好地应对风险，因而特别适应中国的农业国情。随着时代的发展，合作社一定会更加发展壮大。随着合作社规模的不断扩大，各环节的分工将不断细化。从规模中要效益，在分工中要效益，是合作社经营成功的关键。

种特色菜　闯大市场

——汝州市鑫源生态农业专业合作社

一、合作社概况

　　鑫源生态农业专业合作社成立于 2011 年 4 月，位于汝州市杨楼镇马庄村赵楼村北，注册资金 2 000 万元，是个集种植、养殖、休闲观光为一体的综合性生态农业企业。

　　合作社理事长赵现平是一名退伍军人，转业时就意识到生态农业和健康食品大有可为，于是在北京的农场学习了两年农业技术后回到家乡创办了鑫源生态农场。成立初期，租种土地不足 100 亩，主要种植各类露天蔬菜。2011 年 4 月鑫源生态农业专业合作社组建成立后，为进一步突出特色、扩大规模，于 2011 年 7 月规划组装了 30 余栋总面积约 25 000 平方米的温室大棚，全部种植易管理的土豆。经过 7 年的不懈努力，合作社业务不断拓展，品种逐年增加，质量稳步提高，经营和服务范围也不断扩大。目前的业务服务范围已涵盖农作物种植，畜禽养殖，收购、加工销售成员产品，为成员提供生产资料和农技咨询服务，为新型职业农民提供咨询、培训服务等，合作社已成长为汝州市技术先进、规模适度的无公害农产品生产基地。合作社现有成员 60 多人，有固定员工 20 人，其中管理人员 5 人、技术员 3 人、高中级职称 2 人。

　　2016 年，合作社流转土地近千亩，有蔬菜温室 6 栋、蔬菜大棚 50 栋、蔬菜种植面积约 300 亩；家禽养殖棚 3 栋，散养柴鸡近 50 000 只；鱼塘 1 个；各类果树及粮食作物 370 亩。2016 年总资产 1 819 万元，销售收入 1 626 万元，盈利 217 万元，盈利暂无分配，全部投入扩大再生产，经营状况良好。

　　在制度建设方面，合作社成立伊始就建立有理事会和监事会，制定了合作社章程。理事会由赵平和、张书现、李向阳、张盼盼、赵现平等 5 人组成，赵现平任理事长兼经理，李向阳任监事会监事。这些人都是合作社的骨干成员，理事会是合作社的决策机构，监事会是监督机构。合作社及其成员都能按合作社章程规定办事，运行正常，经营有序。

　　合作社产权结构明晰。目前，合作社注册资金 2 000 万元，出资金额为：汝州市鑫源生态农场 1 958 万元、李向阳 18 万元、赵平和 8 万元、张书现 8 万元、张盼盼 8 万元。合作社财务制度逐步完善，管理逐步规范。目前已制定了10 余项财务管理制度，聘请有专业的财务管理人员，建立了各种日常运转台账，已被纳入政府审计部门的监管范围。

二、主要做法

（一）打造特色农产品，实现产品差异化

鑫源生态农业专业合作社成立之初以种植常见蔬菜为主，但却遭遇市场竞争激烈、产品销路难、价格低廉、经济效益差等问题。调整思路后，合作社引入豆角新品种翠绿一号。这种豆角特点是比普通的豆角长一倍以上，可达 120 厘米，而且肉质细腻、口感好。在豆角的生长期内，合作社采用豆角专用的植物生长营养液，不喷打农药。这种营养液既能增产 10％～30％，又能迅速吸收土壤养分，还可以抑制黄叶病、枯萎病、叶斑病、豆锈病、灰斑病等病害发生，大大增加了豆角的科技含量。除了长豆角，合作社还种植了荷兰金剑长辣椒和金剑 1 号线辣椒，这两个新品种辣椒的果实能长至 20 厘米以上。这两种新产品一上市，因其优质的品质和独特的外观，就吸引了众多合作者。合作社生产出的蔬菜大部分都直供汝州市各超市，也有来自郑州、洛阳的经销商前来批发。目前仅长豆角每亩就能收获 8 000 多斤，每亩收益近 2 万元。

在养殖方面，合作社也实现了特色生态养殖。合作社将自己种植的无公害蔬菜中品相较差的利用酵素技术制成酵素肥喂养家禽，生产的鸡蛋不仅通过了无公害标准，且远低于国家标准中的各项指标，鸡蛋销售价格能始终保持平稳水平，在市场竞争中具有较高竞争力。目前养殖业已成为合作社的主要盈利点。

（二）规范生产模式，逐步推行标准化生产

鑫源生态农业专业合作社采取建立基地、集中统一管理的模式进行管理。采取统一技术、统一培训、统一采购、统一防疫、统一销售的方式。合作社在生产过程中向社员统一提供新品种，并统一培训种植技术；引进新的管理方法，增加了产品的科技含量；要求社员在种植过程中建立生产档案，详细记录各生产环节具体情况，增强工作的针对性和实效性。

合作社配备农产品安全速测仪等便携式农事信息采集设备，记录农产品履历信息等，建立了全面数据台账。另外，还建设种植养殖溯源系统，安装生产视频监控设备全程监控生产过程，并随时接受消费者实时查询。为达到生态要求，统一采购农资用品；在销售时为实现统一销售，精心设计产品包装，力争

使包装美观、大方、简约、安全，既体现企业特点，又便于搬运携带。

（三）坚持生态循环之路，发展现代农业

合作社在生产过程坚持不使用化肥、不使用农药、不使用添加剂，利用生态循环的模式生产，使用生物的和物理的方式防治病虫害，使用农家肥和油料下脚料自制酵素肥，不催肥、不催熟，坚持自然生长，自然成熟，确保生产的各种产品无公害、绿色、有机健康。目前，合作社生产的辣椒、柴鸡蛋已通过无公害认证。合作社形成了一个可循环的小生态圈，不但节水、节能、省料，而且无污染、零排放。

（四）紧盯市场，抓住商机

合作社高度关注各大超市和批发市场行情，通过电视、报纸等途径收集和掌握与农业、畜牧有关的信息，了解农产品新品种新技术的应用情况和市场变化情况，掌握市场变化的规律。同时与杭州、郑州等多家农产品批发市场、农产品股份有限公司达成战略合作协议，携手打造适应市场需求的高端优质农产品。

（五）注重科技，培养专业人才

在技术方面，主动向河南农业大学的李胜利教授、河南科技大学的张菊平教授请教，寻求理论指导。在外部专家的帮助下，合作社逐步掌握了关键技术，并带领社内技术骨干"干中学"，在合作社基地边实践边培养技术骨干，逐渐向生产标准化、经营产业化、品种多样化发展，温室和大棚蔬菜种植四季都有不同的品种供应市场。

合作社先后被汝州市科协、汝州市农业局等部门列为汝州市生态农业科普示范基地、汝州市农广校实践教学基地、汝州市新型职业农民实训基地、汝州市生态农业发展协会试验示范基地、农民田间学校等示范点，供广大农民参观学习，这也在一定程度上推动了周边生态农业的发展。自汝州市农广校实践教学基地在鑫源合作社成立以来，共组织培训新型职业农民 5 批 250 人次、蔬菜园艺工 536 人次，接受社会团体参观学习 4 500 人次。

（六）示范带动，共享合作成果

合作社在办社过程中无偿为周边农户提供技术咨询和种植养殖书籍资料，义务为群众讲解技术问题，免费到村民家中和田间地头提供服务和帮助；针对农户浇地用电难的问题，积极协调有关部门新装一台 100 千伏变压器，架 2 千

米 10 千伏高压线，修补 12 眼老水井并埋设地埋线 4 000 多米；曾多次带领成员到外省实地参观考察，并引进新技术新品种；主动引导村民改变观念，合理调整生产结构，搞特色种养，整合有限的土地资源，扩大生产规模，走专业化生产之路。在该合作社示范作用下，带动当地种植户 100 余户形成联合开发格局。农忙时节每天可安置农民工人数达到 60～80 人，实现了农民就近就地就业，既给成员带来了经济效益，又极大地促进了当地农业经济发展。近三年，成员及周边农户人均纯收入高于全市农民人均纯收入。

三、发展难题及规划

汝州市鑫源生态农业专业合作社发展过程中面临的主要问题有三个：

一是土地流转的问题。土地流转费用过高，又难以成片，造成经营成本增加。

二是农业企业融资难。农业企业缺乏实物担保、企业利润低等导致向金融部门贷款难，民间资本对农业投资兴趣也不高。

三是应该享受的优惠政策和补贴有限，制约企业发展。小农企业因受规模、指标等门槛限制，部分优惠政策难以享受。这些问题严重制约农业企业的发展。

汝州市鑫源生态农业专业合作社下一步工作打算：

一是搞好发展规划，规范园区建设，完善园区功能，提升园区品味。聘请专业人士或设计单位对园区进行规划设计，合理布局，完善功能，精细建设，增强园区吸引力和辐射力。

二是加大融资力度，扩大生产性投资，补充更新设备，提升现代化水平。计划融资 5 000 万元，完善园区设施及配套建设和物联网信息化建设，新建冷库及分拣包装车间 1 188 平方米，新建无公害农产品溯源系统，完善园区监控体系，新增监控 36 组；新增蔬菜速测仪 1 套、土肥分析仪 1 套、蛋品清洗喷码设备 1 套、果蔬烘干机 1 套、蔬菜分拣包装喷码设备 1 套。

三是加大土地流转力度，扩大生产规模，增加规模效益，土地流转面积达到 2 000 亩。

四是继续加大品牌化建设力度，创质量品牌和特色品牌。强化园区标准化建设力度，按照基地建设规模化，产地环境无害化，生产加工规范化，产品流通标识化，质量管理制度化，生产经营产业化的要求，努力打造标准化的生产示范园区。

四、启示

（一）合作社应积极发展特色农产品

为了适应农业发展新阶段的要求，立足现有的资源条件，合作社应以市场为导向 分析市场，发展特色产品，发挥特色农产品的比较优势。当前市场竞争日趋激烈，只有培育出有特色、有品质的农产品，才能提高农业市场竞争力，达到农业增收、农民增收的目的。合作社经过七年的不懈努力，他们从最初外聘专家，到现在已经培养出自己的技术人员，掌握了大量种植新品种、特色品种的技术，积极开展"三品一标"建设，因此给同质化的农产品注入不同的具象化符号，可区别竞争对手，提升消费者购买欲望。

（二）合作社应注重提高农产品的科技含量

走科技兴农道路，既是在经济发展新常态下开拓农业发展空间的大势所趋，也是合作社实施集约经营提升竞争力的自身需求，只有在规模化经营、标准化生产的基础上，加快农业科技进步，提升土地产出效益，才能开拓更大的发展空间。实行"产、学、研"协作，是发挥各方优势的共赢之举，对开发和应用最新农业科技成果，获取更多技术促进产业裂变的乘数效应作用不可小觑。鑫源生态农业合作社长期与河南农业大学、河南科技大学和市农技部门的专家签订技术指导合同，共签约 2 次，每次 2 年，在新品种选取、新产品开发、新种植技术方面成果显著，并由此培养了自己的农业技术人员，这是小规模农户所难以企及的。鑫源生态农业合作社在科技兴农的道路上并没有忘记广大社员，在政府的支持下，不仅组织入社成员参加农技培训，同时还接受社会成员参与培训，带动了周边一大片农户掌握新的农业种植知识。借梯登高借力发展，是科技兴农的必由之路，也是践行开放发展理念的应有之义。

■ 点 评 ■

随着社会经济的高速发展，人们生活水平的不断提高，人们的消费需求越来越高，对农产品的个性化需求不断呈现，且小众化需求和个性化需求逐渐升级，而特色农业的发展正适应当前社会的消费需求。该合作社走的是农场领办型的发展模式，在发展过程中不断挖掘传统优势，做精产业。提高农产品的附加值，在市场上占有一席之地，就必须做出特色，靠特色来占领市场。合作社的长豆角、辣椒和鸡蛋充分发挥了特色优势，打开了知名度，合作社利用这几个产品，迅速打开了市场销售渠道。

　　特色农业的发展离不开科技的支撑。合作社靠传统农业发展模式起步，靠和农业科研院所的联手，进而实现可持续发展。合作社在科技这条路上还带动社员和周边群众一起参与农技培训，培育了一批懂技术、会管理、善经营的专业人员。

　　但合作社在发展特色农产品的道路上还应该意识到品牌建设的重要性，努力打造自有品牌，只有品牌得到认可，市场才能广泛认可；应注意到合作社这种半集权的管理方式会导致合作社失去活力，成为披着合作社外衣的企业，失去建立合作社的本质。

以规范促发展　以品质换口碑

——永城市中凯种植专业合作社

永城市中凯种植专业合作社位于侯岭乡谢酒店村张庄村，成立于 2013 年 11 月 26 日，注册资金 500 万元。由张金光等 5 人发起，合作社现有社员 450 户，辐射带动黄口、城关等 2 个乡镇 6 行政村，蔬菜种植面积 792 亩。截至 2016 年 6 月，合作社资产总额 1 231.7 万元，经营收入 490.2 万元，利润 45.9 万元。

经营范围是采购供应成员所需的生产资料；种植谷物、蔬菜、水果、豆类、薯类、苗圃、中药材等作物；收购销售成员所生产的产品、开展成员所需的产品储藏和包装服务；引进新技术和新品种，组织开展技术培训、技术交流和信息咨询服务。

一、发展背景

永城市是河南省 10 个直管县（市）之一，地处苏鲁豫皖四省结合部，北依陇海，西临京九，连霍高速、济祁高速、郑徐高铁、311 国道穿境而过，交通十分便利，是典型的以粮食生产为主导产业的农业大市，现有耕地面积 178.3 万亩，辖 29 个乡镇，总人口 157 万，其中农业人口 115 万元，新老城区人口 40 多万人。

永城市侯岭乡谢酒店村张庄村位于新老城区交汇处，属于传统的粮食作物种植区，具有种植蔬菜区位优势，中凯种植专业合作社就位于此。2013 年 11 月 26 日，永城市中凯种植专业合作社发起人张金光和附近 4 户种植蔬菜的农户联合起来成立了永城市中凯种植专业合作社，合作社改变传统种植小麦、玉米等粮食作物的种植模式，主要种植无公害辣椒、番茄、茄子、丝瓜、苦瓜、黄瓜、秋葵、胡萝卜等蔬菜及经济作物。

合作社从成立到现在已有四年多时间，从刚成立时 5 名社员发展到现在 450 名成员；从建社初期不到 100 亩露天蔬菜种植，发展到现在钢架结构温室大棚 30 多座，阳光棚 50 多座，蔬菜种植面积 792 亩；从登记注册时的 50 万元资金发展到现在的 500 万元注册资金；从建社初期在附近批发市场单一渠道销售，发展到现在合作社建立"惠农电商平台"的多渠道销售；从单一种植粮食作物，发展到现在种植蔬菜、经济作物、散养鸡、鸭、鹅、猪等种养结合；从建社之初的 50 万元固定资产，发展到现在拥有固定资产 1 231.7 万元；从建社初期的蔬菜短期卖不出去变质腐烂，发展到如今合作社建成 200 吨冷库一座，蔬菜可以四季销售。

二、主要做法

永城市中凯种植专业合作社主要种植无公害辣椒、番茄、茄子、丝瓜、苦瓜、黄瓜、秋葵、胡萝卜等经济作物，散养鸡、鸭、鹅猪等。2015 年 12 月，合作社建立"永城慧农电商平台"，将现代流通理念用于产品经营，以市场为导向、以消费者需求为动力、以生鲜配送为主力业态，同时还开展为食用农产品大市场体系配套服务的其他多元经营。以基地的资源为根本、销售网点为窗口、信息统筹为平台、自备物流为载体，四线合并为一体的运营模式实现线上线下交易的新型营销模式。

（一）合作社在合作机制与组织管理方面的做法

永城市中凯种植专业合作社以"服务农民增收致富"为主导思想，本着"入社自愿，退社自由""生产在家，服务在社""利益共享，风险共担"的原则，实行产前科技辅导、产中现场指导、产后帮助销售。在机构设置上，合作社制定了章程，建立了各项规章制度，成立了市场销售部、技术服务部、财务部、农家书屋等内设机构，建立了成员大会制度、理事会管理制度、财务管理制度、仓库保管员制度、考勤制度、生产销售奖励制度等，增强了社员的凝聚力。在生产方面，合作社实行统一技术、统一供苗、统一肥水管理等，标准化生产不仅提高产量，也能够保证蔬菜的质量，采用的新技术——滴灌系统，不仅能够节省水肥，还能够提高效率。在利润分配方面，与成员实行经营收益 7∶3 的比例进行分配，有效地调动了社员的劳动积极性。

（二）合作社在生产管理方面的创新做法

永城市中凯种植专业合作社与中国农业科学研究院、河南省农业科学研究院、河南农业大学等单位建立了长期合作关系，多次聘请专家教授来合作社在品种选育、适度经营规模、生产管理和用工制度方面进行指导。2015 年，合作社的茄子、番茄等蔬菜获得无公害认证，并建立了无公害农产品检测系统，对合作社生产的产品在生产环节全程监控，每个蔬菜大棚里的种植情况、施肥时间、施肥量、用药时间、用药量等都会被详细记录，同时被记录的还有蔬菜的生长、采摘等信息以保障农产品质量。合作社理事长张金光说："我创办中凯种植专业合作社的理念就是绿色生态，所有大棚里的蔬菜全部施用农家肥，不打高残留农药，全部做到无公害管理，你看看这些刚采摘的辣椒，每个包装箱上都有相关部门颁发的绿色、无公害标志，就连每个蔬菜大棚的编号以及管理人员的姓名都在箱子上写着。所以，我们合作社的蔬菜价格贵、受青睐、销售好、效益高"。

合作社实行生产环节和销售环节奖罚制度，一旦在销售终端发现产品质量问题，按包装箱上的编号就会找到相关责任人，按照菜品价格的全额进行罚款，而如果全年均无问题出现，会给相关人员一定的物质奖励。此外，合作社按照入社社员的管理绩效，每月除发给社员 1 600 元的底薪外，所有采摘的蔬菜再按照每斤 0.1 元的补贴分发给社员，调动了合作社成员的积极性。

（三）合作社在市场运营方面的创新做法与经验

菜田管理相对复杂，对技术要求较高，人工的雇用也提高了种植成本，因此，经济作物种植往往出现"大园大赔、小园小赔"的情况，这就对合作社在市场运营方面提出了更高的要求。2015 年 2 月永城市中凯种植专业合作社注册了"永中凯"商标，通过品牌建设提升了合作社产品价值。产品主要供应永城地区以及方圆 150 千米内的大型超市，采用"基地＋超市直供"的模式进行销售，每年销售茄子达到 200 万斤、洋葱达到 500 亩地的规模。此外，合作社对当天采摘的蔬菜进行分级包装，每个包装箱上都打上对应工作人员的编号，以便于管理。分级包装分级定价，使得销售市场更加细化，也提高了顾客对产品的认可度。对于不易保存的蔬菜，则通过购入的蔬菜粉碎机进行粗加工，销售给其他食品精加工企业。另外，合作社还通过自建冷库，延长产业链条等，增强合作社农产品抗风险能力。

三、经营成效

（一）有效的激励可以降低管理成本

合作社在生产环节设置的奖惩制度，一方面会提高工人的工作积极性，提高成员对标准化种植技术的需求，增加成员对大棚蔬菜管理的要求，减少蔬菜在田间的损耗；另一方面，会促使成员在生产过程降低出错率，提高产品质量。所以，有效的激励能够降低管理成本。

（二）农超对接，减少流通环节，增加合作社盈利

合作社采用"基地＋超市直供"的模式进行销售，不仅降低了流通环节的损耗，也保证了蔬菜的新鲜度，同时增加了合作社的盈利。在运输环节，采取冷链物流，最大限度地保证产品品质和质量安全、减少损耗、防止污染。2015年度，永城市中凯种植专业合作社实现经营收入402.2万元，盈余58.6万元。按照15％提取公积金、公益金后的可分配盈余为25万元。

（三）延长生产链，增加农产品附加值

为最大程度降低蔬菜损耗，合作社通过延长产业链不断寻求蔬菜增值方式。比如，对于品相不好的蔬菜，合作社就地进行粉碎加工后存入冷库，再寻求销售伙伴。目前，合作社已与多家方便面企业签订合作协议，已将加工生产的洋葱粉全部卖给食品加工企业，不仅有效防止了蔬菜滞销导致利益受损的情况，又增加了农产品的附加值，成为企业又一盈利点。

（四）服务社员，增收致富

合作社以"服务社员，增收致富"为主导思想，让有劳动能力的贫困人口有活干、能挣钱、早脱贫。合作社把蔬菜大棚免费交给村民们管理，并长期签订劳务合同。在合作社的领导下，该村的贫困户由2014年的193户，到2015年减少至25户，2016年仅剩3户，全村已基本实现脱贫致富。

四、合作社面临的困难

合作社在发展中面临到以下几方面的困难：

一是资金短缺，导致合作社难以发展壮大，存在"融资难"、"融资贵"问题；

二是缺少经营管理和财务管理方面的人才，有些章程和制度几乎流于形式；

三是技术力量薄弱，没有先进的技术支持；

四是购销服务信息不畅，成为合作社发展的"瓶颈"；

五是合作社部分社员参与程度不高，利益联结不紧，缺少足够的凝聚力，没有真正形成利益共享、风险共担的经济实体。

六是农业生产抵御自然灾害的能力差，风险较大；

七是肥料、种植等农业生产成本逐年增加，农田水利设施不健全等。

五、启示

（一）高标准的管理才能搞活合作社

中凯种植专业合作社被评为河南省农业标准化生产示范基地，绝非偶然。在这里，大棚种植管理的各个环节，都有专业的技术人员进行统一指导、统一供苗、统一肥水管理等，标准化生产不仅提高产量，也能够保证蔬菜的质量，蔬菜的质量上去了，销路自然得到保证。

（二）合作社比小农户更适合农超对接模式

农超对接都是大宗采购，一般不会跟散户、小户谈。首先，国内很多合作社还处于初级阶段，规模较小，供应能力和商超需求不对等；再者，合作社多生产和销售附加值低的初级农产品，使得商超对其积极性不高，也导致了对接难。其次，超市对蔬菜的品质要求高，需要多品种、跨季节、适量的高品质有机产品，而一些合作社生产的品种单一、数量巨大、季节性强，而且质量没办法保证，超市承受不了。目前农业专业合作社还是重技术，轻管理，硬件方面愿意投入，软件方面重视不够。最后，超市在掌握了对农产品上游环节的控制后，如何保证新鲜的农产品快速运输到超市、降低损耗，这就考验整条供应链的物流配送水平。农超对接发展至今，落后的物流设施设备与长距离配送需求的矛盾依然存在。合作社在这三个方面，显然比单个农户具有强大的优势。中凯种植专业合作社联合小的合作社、散户和村民"抱团"运营，破除了这些难题。一方面做大后有了更多的议价权，当蔬菜市场行情不好时，有更高的抗风险能力；另一方面，大型合作社具有更多的资金和资源，有足够的"筹码"争取政府支持。

点 评

中凯种植专业合作社是一个蔬菜种植专业合作社，其所在的永城市是传统的粮食种植区，选择种植蔬菜具备了市场优势，且随着人们生活水平的提高，对新鲜的、无公害的蔬菜的需求越来越大，这就需要合作社能够生产出优质的蔬菜以满足不同层次的需求。合作社在规范管理上下足了功夫，摸索出了适合自己的标准化管理方式，采用分级包装、责任到人的激励制度，并直接与超市对接，最大限度地降低市场风险，增加合作社收益。

中凯种植专业合作社以优良的品质、较大的产量和冷链物流设备突破农超对接的种种困境，这种方式首先解决了合作社产出量较大时销路难的困境，在销售过程中又采取按不同品质分级包装并以不同的价格进行差异化销售，目标市场定位准确，保证合作社的利益。其次，这种方式有效解决了中间商联合起来压低合作社高品质蔬菜价格的问题。再次，这种方式使得合作社有了稳定的订单，极大激励社员劳动积极性，倍加爱惜自己的劳动成果，使合作社能够有资本不断发展壮大。

但合作社在农超对接中应当注意，超市的结账方式往往采取以上打下的方式，对资金实力较差的合作社来说会造成不能及时回款影响现金流动，一旦资金断裂就会给合作社的内部联结造成冲击，形成不稳定因素。农业协会应给予合作社大力扶持，积极协调组织农产品流通，举办交易、展示会增进会员间信息交流，开展国际交流与合作促进出口，向会员介绍最新流通政策和法规，向政府及时反映会员意见等。

"互惠互助"结硕果　农民致富不再难

——孟津硕丰种植专业合作社

一、合作社概况

孟津硕丰种植专业合作社，位于洛阳市孟津县送庄镇朱寨村，成立于2012年2月，是一家"合作社＋基地＋社员"的新型农民合作社，主要从事各种水果及大棚蔬菜种植。合作社注册资金820万元，拥有固定资产1 920.9万元，种植园区占地1 850亩。现已发展社员309户，成员出资总额968.3万元，其中农民成员数304人占成员总数的98％，社员辐射7个合作社、8个行政村，带动农户1 900户以上。

合作社理事长蔡玉良，原是孟津县磷肥厂下岗职工。2012年，在外务工的他听说国家及地方出台了很多惠农政策，支持鼓励农民工返乡创业，而磷肥厂工作的经历让他心系家乡果农。于是在当年2月经过咨询、分析与论证，与其他5人共同出资创建孟津硕丰种植专业合作社。

合作社成立之初，由于对果树种植技术条件等方面不熟练，同时又遭遇了病虫害，造成果树成活率很低，结果不但没赚到钱，还倒贴了不少。顶住压力，坚定信念，蔡玉良开始广泛涉猎果树种植的相关专业知识，并根据基地发生的病因请教经验丰富的种植户、农技推广站的技术员。最终总结出一套不同果树品种从种植、生产管理、病虫害防治、成熟期采摘的管理技术方案，从而使产量提高了35％，品质也得到极大提升。

二、主要做法

（一）坚持服务原则，强化内部管理

1. 建立完善的内部运营、管理、分配机制

实行在理事会领导下的理事长负责制，理事会、监事会及理事长领导下的经营班子分工明确、责任清晰，各项管理工作规范严谨，均有章可循。制定《成员大会制度》《民主制度》《财务管理制度》《部门责任制度》，同时也制定了合理的《盈余分配制度》《档案管理制度》《年报公示制度》。并坚持：职责

明确，相互制约，财务独立，凭证牵制，内部稽核，民主理财与群众监督。

2. 建立了科学、完整的法人治理结构

孟津硕丰种植专业合作社根据《中华人民共和国农业合作社法》确立了科学完整的法人治理结构。

合理的股权结构。合作社的核心成员出资比例：杨占通52.13％，蔡玉良8.26％，杨建功8.26％，安月娟8.26％，贾变红8.26％。合作社理事长蔡玉良，理事为杨占通、杨建功、安月娟、贾变红，监事为牛翠花、牛水田、牛智奇。合作社出资比例最大的杨占通并没有用股权使自己成为理事长，反而让有知识、有情怀、有理想抱负的蔡玉良担任理事长，这样做可以最大程度确保合作社管理决策的科学性和合理性。

合理的组织结构。合作社由成员代表大会、理事会、监事会以及专职管理人员组成。科学合理的组织结构为合作社的高效运转提供了保障。其中，理事长、理事、监事会成员由社员（代表）大会选举产生，每届任期3年，可连选连任，合作社理事、监事不得互相兼任。另外，监事会会议由监事长召集，监事长因故不能召集会议时，可以委托其他监事召集。监事会会议的表决实行一人一票。监事会会议须有三分之二以上的监事出席方能召开。重大事项的决议须经三分之二以上监事同意方能生效。

高效的决策机制。合作社建立了《民主议事、决策制度》。主要内容包括需研究重大投资决策、合作社重大事项、理事会监事会选举的事项、征求意见方式、召开会议的形式、表决需要达到的参会人数和表决通过人数规定、议事决定事项实施、对实施结果的公布及监督方式等。成员代表大会上决策的重大事项，事先向全体成员公布所议内容，充分讨论，征求意见。召开大会出席人数应当达到应出席人数的2/3以上，决议事项应由成员表决总数过半同意方可通过。对修改章程或农民专业合作社合并、分立、解散的决议应2/3以上同意方可通过，投票方式实行一人一票制。理事会、监事会在议事、决策上，发扬民主、公开透明。

（二）规范财务管理，盈余分配兼顾各方利益

合作社加强指导，提升财务规范化水平。重点加强对合作社规章制度、民主管理、财务核算、盈余分配、项目建设等规范化建设方面的指导。一是规范会计核算，统一使用农业部合作社财务软件进行会计规范核算。二是编制统一的农民专业合作社有关内部结算凭证，严格实行钱、账、物分管，改变社员与非社员混售结算及白条问题。三是按照规定进行盈余分配，设立成员账户并进行规范记录，逐步使用一卡通进行社员分红，切实维护合作社广大成员的利

益。四是规范财政扶持资金的使用，建立健全财务的签收、审批和内部稽核制度，保证国家扶持资金不被挪用或截留，改变过去只注重资金补助，不注重资金使用管理的现象。

合作社建立的财务账目有：银行日记账、现金日记账、资产及负债分类账、固定资产；合作社建立社员账户，成员账户内容包括：出资额、应享有的公积金份额、国家财政扶持资金和接受捐赠份额、交易量和交易额；对国家财政直接扶持补助资金和其他社会捐赠，均按接受时的现值记入会计项目，作为合作社的共有资产，按合作社入股比例量化到合作社成员账户，按照相关法律法规进行核算和管理。

合作社年度盈余严格按以下顺序进行分配：弥补以前年度亏损；提取一定的公积金，用于扩大再生产；提取一定的公益金，用于公益事业；提取一定的风险金，建立风险基金；提取一定的发展基金；股金分红，分红率一般不宜过高；利润返还一般应占盈余的 60% 以上；每年具体分配方案由理事会提出意见，经成员（代表）大会讨论通过后实施。

2014—2016 年合作社收入和盈利分配情况

单位：万元

项　　　目	2014	2015	2016
固定资产净值	701.5	1 330.8	1 920.9
经营收入	1 529.1	2 201.7	2 463.9
年利润	152.9	272.7	310.5
盈余返还比例（%）		60	
成员年均收入	2 969.0	5 296.0	8 000.0
盈余返还总额	91.7	163.6	

另外，合作社享受国家财政直接扶持补助资金项目。2014 年：120 平方米冷库一个及配套设施、钢结构大棚 3 个合计金额 85 万元；2015 年：钢结构大棚 3 个合计金额 50 万元。这些均已量化到成员名下。

（三）统一生产标准，确保产品品质

合作社自 2012 年成立以来，在经营管理中做到"四统一"：统一生产质量安全标准、生产技术规程和辅导培训；统一农业投入品的采购和供应；统一产品加工、包装和销售；成员主要生产资料统一购买率达到 80% 以上。在生产管理过程中，严格按照标准化生产及质量的要求，积极实施病虫害生态综合防

治工程，采用现代栽培技术，引进防病虫害能力强的农作物品种，推广使用灯光诱杀、黄板诱杀、食物源诱杀、果实套袋技术、植物免疫诱抗剂应用技术等物理、生物防治病虫害危害，推广使用高效生物农药，降低病虫害的危害。产品采收严格执行农药使用安全间隔期和休药期的制度，田间落叶采用覆地还田技术杜绝焚烧现象。通过明晰的生产管理记录和投入品台账健全质量追溯机制，确保生产环节的质量安全。

（四）发挥农业新技术的带动优势，提供农业技术培训

合作社在注重农业新技术的生产应用和推广工作的同时，还勇于担当社会责任，通过成立农民田间学校这一平台培育新型农民。合作社以草莓、猕猴桃、葡萄等十几种果品种植实习基地为主体，通过加强与中国农科院郑州果树研究所草莓课题组、西北农林科技大学场站管理中心、河南科技大学等院校联合，充分发挥科研院所、农业技术专家等部门教育培训资源和其他社会教育资源的作用，以合作社社员、失地农民、返乡务工青年为培训对象，以果蔬品生产技术、农作物病虫害防治技术、无公害农产品标准化生产技术、农作物大棚栽培技术、电商销售服务网络等为主要内容，开展种植业先进实用技术培训，普及高效农业科技知识，推动农业科技进步，提高农民致富能力的水平，加快传统农业向高效农业发展的步伐。经过系统培训，农民综合素质和增收致富能力均得到明显提高。尤其通过田间学校开展的互动式、零距离培训，使广大果农明确了行业发展方向、更新了种植观念、提高了管理技能，病害发生率降低30％，防效达90％，避免了无效用药情况发生，减少用药量30％左右。

另外，合作社开设远程教育栏目，出台优惠的措施，鼓励企业的管理团队、合作社社员积极参加远程教育培训，一方面把先进的农业管理经验运用到公司的日常工作管理中，提升管理团队的综合业务素质；另一方面合作社社员通过教育、技术培训，掌握更多的农业种植技术，最终为实现产品的品质、产量提高提供有力的支撑。

（五）发挥"互联网＋"优势，推动产品网络营销

随着"互联网＋"的兴起，硕丰合作社从2014年开始建立以计算机联网为基础的农产品市场信息网络，积极与大众点评、美团、淘宝等网络销售平台进行商务战略合作，实现网络营销和网上支付，使传统商务的有形市场走到了网上，开辟农村销售新模式，为孟津传统农业的发展起到推动作用。

例如，根据草莓、葡萄的自身特性，在运输过程中容易损耗，且保鲜期比较短，属于不易远途运输的产品。通过合作社创业团队的研发，研制出实用型

专利技术 7 项，其中包装专利技术解决了草莓、葡萄等果蔬产品不能通过网络销售的难题。四年来通过合作社的组织，合作社成员种植的果蔬品销售价格平均提高了 50%。合作社通过联系经销商、展销会，并充分利用中国网库、淘宝网及其他网络运营商销售平台 2016 年实现销售额 2 463.9 万元，实现利润总额 310.5 万元。

（六）建立社员互惠机制，保障盈余合理分配

合作社成立以来，建立并逐步完善了社员互惠机制。第一，社员从合作社提供的各种无偿服务中受益；第二，社员从社员之间开展的技术资金互助中受益；第三，社员不但在销售产品中按合同价受益，而且在盈余二次分配中受益。

在运行过程中，合作社严格实施社员互惠机制，特别是产品受益方面，严格按照规定的比例，年终结算后从利润中拿出 60% 给合作社成员。2015 年共返利 163.65 万元，合作社成员平均每户增收 5 300 元。此举保障了社员的经济收益，提高了当地农民入社的积极性，同时增加了合作社的公共积累，为今后可持续发展奠定了基础。

（七）发展生态观光农业，社员共同致富奔小康

合作社在发展壮大的过程中始终与社员心连心，致力于共同致富。一是以人为本，善待社员。为社员解决生产、生活上的实际困难，切实为社员谋福利，从不拖欠社员盈余分红和工资，做到队伍和谐稳定。二是吸纳农村富余劳动力。生态农业观光园作为第三产业具有关联度高的特点，对一、二、三产业均有较大的带动作用。通过生态农业观光园区项目的成功开发，可安排就业岗位 380 余个，带动季节性就业 1 700 余人。园区务工农民通过园区务工、承租土地、经营产品，人均年收入达到 39 000 余元，使本村及附近村民在家门口实现就业，解决了当地劳动力闲置、耕地撂荒等问题，增加了农民收入。

三、经营成效

合作社规模不断扩大。孟津硕丰种植专业合作社经过多年发展，现已发展社员 309 户，社员辐射 7 个合作社、8 个行政村，带动农户数在 1 900 户以上。拥有各类管理、技术人员 64 人，固定资产 1 920.9 万元，已完成投资 3 000 余万元，合作社种植园区占地 1 850 亩，建设有 186 个草莓大棚，20 个蔬菜大棚，农产品展示大厅 1 座，温室大棚 6 个，中型冷藏库 1 座，三星级旅游厕所 1 座（120

平方米）、生态大门、生态停车场等，种植有草莓、袖珍西瓜、葡萄、猕猴桃、梨、樱桃、石榴、桃等水果 500 余亩；道路硬化 4 000 平方米，深井 3 眼、产品包装车间 1 000 平方米，观光采摘园经典休息亭 8 座、文化观光走廊 3 000 米等。

合作社种植果树品种不断丰富。孟津硕丰种植专业合作社原来由单一的草莓种植发展到现在的草莓、大樱桃、葡萄、猕猴桃、石榴、柿子、仙桃、袖珍西瓜、无花果等精品果蔬种植。合作社的"四季有花、月月有果"等产品均有注册商标，是洛阳市唯一一家通过农业部"三品一标"产品认证的生态园。合作社每年都与成员和带动农户签订保底价收购合同。通过合作社的销售平台，合作社成员种植的果蔬品销售价格提高了将近 30％。合作社通过联系经销商、展销会、电商共销售 14 625 吨，合作社成员及周围乡镇农民通过合作社销售农产品，每户提高销售收入 8000 多元，切实提高了果蔬品的种植效果，增加了种植户的收入，为孟津县进一步发展高效农业，强化种植业在产业结构中的地位发挥了了不可替代的作用。

合作社提供技能培训，解决了部分农民工、失地农民的就业问题。在技能培训上，围绕外出务工回乡创业的农民工的实际需求，有针对性地开展技能培训和创业培训。目前已吸纳 309 人就业，吸纳贫困户 26 户，培训外出务工人员 30 次，举办创业培训班 5 期共 120 人。失地农民不但收获了土地流转的报酬，而且收获了按期足额发放的工资。硕丰合作社利用河南省农业广播学校挂牌成立的"省级示范性农民田间学校"平台、较完善的电教化设施、农家书屋和集种植、养殖、创业技术研发中心、乡村旅游于一体的孵化基地，给农民工返乡提供了理论学习与实践技能培训的空间，实现返乡农民工、失地农民在家门口互动式、零距离的技能培训。

合作社实现了经济效益与生态效益双赢。合作社依托独特的地理、交通、资源优势，在园区产业规模"一年四季有花有果"的基础上建成了硕丰休闲观光园，实现一产、三产融合发展。进一步打造"吃、住、行、游、购、娱"六大旅游元素全覆盖，为郑州、洛阳及附近区域的市民提供乡村旅游、采摘、农事体验、青少年农业科普知识教育的旅游胜地。园区在滚动发展的模式下边收益、边投资，利用前期收益来扩大经营，因而投资少、抗风险性强，获得生态、经济的双赢效益。

四、启示

（一）合作社章程是合作社规范运营的基础

合作组织运营要规范化，就必须建立科学合理的组织章程。为此，硕丰合作社按照"平等、互惠、共同发展"的原则，引导社员在广泛协商的基础上，建立健全合作社组织章程。对合作社的组织形式、社员义务、社员权利、经费来源等方面都作了明确规定，为合作社运营提供了制度保证，形成了运转协调、行为规范的长效工作机制。同时，合作社建立了社员账户，详细记载社员的出资额、应享有的公积金份额、国家财政扶持资金和接受捐赠份额、交易量和交易额。社员与非社员实现单独核算，并对档案进行分类保管、查阅。

（二）民主管理是激发社员参与合作社事务管理热情的动力

在合作社运营过程中，应打破管理者的角色，注重扮演引路人、服务者的角色。按照"民管、民营、民受益"的原则，从社员的意愿出发，尊重社员的选择，让他们民主选出自己信任的理事会和监事会领导机构，参与日常事务管理，参加"三会"建设，并参与社务监督，行使选举权、表决权，把"我办社"变为"我要办社"，提高广大社员参与合作社的积极性，真正成为充满生机与活力的经济组织。

（三）合作社要不断扩大规模、健全组织机构、联合科研所不断壮大自身力量

发展农民专业合作社是关系到农业增效、农民增收、农村社会稳定、农业产业化经营的重大问题，应进一步加大对农民专业合作社的性质、组织形式、办社原则等的宣传力度，争取社会各界的重视和支持，扩大组织规模，提升经济实力，增强带动能力；积极向农业、工商等部门寻求帮助，通过健全组织机构和生产管理、收购营销、财务会计等内部制度，使运行和利益分配机制更加合理规范，逐步扩大组织规模，提升经济实力，增强带动能力，使社员和经济组织之间紧密联系，形成真正的利益共同体，增强抵御市场风险的能力，避免"只愿利益共享，不愿风险共担"；联合科研院所、大专院校及农业产业化龙头企业，为合作社提供技术、信息等方面的支撑；考虑建立实习基地，鼓励农技人员和高校毕业生到农民专业合作社工作，帮助合作社解决人才缺乏的问题，提高农民专业合作社的发展后劲。

点　评

判断一个合作社的发展状态，最重要的是社员能够通过合作社得到怎样的经济利益。在市场经济条件下，只有充分实现社员的经济利益，合作社才能发展壮大。

农户加入合作社是为了什么？当然是为了得到非社员不能拥有的利益。

利益一：合作社集中购买农业生产资料，会在一定程度上降低成本。

利益二：合作社能够帮助社员卖出农产品，并且能够卖个好价钱。

利益三：加入合作社可以享受到合作社的服务，比如合作社对社员的优惠价格等。

利益四：盈余返还。加入合作社可以获得股息和二次返利，提高社员的收益。

硕丰种植专业合作社成立以来，主要以种植有机果蔬品为主导产品，种子种苗为兼营产品，种植的品种有草莓、大樱桃、葡萄、猕猴桃、石榴、柿子、仙桃、袖珍西瓜和特色蔬菜等精品瓜果。合作社成立以来发展状态优良，其核心就在于满足了社员的利益需求。

合作社每年都与成员和带动农户签订保底价收购合同。通过合作社的销售平台，合作社成员种植的果蔬品销售价格平均提高了将近30%。合作社拥有中型冷藏库1座，同时，2014年合作社建立农产品市场信息网络，解决了农产品销路的问题。合作社研制出包装专利技术，解决了草莓、葡萄等果蔬产品不能通过网络销售的难题，使得合作社的农产品能够卖出一个好价钱。合作社建立了社员互惠制度。一是服务受益，社员从合作社提供的各种无偿服务中受益；二是互助受益，社员从社员之间开展的技术资金互助中受益；三是产品受益，社员不但在销售产品中按合同价受益，而且在盈余二次分配中受益，盈余返还的比例为60%。

合作社发展壮大的过程中，引导社员创业，提供更多的就业岗位。一是为社员解决生产、生活上的实际困难，切实为社员谋福利，从不拖欠社员盈余分红和工资；二是吸纳农村富余劳动力。合作社发展了产业园区，农民通过园区务工、承租土地、经营产品人均年收入达到39 000余元，使本村及附近村民在家门口实现就业，解决了当地劳动力闲置、耕地撂荒等问题，增加了农民收入。

通过孟津硕丰种植专业合作社的案例，一方面拓宽了农村经济开发的新思路，合作社能够使分散的小农经济实现规模化发展；另一方面，园区内经济效益较高的名优瓜果、蔬菜等都成为园区景观，降低了单纯地进行绿化建设的成本投入。通过科技示范推广和培训、旅游开发、农产品的加工和销售、特色餐饮等可以获得较高的经济回报。由于农业观光园具有优质的环境，公众在游览的过程中获得独特体验，合作社也从中获得了良好的经济效益和社会效益。

土地托管助力合作社发展

——鄢陵县大力鼓种植农民专业合作社

一、基本情况

河南鄢陵县大力鼓种植农民专业合作社位于鄢陵县马坊乡马贡村。近些年，伴随着市场经济发展，城市工薪阶层的收入明显高于农民务农所得，马坊乡村民大部分选择外出打工，还有一部分从事板材生意。务工导致村民的闲暇时间所剩无几，受时间因素制约再加村民们原本不高的种地积极性，最终产生了只耕种不管理、广种薄收的普遍现象，最终导致粮食产量低迷、品质低劣，缺乏市场竞争力。在此背景下，马坊乡马贡村5个蔬菜种植大户于2011年4月发起创办了大力鼓合作社（2013年正式申请注册）。

这是一家集无公害农产品产、供、销服务于一体的农民专业合作社。主营业务是有机蔬菜的种植、加工和销售。合作社注册资金1 000万元，固定资产726万元，现有社员106户，服务社员2 000户。截至2016年，合作社托管大田地5 600亩，蔬菜生产基地260亩，其中绿色农产品示范园区124亩，拥有温室大棚10座，拱棚20个。合作社办公区占地3 000平方米，拥有农业机械22台，拥有农资仓库面积达5 000平方米，保鲜包装生产线1条，检测室设备2套，物流配送车3辆，高效自动滴灌2 100米，仓储保鲜间9个。合作社服务辐射1个乡镇、10个行政村。2014年大力鼓合作社开展了土地托管服务，当年年底合作社社员分红就达到了35万元，此举为大力鼓合作社的稳步发展奠定了坚实基础。

2013年，合作社向国家工商总局商标局申请注册了"新新蔬菜"商标，被河南省农科院认定为"无公害农产品基地"，被河南省农业厅命名为"省级示范社"；2014年，被鄢陵县政府评为新型农业经营主体"先进单位"，被县志办选入《2014鄢陵县年鉴》，同年被国家九部委评为"国家农民合作社示范社"。

【链接】大力鼓种植农民专业合作社发展历程

有了初步的定位之后，大力鼓合作社积极拓宽自身的业务领域，进一步打响了社会知名度。

2014年6月大力鼓合作社举办了第一届"新新农场"采摘节，备受许昌地区市民的欢迎，鄢陵电视台做了独家专访。

2014年9月冠名"大力鼓杯"名店、名小吃活动，为鄢陵县健康办深入推进"健康鄢陵、幸福人民"行动三年提升计划。

2014年9月份，大力鼓合作社与许昌宝马4S店会员俱乐部、许昌市平安保险公司等多家单位签订采摘订单，积极探寻更广阔的产品销路。

2015年，大力鼓合作社执行董事长黄涛带领合作团队参加了全国"创业创富大赛"，并荣获三等奖。同年，蔬菜销售额高达1180万元，对社员进行盈余返利90万元。

2016年，与河南建业集团鄢陵绿色基地1万平方米农产品展示中心达成了种植协议。

在发展过程中，大力鼓合作社先后被县健康办评为"健康行动公益之星"，被县委县政府评为"新型农业经营主体先进单位"，被市委市政府评为"优秀合作社"，被农业部认定为无公害农产品基地，被国家九部委认定为"国家级示范社"。

二、组织架构

大力鼓合作社的组织架构按照标准的合作社规范组成，拥有理事会、监事会和广大社员。其中，合作社成员代表22人、理事会5人、监事会3人。理事会由理事长黄峥、执行董事长黄涛、理事黄春起等5名理事构成；监事会由监事长赵林和监事员骆水政、王评选3人构成。合作社专职管理人员6人，党支部书记郑铁柱负责党务工作、档案整理和生产资料采购，土地托管部主任黄书见负责土地托管具体工作，绿色基地农场主黄春起负责农场生产管理事物，财务部主管蔡亚楠负责财务管理，办公室主任魏玉梅负责政策对接和内务工作，内部信用合作部主任王慧兰负责合作社内部社员之间的借贷工作。

需要说明的是，理事会和监事会成员由全体社员严格按照投票选举的方式产生，党支部书记由党支部全员投票选举产生，财务主管和办公室主任通过社会招聘并经理事会和监事会两会通过产生，其他3位管理人员由理事会协议产生。选举理事长、理事、执行监事和监事会成员时，严格遵守"一人一票制"，出席人数应当占社员总数三分之二以上，不能参加选举的社员可书面委托其他社员代为投票，每个社员接受委托不得超过一票。理事长、理事、执行监事和监事会成员选举可以采取差额或者等额选举方式。另外，凡超过理事长个人股金投资的项目属于重大投资项目，重大投资项目由理事会审核，社员大会批准，理事会组织实施。

大力鼓合作社在发展过程中引入股权化治理模式，目前入股社员 106 户。其中，核心成员有 4 户外加鄢陵县供销合作社，其中出资比例最大的是理事长黄峥 410 万元，核心成员出资合计 810 万元。鄢陵县供销合作社出资为非资金股，房产面积 3 000 平方米、办公楼面积 5 000 平方米、仓库折合 400 万元作为股金。

在财务管理方面，合作社建立有资产负债表、盈余与盈余分配表、成员权益变动表、现金流量表等财务账目。建立有成员账户，成员账户包括购买生产资料、销售农产品等项目。财政补助的固定资产量化到社员机构，这些社员机构必须是由工商注册登记的社员和单位，自成立以来有 1 个财政补助量化到个人名下。

三、经营与服务

（一）致力于主营业务，搞好土地托管

大力鼓合作社的主营业务是土地托管，并为种粮社员提供从种植到销售的一系列服务。具体来说，大力鼓合作社的托管模式有两种：全托管和半托管模式。全托管模式：服务对象是散户和麦季农户。大力鼓合作社坚持统一品种、统一耕作、统一种植、统一管理、统一收割、统一销售。从产至销的规范化运作能够形成规模化产销，这样更利于产生自主定价权，原料购买环节获得更低的成本、在销售环节能够获得更多的收益。半托管模式：服务对象是种植大户、家庭农场和秋季农户，合作社在种子、生产资料、耕作、粮食收购等方面提供相关服务。

具体来说，土地托管的全托管模式包括合作社提供的 18 项服务，第一阶段：小麦保险、土壤化验、土地深松、旋耕、专家技术指导、化肥、种子、拌种、播种、抽样检查；第二阶段：除草剂一遍、田间人工管理、蚜虫防治一遍、一喷三防、巩固三防、专家技术指导三次；第三阶段：收割、运输、烘干、粮食收购。这种运作模式为销售环节多挣钱、购买环节多省钱提供了保证。半托管模式包括为贫困农户、种植大户、家庭农场和秋季作物的农户，在购买种子、生产资料、耕作、粮食收购等方面提供菜单式服务。

关于土地托管的收益：直观来看，一年两季每亩生产资料为农户节省成本210 元（化肥 80 元、种子 60 元、拌种剂 20 元、农药 20 元、土地深松 30 元）。另外，农户的粮食收购高出市场价格 5%，按一年两季每亩 1 200 斤小麦和

1 200斤玉米收购计算：小麦增效66元＋玉米增效48元＝114元。再者，一年两季每亩除去成本实际收入1 100元。按1户5口人每人分1.3亩地来计算：（节省成本210元＋收购增效114元＋1年两季实际收入1 100元）×5口人×1.3亩＝9 256元，平均每人收入1 851元，增幅达23%。

（二）搞好休闲旅游，助推农业发展

做好主营业务之余，大力鼓合作社正在筹划依托现有的124亩示范园区打造休闲旅游农业。大力鼓合作社积极扩展业务范围，创立新型农民培训基地，设置开心农场，设立电子商务农产品销售平台（开发农产品品种20余种），打造有机餐厅，建造青少年科普基地，创建亲子农事游乐基地，参与鄢陵两日游中的果蔬采摘游等休闲农业旅游项目。

（三）开展内部信用合作

在合作社的不断发展壮大中发展农村合作金融是其绕不开的坎，发展农民内部的信用合作，积蓄农村资金，使其取之于民用之于民，才是搞活农村经济的一计良策。大力鼓合作社的内部信用合作严格遵循正规合作社的资金借贷规范：合作社资金借贷限于成员内部、服务产业发展、对内不对外、吸股不吸储、分红不分息、风险可掌控。另外，除了这些原则规定，大力鼓合作社还根据自身情况，将风险控制渗透到信用合作的每一个操作环节，形成完备的风险控制体系。

正是通过内部信用合作业务，使大力鼓农民合作社与成员获得了发展所需的资金支持，业务得以持续拓展。举例来说，合作社在资金支持下，顺利扩大土地托管面积，达到5 600亩。另外，开展内部信用合作业务还增强了合作社成员的凝聚力。再者，受益成员积极参与合作社统一购买生产资料、统一销售产品等服务项目，也让合作社及成员收益得到增加。

（四）采用反包倒租，创新经营模式

大力鼓合作社在无公害蔬菜示范基地的经营上采用反包倒租的模式进行种植管理。合作社将承包到户的土地通过租赁形式重新集中起来，制定好种植规划和一整套标准化管理模式，然后将土地的使用权通过优胜劣汰的方式承包给社内的经营大户，使农民能够根据能力重新向社内承包一定的面积，按要求实施具体的日常管理，通过提高工作效率，获得更高的收入。合作社在销售模式上积极实施农超对接、农社对接。通过从田间地头到销售终端的直接对接，缩短了流通环节，节约了流通成本，为消费者提供最新鲜的食材的同时也提高了

自己的收入。

总而言之，大力鼓合作社经过经营上的不懈努力，近些年在收入分配上连创不菲业绩。2014 年销售收入 897 万元，利润 86 万元；2015 年销售收入 1 180 万元，利润 100 万元；2016 年销售收入 1 200 万元，利润 130 万元。三年间，合作社一直坚持在利润中先提取 10% 的公积金，然后按交易量（额）的 60% 分红，其余 40% 作为股金分红。

四、合作社的亮点：内部信用合作

开展内部信用合作是成熟合作社的基本职能之一，也是我国当前众多合作社正在努力尝试的一个方向，国家正在对农村合作金融给予政策指示和支持。大力鼓合作社坚持发展"三位一体"的农村新型合作，在流转土地、统一服务、发展大棚的同时，自 2014 年 11 月开始，积极探索开展内部信用合作，初步形成了一套独具特色的运行与管理机制。

（一）具体做法

首先，身份、地域双封闭。借款方、出资方都必须是成员，并且限定在合作社所在的马坊乡区域。

其次，不同资金分类管理。入社资金：用于合作社运营，与信用合作资金严格分开。入社资金实行风险共担、利益共享，没有金额限制。信用合作入股资金，成员要参与合作社信用合作，则需要现金入股信用合作业务，入股金额 1 万～2 万元。该资金优先用于合作社，合作社用不完时再对接给需要用钱的成员。该资金实行"保底收益率＋分红"，不同股金保底收益率不同，具体由理事会商定。P2P 资金：信用合作入股最高限定 2 万元，对于超过 2 万元的资金，实行 P2P 模式，由借款成员与出资成员一对一对接，没有保底收益率，风险自负。

再次，担保、抵押及借款制度。成员借贷资金时，必须提供担保人，担保人同时也须是信用合作成员，且其信用合作入股资金在 1 000 元以上。超过 5 万元的借款得提供抵押。借款期限一般为一年，先期每月仅支付利息，到期后一次还清。

（二）初步成效

第一，为成员资金提供了有效的对接安排。合作社开展信用合作业务，通过一系列制度设计，为成员资金提供了有效的对接安排，实现了借款方、用钱方双赢。截至 2015 年 11 月，合作社信用合作总共签了 52 单，总金额 210 万元。

第二，降低融资成本。这种内部资金借贷给农户提供了便利的借贷途径，降低了借贷成本，也缩短了商业借贷繁琐的流程，加速了资金到达农户手中的时间。

第三，降低了资金风险。合作社内部的信用合作建立在合作社的固定地域以及有限社员基础之上，相互之间都比较了解，有一定认知度，再加上合作社所设立的监督机制，借贷资金的还款风险明显小于商业借贷。

第四，促进了合作社发展。合作社在资金支持下，扩大土地托管面积，达到了 1.26 万亩。另外，信用合作业务还增强了合作社凝聚力，收益成员积极参与合作社统一购买生产资料、统一销售等，这也让合作社效益得到增加。

五、未来展望及面临困难

关于未来的发展。2017 年大力鼓合作社拟在继续沿着所培育的主导产业"扶贫＋土地托管"的模式向前推进，实现辐射全县 5 个乡镇，预计帮扶贫困户 600 余户。遵循主业发展，探求副业创新，不久的将来，希望大力鼓合作社在中国农民专业合作社的发展道路上能够画出浓墨重彩的一笔。

前途虽然一片光明，但是当前面临的困难也不容小觑。大力鼓合作社的贫困户中，大部分因病致贫丧失了劳动能力，没有收入来源，仅仅依靠有限的股金分红不能在短时间脱贫，彻底实现农民脱贫致富仍需政府提供相关政策与措施。另外，有针对性地开展金融扶贫是当下最直接和行之有效的举措，这能在短期内解决贫困户的衣食之忧，但是从根本上解决该问题仍需"授之以渔"，使其能够自力更生，这才是扶贫助贫的长久之策。当然，具体操作起来仍任重道远，国家、省市、县乡的相关政策制定与执行部门应当给予重点关注。

点　评

大力鼓合作社是一家由农村能人领办的专注于土地托管的合作社。农村能人可视为存于贫困地区的非贫困群体。这些人普遍具有一定文化水平、一技之长或较高威信，对村情民意有着较为深刻和全面的认知，拥有比贫困农户更优的资源禀赋条件，具备帮扶带动他人发展经济的基础和条件，是带动村域经济和社会发展的重要人力资源。大力鼓合作社是由马坊乡马贡村 5 个蔬菜种植大户依据当时乡村的劳动力忙于外出务工，造成农地只耕种不管理、广种薄收、粮食产量低迷的现象，组织发起的一家关于农产品产、供、销服务于一体的合作社。

土地托管是大力鼓合作社的主营业务。大力鼓合作社在无公害蔬菜示范基地上采用土地托管的模式进行种植管理，这是针对该区域务农劳动力少、土地耕种质量不高的现实情况所制定的。具体根据服务对象的资料稀缺程度不同设置有全托管模式和半托管模式。合作社提供土地托管服务对完善农业社会化服务体系，解决人们担忧的"我国未来由谁种地、怎样种地"的问题将会产生重要的作用和影响。进一步来说，这种种地方式不但能够解决外出务工农民的后顾之忧，增加农民收入；同时也有利于发挥土地适度规模经营效益，提高机械利用率、劳动生产率和土地设施利用率，降低机械使用、水电设施投入和劳动力用工等生产成本，有利于减少农业生产资料供销环节，降低农资购买成本。

值得一提的是在农村合作金融方面，大力鼓合作社已有所举动，对不同资金进行分类管理，有自己的担保、抵押、借款制度，能够解决对社内农户农业经营资金不足、渴求小规模贷款的迫切需求。内部金融互助是合作社的基本功能之一。但是受限于我国当前合作社发展的不成熟，资金互助功能并没有被广泛运用。大力鼓合作社的该项举措至少在河南省合作社当中是凤毛麟角，值得借鉴的。但是，从国内外发展成熟的农村合作金融案例来看，该合作社在合作金融领域的发展还不够成熟、完善，仍存在许多需要改进的地方。例如，初级的合作金融仅仅汇集了社内农户的闲散资金，而鉴于农民收入有限的现实，合作社所能操纵的借贷资金数量并不大，未必能够满足社内农户进一步扩大经营规模的发展资金需求，因此，合作社寻求与农村信用社加强资金联系，获取农村信用社的支持对合作社的进一步发展显得尤为重要。

经营多样化　致富路子稳

——驻马店市驿城区富强瓜果蔬菜种植农民专业合作社

一、合作社概况

驻马店市驿城区富强瓜果蔬菜种植农民专业合作社，成立于2009年9月，于2010年1月20日正式注册。位于驿城区诸市镇相园村，距驻马店市16千米。合作社最初由6名社员发起，9座大棚起步，成立六年来经营规模不断扩大，目前其经营土地面积已达3 000亩，其中果树2 000亩，年产值2 000多万元。社员平均年收入8 000元，最高收入达10万元。合作社的主要经营范围是：种植瓜果蔬菜、为社员提供生产资料、帮助社员销售农产品、提供农业技术培训、发展休闲农业等。2013年，该合作社注册了"诸市"商标，产品走向北京、郑州、深圳、上海等地市场。

2012年，合作社获得河南省农业厅无公害农产品产地认定、农业部农产品质量安全检测认证中心无公害品种认证，同年，被驻马店市农业局评为"市级示范社"。合作社的生态采摘园被省委组织部命名为"河南省党员干部远程教育科技示范基地"，2014年10月被省农业厅授予"标准化种植技术示范基地"。

■■【链接】发展经历

创业之前，沈富强是相园村出了名的致富能手，因威望高，被乡亲们推举为村主任。后来，沈富强因工作能力强，任诸市镇土管所所长。2001年3月，为响应政府提出的人员分流、减轻镇财政压力的号召，主动辞去职务到北京一家大酒店打工。沈富强从最初的勤杂工、维修工干起，到提拔为部门经理直至公司副总，他用自己的聪明才智和诚实能干赢得了老板的信赖。

2009年，沈富强辞去北京优厚的工作待遇和不菲的收入返乡创业。在外打工期间看到北京周边的农民通过种植结构调整，发展特色农业、休闲农业让农民走上富裕之路，对他启发很大。他于2009年辞去年薪12万元的工作回到家乡，立足于距离市区较近的优势发展休闲采摘观光农业。

满怀信心回到家乡的沈富强，面对的是农田里无电力、无水浇条件，就连从村子到外面的道路通行都极其困难。不要说不具备种植瓜果蔬菜的条件，即便是生产出来好的农产品，因道路通行条件差也无人问津。当时的路况是骑自行车都找不到路，市民又怎能上门采摘呢？

怎么办？面对一系列困难，是进还是退，但对于从不服输的沈富强选择了干，决定按照自己的思路走下去。

说干就干，他一方面租赁土地，一方面动员一部分群众和自己一起干，并开始着手完善水、电等基础设施。通过一段时间的努力，最终只动员了五户农户愿意一起干，租到了第一批 50 亩地。但把具体的实施方案给其他农户一说，他们又打起了退堂鼓，因为投资休闲农业前期投资大，而且周期长，前几年见不到效益，如果发展不好有可能全部亏本，因此他们没有信心。在无奈的情况下，他最后决定先带其他农户种植瓜果蔬菜，同时自己按照休闲农业的规划先慢慢做。

种瓜果蔬菜周期短、见效快、风险小。为了使生产出的农产品能够一炮打响，一开始他就严格要求大家从生产之初就按照有机的标准生产。肥料要求用有机农家肥，为达到要求，他们大量购进加工好的鸡粪、猪粪，尽量少用或不用化肥。经过一段时间的努力，2010 年 6 月，他们精心种植的第一批甜瓜上市了，上市后很快就得到了消费者的好评，消费者说又吃到了从前的瓜味儿了，别人的甜瓜一千克 4 元不好卖，他们的瓜一千克 10 元供不应求，这一下子给几个种植户吃了定心丸。当年一座一亩地的简易大棚一茬甜瓜收入 3 万元，除去当年建大棚的 8 000 元及种子、化肥、人工，一座大棚一茬就挣了 2 万元。但很快也暴露出了一些问题，第一是浇水困难，水源跟不上直接影响蔬菜和果品的质量。第二就是向外运输的问题，由于路况不好，瓜菜运到外边就要烂掉一部分、碰坏一部分，直接影响品质和品相。

如此无穷的打击，困难蜂拥而至。家人都劝他："算了，别折腾了，再坚持下去，窟窿只会越来越大，现在收手，还来得及。"

山重水复疑无路，柳暗花明又一村。正当沈富强走投无路的时候，时任诸市镇镇长的李新国主动到园区了解情况、解决困难。李新国听完汇报，当即现场办公，商量解决的办法。随后又给驿城区水利局的领导通电话联系打机井事宜。经过多方努力，2010 年 10 月，园区安装了 200 千伏安的变压器，同年 11 月，园区打了 3 眼机井，彻底解决了用水用电的难题。水、电的问题解决了，但道路如何解决又成了难题，因为当时第一批"村村通"工程已全部结束，上面已经没有了这方面的计划，暂时修不了。但为了解决出行的问题，沈富强他们就自筹资金 5 万多元，把通往村外的道路进行了石碴硬化，总算初步解决了通行的问题。

老问题解决了，新的问题又出现了，由于蔬菜市场的波动比较大，到2012年蔬菜价格大幅下滑，导致其他农户又失去了信心，纷纷交出土地不干了。合作社经营陷入了困境。

2013年，葡萄一上市，就如同当初的甜瓜一样，受到消费者的好评。由于葡萄的口感好、糖度高，当时市场上的葡萄每千克一般在3～3.6元，而他的葡萄上市就是每千克10元。2013年第一茬每千克20元，第二茬每千克30元，仍供不应求，无货可供，而且全部是消费者到园内采摘，这充分印证了沈富强当初的判断。

这一下就又让当初放弃的社员心动了，先后有四户社员又回到了合作社。虽然当时合作社基地发展缓慢，但在周边村镇发展的确很快，社员一直在增加，合作社发展日益步入快车道。

二、组织架构

合作社实行规范的"三会"制度。成员代表大会由25人组成，理事会有8人组成，监事会由8人组成，除由一名下岗职工外，其余全部为农民。专职管理人员5人，其中1名下岗职工4名农民。理事会、监事会、管理人员的任用，重大项目决策均由全体社员参加，社员有选举权和被选举权，有监督合作社运营管理的权利和义务。社员在参加投票时，以出资额决定投票数量，其中沈富强4票、沈国强和沈卫国各2票、其他社员各一票。合作社资金是由参加合作社的103名成员共同出资组成，其中沈富强出资20万元，沈国强、沈卫国各5万元，其他社员平均每人5 000元，全部为现金入股，没有实物折股情况。

在民主管理上，充分发挥社员代表的作用，重大问题全体社员全部参加，日常监督靠社员代表。合作社把社员代表分成6个小组，实行值日制。合作社调拨、发放生产资料，收购销售社员农产品时轮值代表可以帮忙，直接参与监督。

在财务管理和社务活动公开方面，合作社利用微信建立社员群，将合作社的各种信息、账务及时发送至群中，使大家随时能够了解合作社的运行情况，便于社员发现问题及时反映，及时解决。另外，合作社成立之初就严格按照《合作社法》给社员设立账户，在财务管理上严格按照法律法规规范化管理，国家财政补助形成的资产全部量化到社员个人账户，量化标准按照出资比例，以5 000元为一份分配到个人账户中，做到出资社员人人有份。

目前合作社的收入主要有两个方面：一个是经营生产资料时加收5％的服

务费及生产服务收费，再一个是销售农产品时收取的服务费。合作社的收入除用于管理人员工资和办公经费支出外，提取公积金，剩余的用于社员分红。2014－2016年合作社利润分别为60万元、68万元、80万元，分配比例是提公积金20%，预留资金10%，社员返还分红70%。

三、经验做法

合作社主要从事瓜果蔬菜、粮食作物种植，给社员提供生产资料服务和农业技术培训，销售社员的农产品等。主要农资一律由合作社统一供应，既能降低成本，又能保证农资质量，继而保证了农产品的质量安全。合作社主要的经验做法如下：

（一）加强技术服务

合作社成立有专门的技术服务队，及时引进新产品、新技术，保证能够引进来，能掌握，用得上，见成效。在具体的技术服务方面，首先是加强技术培训，培训内容主要根据葡萄不同的生长阶段需要解决的问题进行针对性讲解；讲解完之后就在合作社基地现场实际操作演示，让社员都能听懂、学会、掌握。这样的培训每年多达十几次，关键时期一个月就两三次，由于合作社人员多，距离远近不一，因此同一内容有时要分几次培训。有时理事长参加区农校组织的培训后，还要走出去当教员。培训的内容系统全面，从葡萄树的整枝、打叉、留果，园内杂草生态控制，水肥调控，到病虫害防治等。

（二）狠抓质量提升

合作社在组织培训时，把影响质量的环节当作重点，督促学员学习掌握新技术，在生产中用生物菌、植物源、矿物源药品防治病虫害。为此合作社要求统一购进各种生产资料，既降低价格又保证了品质。并要求大家进行无公害认证，目前社员的果园已有700多亩获得无公害认证。

在葡萄种植上，合作社的特色在于全程有机种植。具体的做法如下：一是改化学肥料为有机肥料。为解决这个问题，合作社购置10吨的沼渣沼液车一辆，大量收集沼渣沼液，建一座300立方米的中型沼气池，解决了合作社土地有机肥的供应。合作社还建了一座利用蝇蛆分解猪粪、鸡粪的有机肥加工厂，蝇蛆用来喂果园里的散养鸡、坑塘里的甲鱼泥鳅，并在生态采摘园里放养鸡、鹅、兔子，种植花木。在葡萄园养鹅，即使不给葡萄树施其他的有机肥，光靠鹅粪，葡萄树依然长势喜人。有机肥供合作社土地使用，这样基本解决了合作社自己的 500 多亩地的用肥。其他补充肥料只用矿质的，如产自罗布泊的矿质硫酸钾，云南的矿质过磷酸钙、石膏、硫酸铜、生石灰等。二是病虫害防治，改化学农药为物理防治（杀虫灯、黄蓝板、诱虫剂等）、矿质药物防治（石硫合剂、波尔多液等）、生物防治（EM 菌）、植物性药剂（永业农丰的苦豆碱）。三是大量使用生物菌。四是杜绝化学药剂除草，改为人工、机械、动物除草、种草压草等措施。五是杜绝一切激素，大量使用生物菌及生物菌肥。六是根据专家的建议在果园里按不同的时间段播放不同的音乐。七是给坐果后的葡萄树半月浇一次用生物菌、红糖发酵处理的黄豆浆。

（三） 引导创建品牌建设

合作社在加强田间管理的同时，逐步培养社员的品牌意识，并开始打造自己的品牌，目前合作社的社员已拥有商标 2 个，这为将来合作社的农产品走出去打下了良好的基础。

（四） 培养社员转变营销手段学会营销

在农产品销售方面，采取合作社统一销售与社员自主销售相结合的方式，社员自己有销路就自己销，没销路合作社就统一收购销售。另外，合作社还统一组织营销培训。合作社请专家讲授营销课程，引导社员学会做销售，学会以传统为基础，主动走出去和互联网手段结合来促进销售。到 2016 年年底，合作社的葡萄已销往郑州、武汉、北京、广州、深圳，虽然有些地方销量不大，但为今后扩大市场指明了方向。

（五） 发展休闲农业

随着各方面条件的不断完善，合作社休闲采摘园的建设也逐步形成规模，采摘园的果品质量不断提升、面积逐步扩大、基础设施进一步完善，园区最终形成休闲、采摘、餐饮、娱乐为一体的综合型采摘园区，以生态、有机、健康的形式服务广大消费者。目前，进入盛果期的葡萄园已有 100 多亩。2013 年挂果的有 40 亩，平均每亩产值 3 万多元，效益远远高于种植其他农作物，这给采摘园带来了较好的效益，同时也给消费者提供了一个休闲游玩的好地方，还能品尝到高档果品。除此之外，采摘园提供了一定的工作岗位，采摘园现有固定员工 20 人，最高收入每月 3 000 元，临时用工最多时达 100 多人。

（六） 创新用工制度

农业生产用工是非常麻烦的事，合作社在用工管理上对绩效工资、工龄工资的做法值得借鉴。具体做法是，在基本工资的基础上，出勤满 10 天的加 100 元、满 20 天的加 200 元、满 28 天的加 400 元，这主要是保证用工的连续性及稳定性；另外工作满一年的下一年每月加 50 元，工龄 300 元封顶。采取这个工资制度之后，一方面用工稳定，另一方面减少了用工人数。

四、未来计划

建立农产品质量安全追溯体系，加强电商营销渠道。目前合作社采摘园安装了农产品质量安全追溯系统，正在实施的田间智能控制系统，全部完成后，能够达到让消费者足不出户就能通过手机看到该葡萄园的全部生产过程，而且能实时观看。农产品质量安全追溯系统主要包括产品施肥、施药、环境监测、产品检测、销售、质量追溯查询等内容。目前，该园区已与知名电商京东驻马店馆达成合作协议，即将实现网上销售。届时，全国各地的消费者不但能品尝到相园村的无公害水果，还可以通过视频实时观看水果的生长情况。

扩大休闲农业经营规模，提高采摘园的服务品质。目前，合作社主要是以葡萄种植为主，以水蜜桃、红梨、樱桃、冬枣、冬桃种植，自酿纯葡萄酒，自繁葡萄苗，园林绿化苗木为辅，不但种植无公害水果而且饲养土鸡，拥有完整、科学的质量管理体系。采摘园已建成葡萄园 100 亩、晚秋黄梨园 15 亩，未来将新建大樱桃园 5 亩等。规划中的猕猴桃园和冬枣园将于 2017 年秋后开建。这样一来，采摘园一年四季都有果可摘。合作社采摘园将融合采摘、游玩、餐饮于一体，不断提高服务品质，让久居都市的市民放下繁忙的工作，畅享亲情的陪伴，走进飘香的庄园，享受一站式服务。

■ 点 评 ■

与大多数常见的粮食生产合作社不同，这是一家蔬菜瓜果类的合作社。产业的不同造就了合作社不一样的特点，给我们带来了不一样的故事。

蔬菜与粮食作物相比，更加易腐烂，且市场价格年际变动幅度更大。市场价格变动幅度大，意味着蔬菜生产比粮食生产风险更高。因此，对于蔬菜产业合作社而言，是否能够比单独小农生产更好地应对市场风险，是合作社生存和发展的首要问题。如果加入合作社不能比小户单干获得更多、更稳定的收益，那么农民加入合作社的意义在哪里呢？

该合作社的发展历程中，就经历过一次市场风险带来的考验。2010 年合作社成立，发展三年后到 2013 年，突然出现蔬菜生产过剩、菜价下跌的状况，造成社员收入极度下滑，纷纷退社。这就是合作社在成长初期不能抵御蔬菜市场价格波动风险的一个体现。

但故事并未就此终结。当年理事长的一个偶然坚持，又让社员看到了希望，合作社绝境逢生。他2013年试种的葡萄在2014年价格不断走高，又使农民看到了获利的希望，因而2014年社员又纷纷入社，合作社规模不断发展壮大。这才使我们在今天看到了这个合作社。

从合作社的这个发展历程我们可以看出，面对蔬菜市场较高的市场风险，如果合作社能够降低市场风险，那它就能发展壮大，反之就是销声匿迹。解决市场风险的问题，大体而言可以有以下几种途径：

第一，多元化经营，利用不同产业的价格波动时间差降低风险。这便是该案例中合作社所摸索出的方法。蔬菜与水果同为价格季节性变化较大的农作物品种，但就价格波动幅度而言，蔬菜价格波动幅度比水果大；同时，波动的方向也不是完全一致。这就为多元化经营、降低价格波动风险提供了可能。

第二，提高蔬菜品质，同时加强营销，在市场上打出自己的品牌，走优质优价的路线。这是从长远来看，合作社解决价格波动问题的根本途径和办法。只有首先提高蔬菜品质，实现无公害、有机蔬菜的稳定生产，然后通过建立自有品牌、提高市场营销力度，使自己的高品质蔬菜得到市场的广泛认可，从而实现蔬菜销售的优质优价，不因市场波动而受太大影响。本案例中，合作就一直在加强品质建设和加强市场营销两个方面下功夫。通过加强农业生产技术服务、提高蔬菜水果品质，葡萄种植过程中的全程有机种植、种养结合模式、给葡萄听音乐喝豆奶都是非常有特色的环节和步骤，一方面这使得合作社获得无公害认证，另一方面也是宣传和营销的亮点。此外，同时创建自有品牌，拥有商标2个，主动走出去、利用互联网平台促进营销，不断拓宽蔬菜瓜果的销路。

第三，走出去与迎进来相结合，大力发展休闲农业，实现三产融合。利用靠近城市的区位优势，在合作社全程有机种植、种养结合的种植模式的基础上，大力发展观光农业、采摘农业等休闲农业，既是对合作社的特色生态种植模式的有力宣传，使市民心甘情愿为优质水果付出高价，降低了价格波动的风险；同时使市民得到了休闲娱乐和身心放松的好去处，一举多得。

第四，提高合作社仓储能力，错时销售。当蔬菜价格行情不好时，如果企业有足够的仓储能力，则可以在冷库中储存一段时间，然后待价格回升后再销售。这一方面取决于蔬菜品种是否适合长期储存，另一方面也取决于合作社的经济能力，是否有足够的资金建立冷库并维持运转。本案例中合作社尚缺乏资金建立冷库，缺乏仓储和加工能力。这也是其进一步努力的方向。

蔬菜生产本身是劳动密集型产业，因而合作社有较大的用工需求。为了保证合作社稳定用工，其在生产管理上做出了有益的创新。具体做法是，在基本工资的基础上，出勤满 10 天的加 100 元，满 20 天的加 200 元，满 28 天的加 400 元，这主要是保证用工的连续性及稳定性。另外工作满一年的下一年每月加 50 元，工龄 300 元封顶。采取这个工资结构以后，一方面用工稳定，另一方面减少了用工人数。这种累进工资的制度安排，保证了合作社的稳定用工，也是该合作社的一项特色。

全程社会化服务　粮食高产很轻松

——浚县惠华粮食高产创建专业合作社

一、成立背景

浚县位于河南省北部，隶属于鹤壁市，浚县农耕文明历久弥新。浚县小河镇的小河白菜久负盛名，据地方志记载，小河白菜以崔堡村产的最佳。但在历史上由于市场意识不强，该村白菜种植面积日益萎缩。在当地名优土特产逐渐消失于大众视线的不利情况下，浚县惠华粮食高产创建专业合作社于2010年8月在河南省鹤壁市浚县小河镇崔堡村成立。注册资金500万元，合作社主营业务是：组织成员推进规模化种植、标准化生产和产业化经营，统一购买优质农业生产资料，引进新科技，推广高效优质品种，土地服务托管，为成员提供网络信息化培训、业务咨询服务等。

浚县惠华粮食高产创建专业合作社采用"农贸市场＋合作社＋基地＋农户（或家庭农场）"的运营方式，在确保国家粮食安全、建设现代农业等方面发挥了重要示范作用，在带领群众共同致富、服务"三农"等方面起到引领作用，取得了明显经济、社会和生态效益，在全县农业领域享有较高声誉。2011年被省科协、共青团、科学院、农科院评为优秀科技创新型单位；2014年被市农业局评为先进示范社；2015年被省农业厅评为省级示范社；2016年被农业部评为国家级示范社。

二、主要做法

（一）规范管理，以人为本

健全的组织机构。按照专业合作社章程成立了理事会、监事会和成员代表大会。成员代表大会是合作社的最高权力机构，一年最少召开两次，特殊情况可以临时召开。理事会是合作社的执行机构，主持日常生产经营活动和相关事务。监事会是合作社的监督机构，代表全体成员监督检查理事会和工作人员的工作。

制度详尽，财务清晰。建立有科学合理的《财务管理制度》《社务公开制度》等各项制度。建立有总账和明细分类账，并严格执行财务收支、成本费用核算、会计报表编制和会计档案管理工作；规定有具体的财务开支审批权限，并坚持每月将财务收支情况张榜公布，每年向社员（代表）大会汇报上年度财务决算情况、盈余分配方案和本年度财务预算方案。

"以人为本"的管理理念。按照"民办、民管、民受益"的原则，以服务社员、谋求全体社员共同利益为宗旨，实行自主经营、民主管理、盈余返还。

（二）完善服务体制，积极开展农业生产全程社会化服务

浚县惠华粮食高产创建专业合作社成立有生产资料服务组、机耕机收服务组、绿色植保服务组，实施统一生产资料供应、统一技术培训服务、统一生产标准、统一收购销售的专业系统服务。合作社还积极同省农科院、河南省农业大学、市县农业局进行合作，促进产品产量提高，曾获得全市连片规模单产最高纪录。

2015 年，合作社承担了河南省农业生产全程社会化服务项目，与农户签订服务协议，服务面积达 35 000 亩，服务对象 5 800 户。服务内容包括：一是支持农机服务组织开展土地精细化耕作，提高粮食单产。二是支持秸秆还田以及秸秆综合利用技术，培肥地力，减少农业对环境的污染，促进生态农业的发展。三是支持开展病虫害专业化防治，提高防治效率。四是支持服务组织开展药剂、肥料等生产资料采购、配送和供应服务，节约成本，提高了农业生产效率。

通过农业生产全程社会化服务项目的实施，浚县惠华粮食高产创建专业合作社实现了全程化社会服务、大规模整建制服务，服务组织的专业化经营管理，使农业生产率显著提高，农业综合生产能力明显增强。

（三）实行农校对接，坚持科技创新

与河南农业大学实行了"农校对接"，在河南农业大学教授张清海的指导下，创建了小麦高产新品种研究实验田、示范田，生产的小麦高效优质，亩产达 700 千克左右。另外，合作社还聘请了浚县农业局总农艺师董文全和高级农艺师胡振方、耿利宾、于永亭等专家作为合作社常年技术顾问，指导合作社成员农业栽培和小麦育种，已有惠华 1 号、6 号、8 号杂交试种选育成功。该品种茎秆粗壮，韧性强，特抗倒伏，分蘖率强，穗层整齐，叶色青绿，长相清秀，高抗小麦叶锈病、条锈病、黑穗病、白粉病，抗冻性强，一般亩产 1 400斤左右，高水肥地块氮、磷、钾配备合理亩产可达 1 600 斤左右，是小麦更新换代的理想品种。

多年来，合作社一直坚持科技创新，自繁自育的超高产小麦新品种：惠华3号、4号、6号、9号被河北省一家公司订购一空，夏玉米实现亩产1 600～1 800斤的好成绩。

三、经营成效

合作社规模不断扩大。合作社通过把一家一户分散经营的农民组织起来，实现规模经营，由"单打独斗"变为"抱团取暖"，解决了农民的"买难""卖难"问题，增强了农民抵御市场风险的能力。合作社现已发展成员368人，覆盖小河镇、新镇镇、卫贤镇、卫溪办、浚洲办、伾山办及滑县部分乡镇45个行政村。合作社现有高级农技师6名、中级农技师16名，带动农户2 000多户，建立了20亩品种试验田、50亩品种展示田，流转土地面积1 156亩、托管土地面积12 900多亩。截至2016年底，总资产952万元，其中固定资产582万元。

提高了农民收入。在发展过程中，合作社不断完善服务体制，通过实施统一生产资料供应、统一技术培训服务、统一生产标准、统一收购销售的专业系统服务，降低了生产成本，提高了产品质量和销售价格，经济效益显著增加。同时，农村劳动力从土地中解放出来，到企业或合作社打工，每个家庭劳动力收入都在3万元左右，实现了合作社增效、农民增收的双赢效果。2016年合作社年度经营收入750万元，盈余返还总额185万元，成员社内年均所得收入12 300元，户均增收3 000多元。

树立了"惠华"农产品的品牌影响力。合作社通过了无公害农产品认证、无公害产地认证，富硒小麦、玉米、白菜达到国家规定的含量标准，并在国家商标局注册了"惠华"牌农产品商标。通过对品牌的推广宣传，增强了合作社产品的市场影响力，进一步拓宽了销路。2016年与滑县红太阳种业签订了1 400亩优质小麦订单，与郑州万邦蔬菜公司签约了200亩无公害富硒大白菜订单。

四、启示

通过以人为本的规范化管理、积极参与政府号召的农业生产现代化服务项目、不断加强与农业院校的交流合作、尊重人才、重视科技创新，浚县惠华粮食高产创建专业合作社走出了一条符合自己发展情况的道路。合作社规模不断扩大、效益不断提高，同时也让加入合作社的农民实现了收入的增长。合作社在实现经济效益的同时也实现了社会效益。浚县惠华粮食高产创建专业合作社通过"农贸市场＋合作社＋基地＋农户（或家庭农场）"的模式，实现农业的专业化、规模化生产，给我们以下启示：

（一）必须努力实现合作社的专业化、规模化运作，健全农业生产社会化服务体系

做大做强合作社产业规模，打造现代设施农业产业带精品合作社，推进合作社向区域化、规模化、专业化发展，努力实现"开办一个合作社、带动一项产业、造富一方农民"的良好效应。进一步健全服务机制，把服务渗透到产前、产中、产后的各个环节，形成功能齐全的服务体系。

（二）必须进行以人为本的合作社规范化管理

加强宣传培训，提升社员素质。由于农村中青年外出打工人员较多，常年留守人员以中老年为主，存在着劳动力缺乏、文化水平低、思想观念落后、不易接受新事物的现象，多数农村劳动力尚未达到懂技术、善经营、会管理、受尊敬、爱奉献的现代化农业劳动力综合素质的要求，合作社技术骨干十分缺乏。通过加强对合作社成员的宣传和培训力度，使合作社全体成员真正理解合作社的涵义以及加入合作社的好处。通过宣传培训大力提高成员的合作意识，培养和发展一批善于经营管理、乐于奉献的合作社管理和技术人才。定期举办合作社联谊会，为合作社成员之间信息交流、优势互补、资源共享搭建服务平台。

另外，还要注意进行科学合理的财务管理，保障利益分配。把农民的利益放在首位，完善利益保障机制，是处理好合作社与社员、合作社与一般农户的利益分配关系，维护社员的合法权益不受侵犯的基础。

（三）必须不断加强农业科学技术创新

科技创新要形成有效的自我发展机制。强化科技特色，提升科技含量。把合作社发展成为一个集科学试验、技术推广示范于一体的经济技术实体，与大专院校、龙头企业、行业联合建立紧密型合作关系，不断引进新技术、培育新品种、拓展新市场，提升产品的科技含量，增强市场竞争力。

（四）必须不断加强专业合作社的品牌影响力

实施商标战略，不断提升农产品品牌化发展水平。以惠华合作社的"小河大白菜""富硒农产品"为例，合作社应立足当地农村特点、农业特色，建立

并逐步丰富完善商标战略，争创具有鲜明地方特色的知名品牌，加强品牌宣传，克服"酒香不怕巷子深"的思想，挖掘品牌资源潜力，提升品牌资源利用率，促进合作社发展，进一步提升农民收入水平。

■ 点　评 ■

近几年，"农业全程社会化服务"的概念一直备受关注。而且，2016年中央1号文件明确提出"实施农业社会化服务支撑项目，扩大政府购买农业公益性服务机制创新试点"，农业社会化服务成为政府支持农业发展，实现农业增效、农民增收的重要举措之一。

通过合作社推动农业生产全程社会化服务项目，降低了农业生产成本，促进了农业增产、农民增收和农村生态环境的改善。2015年，浚县惠华粮食高产创建专业合作社承担了河南省农业生产全程社会化服务项目，与农户签订了服务协议，服务面积达35 000亩，服务对象5 800户。在项目实施过程中，值得我们借鉴的做法主要有：其一，支持农机服务组织开展土地精细化耕作，提高粮食单产；其二，支持秸秆还田以及秸秆综合利用技术，培肥地力，减少农业对环境的污染，促进生态农业发展；其三，支持开展病虫害专业化统防统治，提高防治效率；其四，支持服务组织开展药剂、肥料等生产资料采购、配送和供应服务，节约成本，提高农业生产效率。

合作社在土地托管的基础上，实现了从关键环节向全程化社会服务转变、服务组织的兼业性经营向专业化职业化经营管理转变。不仅在很大程度上实现了农业增效、农民增收，而且进一步突出了绿色发展理念，实现了农业的可持续发展。

农业规模化发展、农民职业化是未来的大趋势。那么，如何为农民职业化铺平道路就成了当下的重中之重，全程社会化服务未尝不是一项值得探索的道路。对此，我们可以考虑：其一，推动服务组织向规模化和规范化发展，随着农田平整力度的加大、土地流转速度的加快，逐年提高作业量补助标准，采取规模越大补助标准越高的措施，从而推动服务组织做大做强和跨乡镇、跨县经营。在推动规模化发展的基础上，相应要求服务组织规范业务管理和财务管理，实现管理规范化，从而有利于作业量的核实。其二，制定补助资金申报审批操作规程。规程要简化审核程序，建议强化两个审核（对服务组织作业量的审核、对补助资格、补助条件等补助政策执行情况的审核）、两个公示（对作业量审核情况的公示、对补助金额的公示），弱化和取消其他环节，同时要明确各环节审核人员审核要点，对跨乡镇提供服务如何审核作出明确规定，从而加快补助资金发放进度。其三，强化并稳定政策预期。针对农业生产的周期性特点，相关部门应提前在上一年度或本年一季度对外公布相关政策，使基层政府和服务组织及时掌握政策情况；单一补助政策应至少稳定三年以上，以便服务组织保持扩大规模的积极性；由于补助资金具有刚性，建议制定统一的作业量补助标准，实行预拨专项资金、年终结算、多退少补。

围绕"菡香"谋发展　生态成就产业梦

——河南菡香生态农业专业合作社

一、合作社概况

武陟县马宣寨村共有 450 余户 2 000 口人，耕地 2 000 余亩，是明朝天官马宣的家乡，钦赐村名"马宣寨"。地处三县交界处，是"鸡鸣三县"之地，村里地势低凹、河渠纵横，素有"豫北小江南"之称。马宣寨村自古以来就有种植莲藕和水稻的传统，池塘相连，稻田有藕，莲边有稻，所产大米晶莹透亮、藕香绵绵、口味独特，为米中佳品。古称未开荷花为"菡萏"，马宣寨大米是千年荷塘孕育出的"玉玲珑"，自带莲花清香，"菡香"正喻此意。

由于缺乏宣传，加上农户一家一户分散经营，种子良莠不齐，一直没有形成特色产品，造成优质资源浪费，农民收入水平不高。为了充分发挥"地处水乡、水资源丰富"这个优势，把大米品牌做大、做强、做优，让土地产出比更大化，王福军决定抱团发展成立农民合作社，为村里的老百姓谋福创富，走共同致富之路。2006 年 9 月成立了武陟县禾丰绿色稻米产销专业合作社，之后在 2009 年 9 月 7 日，合作社重组，正式更名为河南菡香生态农业专业合作社，在武陟县工商行政管理局登记注册，注册资金人民币 1 000 万元，注册地址为武陟县乔庙乡马宣寨村。法人代表为王福军，王福军任菡香生态农业专业合作社理事长，兼任县人大常委、市人大代表以及河南省现代农业发展促进会副会长。

合作社的业务范围主要包括：粮食作物、蔬菜、果品等农作物的种植、初加工、销售；为社员提供农资、农机等服务。合作社成员主要由武陟县乔庙乡马宣寨村及周边村民组成，目前成员 319 户。合作社 2015 年销售收入 8 500 余万元，利润 450 余万元。

■ 【链接】合作社发展历程

2006 年 9 月 7 日，成立武陟县禾丰绿色稻米产销专业合作社，为农户提供种子、农资以及后续的农产品销售服务。

2007 年，申请注册"菡香"牌大米商标；同年获无公害农产品认证。同年合作社投资 100 余万元建成"菡香一号"水稻新品种示范区，并被认定为河南省标准化生产基地。

2008 年，合作社建成精米厂一座（菡香生态农业科技园区第一座标准厂房），用于水稻的初加工，日产能力为 100 吨；同年"菡香牌"系列米被认定为绿色食品，被评为河南省名牌农产品。

2009 年，获批"马宣寨"大米地理标志保护产品。

2009 年，"菡香"牌商标被认定为河南省著名商标。

2009 年，合作社向国家提交有机食品认证材料（"菡香"牌大米有机食品认证），由于当年递交材料较晚，2010 年未得到审批，之后在 2011 年，"菡香米"有机食品认证审批通过。

2011 年 5 月 6 日，合作社重组，更名为河南菡香生态农业专业合作社。

2012 年 7 月 3 日，被国务院授予"全国农民专业合作社示范社"。

2013 年经焦作市科技局批准建立焦作市沿黄稻区水稻新品种繁育推广培育工程技术研究中心；被河南省农业厅、财政厅定为全国农技推广农业科技试验示范单位。

2014 年 5 月，在詹店新区西部工业区詹郇路与武乔路交叉口建设河南菡香生态农业科技园区，6 月破土动工，历经 3 个月建成第一座标准厂房。

2014 年 12 月，被农业部评为全国农民合作社加工示范单位。

2016 年 5 月，在菡香生态农业科技园区开工建设第二座标准厂房，历经 5 个月建成，安装了新的国内先进大米加工生产线（11 月 25 日投产）和有机米醋生产线；6 月获 ISO 9001 质量管理体系认证。同年，合作社凭借菡香大米的优良品质，与河南航空食品有限公司、南方航空食品公司建立合作关系，航空公司所有餐饮所需要的大米均采购于合作社，自此，"菡香"大米实现了由"地"到"天"的飞跃。

二、主要做法

（一）完善决策机制

河南菡香生态农业专业合作社的前身是禾丰绿色稻米产销合作社，经历了几年的发展，合作社重组更名后不再吸纳农户入社，社员人数固定在 319 户。为了让每一个社员都有机会参与合作社的建设与发展，每年的成员大会要求全体成员参加，投票方式坚持一人一票原则。

合作社选举产生了理事会（理事长 1 名、副理事长 2 名、理事会成员 5 名）和监事会（监事长 1 名、监事会成员 5 名），合作社下设机构包括生产部、

你在外打工挣钱　我在家帮你种田

——商水县天华种植专业合作社

一、合作社概况

2006 年，刘天华购买了一台拖拉机和一台联合收割机，在当年夏秋两季挣了三万多块，相当于外出打工赚的两倍。村民看到了利益，有条件的也跟着买了农机。随着农机数量的增多，2008 年村民联合起来成立了农机作业服务队开展跨区作业，当年户均收入超过两万元。刘天华了解到农民专业合作社这一新型农业经营主体，认为抱团发展的经营模式很有前景，之后便开始筹备成立合作社。2009 年，刘天华联合 26 户农户成立了天华种植专业合作社，注册资金 300 万元，注册地址为商水县魏集镇许寨村，法人代表刘天华，刘天华任理事长。

合作社成立之初，已拥有农业机械 7 台（套），流转土地 400 余亩。2009 年合作社选择的小麦品种是"新农 979"，由于合作社播种时间早而这一小麦品种不抗寒，造成了大面积死亡，有些社员退出了合作社。在了解原因后，刘天华开始谋求新的发展模式。2010 年，顺应农民"离乡不丢地、不种有收益"的需求，合作社提出了"你在外打工挣钱，我在家帮你种田"的口号，开始为外出打工或无力耕种的农户提供农业生产托管服务，解决了外出务工与家庭承包经营的矛盾，受到农民普遍欢迎。

合作社通过提供土地托管服务将农户的土地集中起来，按照区域划分成几个相对集中的地块，重新规划整理，将原来的水沟、土垄平掉节约出耕地约 79.5 亩，建成有利于大规模机械化作业的千亩连片示范方 1 个、百亩连片示范方 4 个，取代了原来农户单户种植的经营方式，有效降低生产成本，提高土地利用率和收益。合作社在生产经营过程中做到了六个统一：统一供应农用生产资料、统一耕种、统一管理、统一灌溉、统一收割、统一销售。

目前合作社流转和入股耕地约 17 000 亩，基本实现了耕地连片，依托商水县高标准粮田建设项目建成了标准化粮食生产示范基地，合作社与河南省农科院建立了合作关系，签订了长期订单，按照高于市场价 0.15 元/斤的价格统一销售优质小麦、大豆、玉米，切实增加了社员的收入。

二、主要做法

（一）土地托管服务

合作社最主要的业务是土地托管。当地不少农民担心耕地流转给合作社之后，随着时间的推移有关部门把耕地收回。土地托管就打消了农民这种担忧，土地托管不同于土地流转，日常管理经营权还在农民自己手里，想种什么、怎么种、收获的粮食什么时候卖、粮食卖多少钱、卖给谁都是农民自己说了算。农民在种地的时候，既能采用现代农业生产技术节约劳力、提高产量，自己又拥有很多主动权，因此托管的方式很受欢迎。为了让服务更有针对性，让农户更有选择性，合作社实施半托管和全托管两种服务模式。

半托管服务。农民根据自己的需要，按合作社推出的"菜单式"服务项目，将农业生产过程中某个或几个环节的服务项目委托给合作社。合作社依靠自身的专业农用机械能够降低生产成本，较少使用农药化肥，提高释放效率，进一步减少农药化肥对环境的污染，维护当地的生态环境。

全托管服务。没有能力种地的农户把土地交给合作社，合作社提供覆盖一年两季粮食生产的"一条龙"式全程服务，按照本村同等级地块的上中等纯收入的平均值确定农户收益，大体上为农户承诺 1 000 斤的保底产量。合作社收取小麦和玉米（或大豆）两季粮食生产耕种管收等全部环节的服务费用，粮食收成全部归农户，合作社不参与超过保底产量部分的分红，保证了农户的粮食产量与经济效益，实现了农民与合作社合作共赢。

目前合作社托管的土地规模 17 000 多亩，整体收益 892.5 万元。

（二）农机服务

合作社拥有各种农业机械 60 多台（套）、无人飞机 10 架，在机械化服务中发挥了非常重要的作用。为了更进一步发挥农业机械化的优势，合作社在 2016 年增添了 2 台大型拖拉机，价值 150 万元，农忙时在家作业，农闲时到东北地区犁地（在东北年耕地 2 万余亩，纯收入达到 20 多万元）。农机的跨区域服务既帮助了东北地区的农业生产，也增加了合作社的收入。

为了提高服务能力，合作社购置了无人植保机。一架无人植保机每次可以携带 10 千克农药，在麦田上方 1～2 米高度以 5 米/秒匀速飞行，机头下方 5 个喷嘴将农药雾化，均匀喷洒在麦叶上，作业幅宽 4 米多，每小时作业量达 150 亩，效率大大提高，每亩作业的汽油、人员工资成本仅 1 元左右。先进的植保机械基本上代替了人工施药，有效降低了人力成本、提高了生产效率。

天华合作社先后成立了机耕队、机收队、排灌队、植保机防队、农田工程队等8个服务农业生产的工作队，通过铺设地埋管道，实施移动喷灌技术，利用大中型拖拉机、联合收割机、植保机械等农机具推广保护性耕作、小麦与玉米机械化播种和收获、农作物秸秆能源化综合利用、农机节能等新技术，开展机械化耕、耙、播、收、植保服务，极大地提高了效率，保护了当地的生态环境。

（三）粮食银行

2010年，商水县许寨村三组某村民因家中没有多余的地方囤积粮食，便把2吨余粮食堆积在屋檐下，待粮价上涨时再销售。8月准备出售时发现小麦全都霉变，给自家造成了很大损失。合作社知道后召开理事会商议研究，决定在原有500平方米粮仓的基础上又新建粮仓1 000平方米，发展"粮食储蓄"服务即"粮食银行"。2011-2016年，合作社建设了4 500平方米的仓库，代农民储存暂时不出售的粮食，吸收农民手中余粮"储蓄"，"储户"可凭"存粮本"随时提取现粮或折算现金。如2014年6月农户将小麦存进粮食银行，当时价格是1.18元/斤，2015年5月以1.27元/斤的价格销售，按小麦产量1 000斤/亩计算，农户每亩增收63元。

"粮食银行"有自己内部的管理规定，最大特点是对粮食进行单品单储，将粮食种类细化。比如新麦26就是优质强筋小麦，适合做面类食品。通过单品单储提高了粮食的市场价格，基本可以实现价格高于市场价0.03元/斤。"粮食银行"采取市场化运作，采用一户一本的存粮凭证方式，存粮本进行了统一数字编号，并加盖合作社公章。农民将粮食存入粮食银行后，可随时提取粮食、折现，并按双方约定享受存粮增值。

主要有以下几种存取模式：一是存户要粮款时，合作社按照当时的市场价格直接支付现金。二是存户暂时不领粮款时，存在粮食银行每月支付存户利息5厘，比银行普通存款收益高。三是存户不要粮款也不要利息时，粮食存放在粮食银行，粮食银行不收保管费，卖出时双方按比例对增值部分分红（粮食银行占30%，农户占70%）。四是农户不要粮款时，粮食存放在粮食银行，可以在合作社的商店购买基本的生活用品（面、米、油等），如果期间农户要求换成现金，按第三种方案处理。

"粮食银行"较好地解决了农民日常储藏保管粮食不科学和占地等问题，消除了农户对粮价波动的顾虑，解决了农户存粮的后顾之忧，同时也提升了合作社开展托管服务的能力。农户把粮食存进粮食银行通过合作社商店满足基本生活需求，实现了"以物易物"，降低了对现金的需求，间接缓解了合作社的资金问题。同时，由于很少有农户取出存粮，购买东西也不会一次性将"存款"花光，粮食银行成为合作社"民间借贷"的一种方式，也能在一定程度上满足合作社社员的资金需求。

（四）新型职业农民培训学校

刘天华牵头组织成立了新型职业农民培训学校，主要招收农村出生或者有意发展农业的高中、大中专毕业生。培训不收取学员费用，内容既包括农机技术，如无人植保飞机、大型拖拉机、联合收割机操作技术，又包括种植技术，旨在将学员培养成农业全能手。

培养技术人才不是最难的，留住技术人员才是重中之重。

合作社依照企业员工聘用模式与学员签订 3～5 年的工作协议，实行"保底工资＋提成＋社会保险"。保底工资在每月 2 000 元左右加上按作业面积提成，月收入能达到 5 000～6 000 元，每年基本上有 10 个月作业时间，年收入可以达到五六万元。

刘天华说："一般的人外出打工，一个月挣 3 000 元左右。相比之下，我们的农机手算是高工资，还可以留在家乡，应该能把他们的心留住了"。

三、经营成效

（一）发展壮大

2009 年合作社成立时只有 27 户社员、7 套农业机械以及 400 余亩土地，注册资金 300 万元。从 2011 年开始，合作社积极争取农业油料倍增计划项目，建立优质芝麻种植基地，除收获芝麻外还充分挖掘利用芝麻基地的副产品——芝麻叶，加工制成中华传统美食"干芝麻叶"。依托基地生产的优质小麦发掘传统养生美食生产工艺，开发生产出"中华传统石磨面"。

经过几年发展，合作社规模逐步扩大。合作社现有社员 336 户，资产达到 2 000 万元（其中固定资产 1 400 万元）。合作社现有千亩示范田 1 个、百亩示范田 4 个、粮食仓库 1 栋（2 200 平方米）、粮食晾晒场 1 处（1 564 平方米）、机械库棚 1 栋（1 216 平方米）、石磨面粉生产线一条、拥有大型烘干设备 1 套、农业机械 60 台（套）、无人植保机 10 架、农机手达到 80 余人。合作社还下辖机耕队、机收队、排灌队、植保机防队、农田工程队等 8 个服务农业生产的工作队。

截止到 2016 年年底，合作社粮食耕种面积已发展到 5 000 多亩，托管土地 17 000 多亩，辐射带动周边 4 个乡镇 25 多个行政村 4 000 多农户。成员收入得到保证，与不入社的普通农户相比社员收益平均增加 3 000 元。

（二）收入与分配

合作社主要有两种盈利方式：

一是生产服务盈利。以全程托管为例，与没有托管的土地相比，2015年托管土地平均亩产小麦增加85斤、玉米增加130斤，合计亩产增加215斤，可增收220元。再加上全程作业可降低5%～10%的成本约90元，每亩净收益比农民自种增加310元。合作社全程托管服务每亩收费660元，扣除成本525元，每亩净收入135元。

二是销售仓储盈利。粮食收获后，托管农户大都委托合作社卖掉或储存在合作社，合作社组织服务车队在田间将粮食装车，利用烘干设备烘干后过磅入库，由于合作社粮食储量大、议价能力强，适当加价后出售给粮食加工企业赚取粮食差价。

在盈余分配方面：2016年，天华合作社经营良好，经营收入1 416.3万元，经营支出1 246.2万元，其他支出33.2万元，实现盈余136.9万元。其中，提取盈余公积金23.27万元，按社员份额量化到成员账户；应付盈余返还84.89万元，占可分配盈余的62%，按社员与合作社的交易比例返还给社员；应付剩余盈余28.74万元，占可分配盈余的21%，按社员入股金份额给社员分红。

另外，合作社严格按照相关法律法规坚持不低于60%的盈余按照交易量返还给社员，实现二次返利，保证社员的经济利益。

（三）精准扶贫

合作社与魏集镇的206个贫困户签订了精准扶贫合同，从三个方面扶贫：

一是资金支持，每户每季度发给现金300元，3年总计5 800元。

二是产业扶贫，按照贫困户的不同情况分别让他们种植经济效益高的绿豆、红小豆、芝麻等农作物，先发给贫困户种子、肥料，每户种2～3亩，并全程技术指导。收获后高价回收产品（红小豆、绿豆每斤4～5元，芝麻8～10元，亩均效益达到2 000元以上），加工包装后高价出售，以提高他们的经济收入。

三是农闲帮扶，农闲时组织贫困户到合作社打工，每天80元左右；或组织他们参加巧媳妇工程，每天获取80元左右的固定收入。

四、困难及规划

（一）困难

土地流转困难。农村60～70岁的老人没有外出务工能力只能赋闲在家从事农业劳动，并且长期从事农业劳动的老人对土地的感情使得他们不愿意放弃耕种手中的土地。缺乏这些老人的配合，合作社很难真正实现规模化经营。

合作社承担的市场风险较大。农业生产受天气、市场、政策等因素影响大，如果流转农民的土地，无论丰收、歉收以及市场行情如何波动，合作社都必须按照合约支付农民一定的流转费用，合作社承担着很大的市场风险。

缺乏有序引导。中国加入世贸组织以后国内的粮食价格与粮食市场受到国际市场的冲击，国家取消了粮食保护价政策后主要粮食作物的市场价格都有一定程度下滑，这使得农业种植本来就微薄的利润受到进一步挤压，农民从事农业耕作的积极性降低。加上市场的无序竞争和农户之间的竞相压价，使得农业受到了很大程度的冲击。理事长认为需要政府或者某个组织有序引导合作社进行作物种植来满足日益变化的市场需求，同时能够很大程度地降低某种作物市场饱和引发的恶性竞争。只有通过有序引导才能真正实现供给侧结构性改革的目标。

（二）发展规划

根据近年中央1号文件精神，按照农业发展趋势走"三品一标"的路子达到"四优四调"的目的，合作社决定实施一二三产业融合，具体工作如下：

一是创立品牌。为了提高品牌意识，发展品牌战略，达到"三品一标"，合作社根据自己生产的产品以及今后农产品深加工的方向实施品牌战略，2016年2月向国家工商总局申报了"天农华业"商标。目前，"天农华业"商标名称已在国家工商总局备案并审核通过，"天农华业"商标涵盖农产品的30类的20多个品种。

二是建一个配肥中心。计划出资50万元，购买1台全自动化的配肥机械，同时建一个化验室，根据合作社不同土壤特点和地力配出适合的配方肥料。达到即节省成本又提高肥效、减少土壤污染，为发展有机农业奠定基础。

三是种养加合作，深化农业增效机制。合作社已经与商水县牧原农牧有限公司、河南思念集团达成协议，以张明乡为基点建立万亩种养加示范基地，使基地农业逐步向现代化、无公害化方向发展，同时带动整个商水县大农业发展。

点　评

合作社有两层含义：对外，面对市场，合作社是一种新型的市场主体；对内，面对社员，合作社本质上是一个服务单位，为社员提供各方面的服务。

就个人而言，笔者更推崇合作社的对内职能，毕竟合作社创立的初衷是"小农户的大舞台"。所以说，评价一个合作社不仅要看中合作社的市场生存能力，更重要的是看合作社为社员提供的服务是否完善、合理、有效。

商水县天华种植专业合作社成立于 2009 年，2014 年被评为国家级农民合作社示范社。该合作社对于内部社员的服务不断创新，具有示范性和指导性。

首先，合作社的服务能力首推收益能力。合作社只有能够实现农民增收才能算是一个合格的合作社。天华种植专业合作社通过集约化经营、产业化经营，使社员与不入社相比，成员收益平均增加 3 000 元。

其次，创新发展了"粮食银行"，为社员提供了粮食储藏的场地，还参照银行的管理方法，通过农户存贮粮食，为社员分发利息，提高了社员的收入。

再次，合作社的农业机械在当地农闲季节对外地实行跨区域农机服务，一方面解决了外地农户的农机需求，另一方面增加了合作社的收益。

最后，在扶贫方面，一是实行直接扶贫：每户每季度发给现金 300 元；二是产业扶贫：为贫困户提供种植作物类型的参考，全程提供技术服务，并对农产品高价回收；三是农闲帮扶：农闲时节，组织贫困户在合作社务工，增加贫困户的工资性收入。

当下，很多合作社发展的过程中十分重视合作社的市场生存能力与盈利能力，反而忽视了合作社最本质的要求：对社员的服务。长此以往，合作社必定会失去原有的活力。所以说，合作社应该坚定不移地践行服务社员的本质要求，不断完善自身服务社员的质量和水平，只有这样，才能提高社员的认同感和"主人翁"意识，才能使合作社不失本色，不断焕发出新的生命力。

从养殖中走出的生态循环经济之路

——虞城县阿健生态养殖专业合作社

河南省商丘市虞城地处黄淮平原，共有养殖专业户1万多户，肉、禽蛋、奶产量分别为9万吨、1.8万吨、0.8万吨。为提升农业的科技含量和品位，虞城还强力实施无公害农业、有机农业和标准化生产，成为河南省首家无公害水果标准化示范基地县。

一、成立背景

阿健生态养殖专业合作社由虞城县鑫鑫养殖有限公司、虞城县阿健生态养殖专业合作社、虞城县阿健生态家庭农场组成，是集蛋鸡养殖、淘汰鸡深加工、有机肥加工生产、无公害蔬菜、水果种植、良种繁育及农产品加工为一体的现代化农业企业。

阿健生态养殖专业合作社成立于2008年，现有两个场区。一是城郊乡罗庄村鑫鑫养殖有限公司，成立于2005年6月，公司占地200余亩。2010年被省政府评为农业产业化省级试点龙头企业，"百企帮百村"工作先进单位。二是郑集乡卢楼村阿健生态家庭农场。2013年创办，农场场区占地面积260亩，流转土地3 680亩，是养殖、种植、加工、储存、环境治理、农村生态循环经济的代表企业。

阿健生态养殖专业合作社，现有社员560余户，办公场所6 000平方米；大型农机具和设备20余台；现代化粮食烘干塔1座，日加工粮食150吨，日加工饲料25吨；1 000吨冷库1座；养殖蛋鸡20万只，日产蛋10吨。有固定员工50人，固定资产6 000万元。2016年8月底，合作社已完成投资2 000万元，建设原料仓库及蛋品加工车间一栋、饲料生产加工车间一栋、可养殖10万只鸡的现代化鸡舍一栋、淘汰鸡加工车间一栋。目前投资200万元的500亩水肥一体化工程和投资200万元的200亩扶贫创业园区正在建设中。

阿健生态养殖专业合作社，一个新型生态环保规模化养殖、种植、深加工大型现代化农业经济体已初步建成。

二、主要做法

(一)解决环境污染，形成生态循环经济

阿建农场以养殖蛋鸡为基础，为了解决每日堆积如山的粪便和生产生活垃圾，农场建设了现代化的大型沼气池，不仅解决了难闻的气味、空气的污染和令人头痛的垃圾问题，还使这些无用的废料变成了农民生产、生活中有用的燃料。现在的卢楼村，天更蓝了、空气更清新了、农户脱贫致富奔小康的决心更坚定了，"生态环保、循环经济就是好"。

建设 500 亩"水肥一体化"工程。沼气建设每天产出 15 吨的沼渣和 20 吨的沼液，这些沼渣经过有机肥加工车间生产成有机肥料，沼液可通过"水肥一体化"工程输送到示范园区和扶贫创业园区，进行无公害果蔬和粮食生产。如此一来，即改善了人民生活品质又降低了生产成本，既发展了绿色环保经济又增加了农户的经济效益。

(二)严格保证质量，搞好培训和生产标准规范

抓好技术培训，提高养殖技术。2010 年以来，合作社先后邀请有关技术专家举办专题讲座，开展畜禽养殖和动物疾病防治技术培训 26 期，培训养殖户 1 800 余人次，并把相关技术制成光碟，发放到养殖户手中。

除了关注培训之外，合作社还制定了标准的生产规范并督促全员参与。合作社实行"六个统一"。一是统一生产标准。按照国家关于无公害农产品的要求制定了鸡场布局标准，鸡舍建造标准，光、温、湿度标准，饲料营养标准，蛋鸡淘汰标准（上架时淘汰弱小鸡、开产后淘汰不产鸡、高峰时淘汰低产鸡）。二是统一提供良种鸡苗。每年统一购回优质鸡苗 30 多万只，由合作社委托有多年养殖经验的 4 家养殖大户集中育雏后，再出售给社员上架养殖，既缩短了养殖周期，又让利给全体成员。三是统一饲料供应。合作社引进高浓缩新型绿色活性肽饲料配方，配备 2 台饲料加工新设备，利用生物工程加工后以低于市场价格出售给养殖户，降低养殖成本 5% 以上。四是统一疫病防治。实行包保责任制，推行重大疫病免费强制免疫，开展经常性消毒灭源，保证了畜禽养殖产业的健康快速发展。五是统一品牌包装。合作社申报注册了"阿健"商标，获得食品卫生许可证、无公害农产品认证、质量安全认证、商品条形码等标识，鸡蛋经过清洗消毒，统一品牌包装。使用"阿健"商标后，平均价格由原来的 0.35 元/个上升到 0.70 元/个，效益翻了一番。六是统一销售，合作社在省内外建立了多个销售网点，确保养殖户生产的鸡蛋销得出，多增收。先后与上

海、郑州等大中城市超市、批发市场直接对接，采取订单销售模式，建立了长期合作关系，既能保证市民买到新鲜的有机鸡蛋，又降低运输成本和仓储成本。

（三）打造物联网，与现代农业融合发展

阿健农场为保证质量并做到饲养过程中全程标准化管理，引入物联网到养殖中。通过智能传感器在线采集畜禽舍养殖环境参数，并根据采集数据分析结果，远程控制相应设备。如果监控的数据中，有任何一项数据超过设置的标准值，电脑就会报警，并发送短信通知给管理员，使畜禽舍养殖环境达到最佳状态，实现科学养殖、减疫增收。物联网养鸡大大减少了人力投入，阿建农场现在每人可以看管1万只鸡，而且鸡舍采用数字化监控和智能化管理，出门在外只要登录网址，就能随时随地获知鸡舍内的情况，十分便捷，也使得管理更加科学、规范。

（四）真情服务社员，带动一方脱贫

卢楼村是虞城县郑集乡的贫困村，全村耕地2 860亩，人口2 231人，其中贫困户180户、贫困人口596人，人多地少没有支柱产业，经济比较落后。自2014年起，阿健合作社理事长卢长健动员130多户群众（其中62户贫困户）加入合作社，因人而异，采取不同的帮扶措施，结对帮扶吸纳一部分贫困户为企业固定员工，到2015年底加入合作社的贫困户已有36户脱贫。目前合作社正在建设扶贫创业园区，采取自觉自愿的方式引导更多的贫困户和农户加入合作社，帮助贫困户早日脱贫奔小康。

建设大型沼气工程变废为宝，造福千家万户。2016年6月18日卢楼村的农户们自发地组织起来，来到阿健农场场区，他们真诚地感谢理事长卢长健。卢楼村的沼气通气使用了，那熊熊燃烧的火苗，温暖着用气户的心，他们从此摆脱了蜂窝煤和柴草烟熏火燎的生活，开始了生态环保、洁净的新生活。

建设200亩无公害扶贫创业园区。扶贫创业园分三期进行，第一期从2016年9月开始建标准化自动控温棚20架，由合作社统一供种，有劳动能力的贫困户种植管理；并聘请技术员统一管理、统一销售；继而通过树立典型、典型带动，使贫困户变成脱贫致富的带头人，促进贫困户踊跃加入扶贫创业园区，调动群众的脱贫积极性，为全面脱贫做出贡献。

三、经营成效

（一）通过生态养殖，整合资源节约成本

在2013年底，合作社销售已经不成问题，最大的问题就是环境污染，养

鸡场不仅污染周边土地，而且臭气熏天、气味扰民。合作社通过阿健农场流转土地 2 000 多亩，260 亩厂区，一人喂养 10 000 只鸡，粪便当天处理；通过沼气工程，整村通气，目前沼气管网已通到后卢楼、中卢楼，正在通往前卢楼和王庄，2017 年不仅全村都能用上沼气燃料，应周边村群众的要求，尽力扩大沼气供应范围。沼气管道管网全部免费，为每户节省资金 400 元，仅此一项就为全村节省 15 万元。

与天下粮仓公司合作，建设"水肥一体化"工程。之前亩均产小麦 700 千克，通过"水肥一体化"工程配比沼液，洒入大田，处理了污染，也提升了小麦品质，亩产提高 500 千克，达到 1 200 千克。

通过核算，合作社在沼气、提供肥料、种植玉米小麦和水肥一体化等几个方面，一年增收能够达到 50 万元，大大降低了生产成本、增加了收入，也为合作社的未来发展和盈余分配提供了基础。

（二）通过严把质量关，打通销售渠道

合作社将原先分散式合作模式转变为基地模式，实行全程质量控制。物联网采取全程实时监控的方式，从饲料配比到产出，最后生成二维码；消费者通过扫码，就可以知道关于每只鸡喂养的全部细节。严格的质量控制使合作社的无公害鸡蛋通过了上海市和郑州市无公害产品检测标准，顺利地进入了上海和郑州的市场。"养好品牌鸡，卖好良心蛋"是卢常健为自家公司及合作社社员提的硬性要求。合作社先后被国家农业部命名为"蛋鸡标准化示范场"、被省政府命名为"农业产业化省重点龙头企业"、被省农业厅命名为"河南省农民专业合作社示范社"等。

（三）通过物联网，实现标准化养殖

合作社与县农业局物联网合作，对养殖产业实施全程监控，一方面可以节约劳动用工难的问题，远程控制的实现使技术人员在办公室就能对多个鸡舍的环境进行监测控制；另一方面可以全程监控养鸡的各个环节，当某个数据超出限值时，系统立即将警告信息发送给相应的人员，提示及时采取措施。精准养殖使得产品能够达到无公害甚至是更高的标准。此外，物联网可经过各种监控传感器和网路体系将一切监控数据保存，一旦市场中消费者发现鸡蛋品质出现问题，可以追溯到具体的责任人，使得责、权、利一致，实现农业生产的绿色无公害化。

（四）通过精准扶贫，改善农村生活环境

2016 年理事长卢长健在村两委的支持下，由农场出资为全村 2 860 亩土地

投了农业保险，让全村的农户有了抵御灾害的保障。他表示只要大家支持他会把农业保险持续做下去。

修建道路、架设路灯，建设美丽家园，合作社以阿健生态农场为起点修建道路，在全村4个自然村全覆盖架设路灯，全覆盖架设视频监控，建设文化广场，提高群众的生活质量，加强人们的精神文明建设。

建设养老院，让农民老有所养。卢楼村后卢楼和中卢楼两个自然村的大部分耕地都以每年1 000斤小麦流转给了阿健农场。年轻的劳动力可以外出打工，年老的尚有一定劳动能力的农民可以在阿健农场打工，对于年老无劳动能力的就要使他们老有所养，建设养老院，提高农民生活的幸福指数。

建立贫困户基金。阿健生态农场计划从2016年起每年拿出一部分资金建立贫困户基金，对贫困户大学生和贫困户特殊家庭、突发事件进行救助，激发正能量，增强社会公德意识。

四、启示

（一）产品质量是赢得市场的关键

产业化是农业走出困境的唯一出路，但必须先实施标准化。合作社在养殖方面已经达到了一定的规模，普通鸡蛋虽然营养价值丰富，但有一个缺陷，就是面对市场上众多的养殖户，同质化的产品已不具备竞争力。鸡的品种、水质、饲料都影响着鸡蛋的品质，科学规划，数据化控制，动态巡查，以保证每一个鸡蛋的品质。严格的实行"六个统一"，使得"阿健牌生态无公害柴鸡蛋"顺利打开上海的市场，市场需求旺盛，卢常健的10万只蛋鸡场生产的鸡蛋供不应求，阿健生态养殖合作社应运而生。目前，合作社已带动周边60多家蛋鸡养殖场，其中在2万只以上规模的有14家。手上有了规模化的订单，才有可能进一步优化上游的生产。

（二）延长产业链，打造生态产业链

阿健生态养殖专业合作社主营是养殖业，但养殖业产生的污染，催生建立了沼气工程和水肥一体化工程，不仅解决了污染问题，还能够利用水肥一体化工程提供更优质的肥料。养殖业的上游产品是饲料产业，阿健生态养殖专业合作社通过流转的土地种植饲料级玉米，既能保证饲料的品质，而且与购买饲料相比，每千克降低成本0.2元。同时套种小麦，保证了流转土地的租金。产业链向上游和下游的扩张，不仅扩大了企业规模和经营品种，增加了产业的宽度，同时增加了产业链的厚度，提高了合作社的市场竞争力。

（三）合作社越强吸纳社员能力也越强

合作社运作效益的发挥依赖利益主体为了共同的目标和真诚的合作，降低交易成本。然而，由于农产品市场的特殊性，相关主体之间的利益是冲突的。千家万户分散经营的农户几乎是以无序竞争的形式，将农产品销售给批发商或零售商。农户在分散经营条件下，市场交易成本高昂，难以分享农业产业链运作带来的效益。合作社可以有效地把农民组织起来，利用"合作社＋农户＋市场"、"基地＋农户"等形式，将外部的市场交易费用"内部化"，节约交易费用。其中，合作社经营水平的高低影响吸纳社员的能力，经营水平越高，农户越有意愿加入合作社，反之，农户不愿意加入合作社。另外，合作社应通过产销合同的签订和履行，加强社员经营的计划性，克服社员收集信息的盲目性以及决策的从众心理，使合作社与农户在农业产业链的发展过程中实现双赢。

点 评

现阶段人民群众的消费观念已由"吃得饱"向"吃得好、吃得安全"转变，更多地考虑农产品是否安全、是否有益于健康。农产品质量安全水平的高低，直接影响农业产业的健康发展。发展现代农业、提升农产品市场竞争力，质量安全是关键。农产品质量安全事关人民群众身体健康和生命安全，事关农民增收和农业发展，责任重、意义大。合作社秉承"做好品质是最大的积德行善""先有品质，后有品牌"的理念，在产前、产中、产后等生产链条上的每一个环节都严把质量关，才能有后来顺利进入较为挑剔的上海人的餐桌上。有了订单，才会有合作社进一步完善生产条件。合作社实行的"六个统一"，即统一生产标准、统一提供良种鸡苗、统一饲料供应、统一疫病防治、统一品牌包装、统一销售，使养殖户得到了实惠，增加了社员的收入。其次，习近平总书记在谈到脱贫攻坚工作时强调，发展产业是实现脱贫的根本之策，要把培育产业作为脱贫攻坚的根本出路。要使当地人脱贫致富，能人带头、龙头拉动、规模引领是精准脱贫的成功路径，专业合作社这种生产方式能通过利益联结，把贫困户"黏"在产业链上，分享二三产业的增值收益。农民是最典型的"经济人"，最讲眼见为实，跟他们讲十遍，不如让他们看一次。卢长健的富裕，是看得到、看得懂、学得会的范例。

农业的发展，不能以牺牲环境为代价，阿健生态养殖专业合作社的实践证明，产业链的延长，不仅不是合作社的负担，而且还是合作社降低成本、增加盈利的重要组成部分。

发展绿色生产　打造魅力乡村

——虞城县幸福种植专业合作社

合作社位于河南省虞城县郑集乡褚庄村。该区属暖温带气候，四季分明，降水、热量、光照充裕，土层肥厚，地下水位浅，是粮食主产区。优越的位置，丰富的劳动力资源，良好的经济、技术基础，农户浓厚的市场意识和科技致富意识，这些因素对休闲农业的建设都十分有利。

一、成立背景

虞城县幸福种植专业合作社于 2013 年 4 月创建，注册资金 1 112 万元，入社成员 142 户，流转土地 2 000 多亩。创建了"合作社＋公司＋基地＋农户＋乡村旅游和休闲农业"新产业新业态模式。该合作社建立在多家农业经营主体基础之上，有商丘德信农业发展有限公司、商丘志合养殖有限公司、虞城县幸福童依乡村观光旅游有限公司、幸福家庭农场，形成了一个集绿色养殖、休闲养生、生态旅游于一体的产、供、销集约化规模集团公司。

园区内基础设施完善，水、电、路、网、环保等配套齐全，2016 年经县人社局批准成立了幸福种植合作社创业孵化园，吸引 26 个会经营、懂市场的返乡农民工入园共同创业。现在园区内同产业经营主体 6 个以上，安排周边村再就业人员 200 多人。园区现已建成标准化温室大棚 30 个、春秋棚 40 个、露天散养土鸡场 2 个、现代标准化可容纳 5 万只蛋鸡养殖场 1 座。实现种养一体化及休闲观光、采摘、农事体验、科普教育、康养度假、旅游等产业新模式。

园区年产蔬菜 4 000 多吨、土鸡年出栏量 20 000 余只、蛋鸡场年总产值 620 万元。2016 年底合作社资产总额达 1 800 万元，实现经营收入 4 864 万元，实现可分配盈余 624.6 万元，向合作社成员进行盈余返还 365 万元，合作社成员年人均增收 8 036 元，带动周边农户 1 000 多户，人均增收 3 000 多元。

二、主要做法

合作社以服务成员、致富农民为宗旨，通过资源有效组合和集约化经营，实现产业化经营、专业化生产、市场化运作，使无公害果蔬蛋产业不断发展壮大，为当地的经济发展注入了新的活力，成为了当地新的经济增长点。

（一）注重品牌建设，提高知名度

合作社 2013 年注册了"幸福童依"牌商标，生产的黄瓜、辣椒、番茄、鸡蛋等十类产品 2014 年 7 月通过农业部无公害农产品认证和无公害农产品产地认定，2015 年 8 月通过 ISO 9001 ： 2008 国际质量体系认证。产品销往河南、河北、山东、安徽、内蒙古等十多个省市和地区。园区目前已形成无公害种养一体化的生态农业园，被商丘定位为休闲、观光、采摘、体验、餐饮、度假、旅游示范基地。

2014 年被农业部认定为第四批"全国一村一品示范村镇"；2015 年被农业部认定为"全国农民合作社加工示范单位"；2015 年、2016 年被中国人口福利基金会确定为"幸福工程——救助贫困母亲"行动项目示范基地；2016 年被农业部等九部委认定为"全国农民合作社示范社"；2016 年 8 月被国家旅游局确定为全国"合作社＋农户"旅游扶贫示范项目；2016 年 7 月荣获中国好项目组委会暨中企路演总部基地 10 强企业；2014 年 3 月，被河南省电视台评为"农业科技先进示范合作社"；2015 年 3 月被省农业厅推荐为"全国百个农产品品牌公益宣传"单位。

集团公司董事长褚献委 2015 年被国务院农民工作领导小组评为"全国优秀农民工"；被国家旅游局评为"中国乡村旅游致富带头人"；2016 年被商丘市委宣传部、共青团商丘市委等 8 家单位授予"商丘市大众创业万众创新十大杰出青年"，同年 8 月，被河南省人民政府授予"河南省农民工返乡创业之星"；第十三届虞城县十大优秀青年；首届虞城县道德模范。

（二）不断提升绿色生产力，创新发展理念

几年来，合作社牢固树立"创新、协调、绿色、开放、共享"的发展理念，以促进农民就业增收，满足居民绿色、休闲消费需求，建设美丽休闲乡村为目标，以激发消费活力、促进产业升级、实施产业脱贫为着力点，依托田园风光、乡土文化等资源，坚持农耕文化为魂、美丽田园为韵、生态农业为基、创新创造为径、古朴村落为形，推进农业与旅游、教育、文化、健康养老等产业深度融合，发展观光农业、体验农业、创意农业等新产业新业态，为农业强起来、农民富起来、农村美起来做出更大贡献。

2017 年 2 月 17 日，幸福种植合作社在郑州中原股权交易中心成功挂牌上市，成为全省首家上市挂牌的农民合作社，成功挂牌标志着合作社从此登上资

本市场的舞台，实现了产业经营与资本运作相结合。2017 年 3 月新上无土栽培和营养餐厅两个项目，为休闲观光旅游奠定了坚实的基础。这一行为也不断提高了合作社的名声，为合作社的品牌做无声宣传。

（三）加强质量监管，保障食品安全

幸福种植专业合作社主要种植反季节蔬菜，为了保证社员都会种菜，合作社派人专门去山东寿光考察、学习种菜技术，并请当地种植能手当技术员，指导社员。合作社为保证蔬菜达到无公害级别，对合作社成员实行每个大棚保底 1.5 万收入，如果实际收入超过标准，再与社员按照 6∶4 的比例进行分成，其中合作社承担所有的农药、农家肥等农资用品。合理的利益分配机制增加了社员种菜的积极性，而且也使他们更愿意依照严格的标准种植蔬菜。此外，合作社种植无公害高效新品种蔬菜，实行统一供种、统一技术、统一管理、统一销售。规定社员不允许使用化肥、除草剂、催熟剂等影响蔬菜品质的农资，所使用的肥料均来自合作社养殖场产生的农家肥。严格的质量监管体制使得合作社的蔬菜品质得到一致好评，当地政府部门也主动为合作社与超市对接提供机会，降低合作社进入超市的成本。

（四）互联网＋生态认养，创新经营模式

合作社实施"贫困户养殖＋公司管理＋客户认养"的模式，向客户提供生态黑猪肉，这种认养模式养殖的生态黑猪与普通方式喂养区别很大。所谓"认养"，就是顾客通过微信公众号，以指定的价格认养在园区散养的生态黑猪，认养成功后可获赠指标内的生态土鸡两只，被认养的土鸡所有权属于你，在认养期间可以免费入园游玩。认养的生态猪，喂食合作社种植的饲料玉米、大豆，一方面控制了饲料的安全营养，另一方面保证猪肉的健康及好的口感。认养客户可以通过安装的视频监控系统，每天观察认养小猪的状态，使人"养的开心、吃的放心"，真正体验山区农村自给自足的生活乐趣。

三、经营成效

（一）休闲农业的发展使合作社闯出了自己的品牌

河南省虞城县郑集乡褚庄村是当地的一个小村，并不为人所知。休闲农业的发展使该合作社在整个县城广为人知，带动了反季节蔬菜采摘热，彩色的茄椒、橙红的西红柿、果味茄子，让消费者流连忘返，消费者通过观察种植、施肥方式，品尝采摘成果，加深了对无公害产品的认识，记住了"幸福童依"这

个品牌，也为合作社的产品顺利进入超市创造有利条件。合作社同时被商丘市定位为休闲、观光、采摘、体验、餐饮、度假、旅游示范基地。

生态种养成就魅力乡村。合作社的幸福农庄是提供生态、休闲和旅游等服务的农场，这个农场有山有水，能休闲和娱乐，同时提供生态肉和果蔬。通过主打生态品牌，从而吸引各方游客，打造魅力乡村。生态种养使得耕地得增加、农民得实惠、发展得空间、产业得集聚、生态得提升，这正是魅力乡村建设发展的初衷。

（二）严格的质量控制使农产品受到欢迎

幸福种植专业合作社建立时间不长，三年来始终坚持品质第一，严格要求入社成员按照无公害标准种植蔬菜，实行统一供种、统一技术、统一农资。无公害鸡蛋一直保持 8 元/斤的价格，产品销往河南、河北、山东、安徽、内蒙古等十多个省市和地区。

（三）带动一方群众脱贫致富

2015 年、2016 年合作社园区被中国人口福利基金会确定为"幸福工程——救助贫困母亲"行动项目示范基地，由合作社和当地政府共同出资贷款给贫困家庭的母亲，使其以此为资本，加入合作社。目前为止，已帮助 157 户贫困母亲。2016 年 8 月被国家旅游局确定为全国"合作社＋农户"旅游扶贫示范项目，以休闲农庄为基地，发展生态绿色休闲农业，直接受益群众达 2 000 人。

四、启示

（一）合作社应重视发展品牌

农业的发展能力怎么保证？必须通过打造"品牌农业"来建设品质农业，最终在市场才能站稳脚跟。而农民普遍没有认识到品牌建设在现代农业发展中的战略地位和作用，促进品牌化发展的新思维、新办法和新手段不足，导致种地赔钱。显然，虞城县幸福种植专业合作社认识到品牌建设的重要性，始终做到从不同的角度宣传品牌，打造品牌农业，把产前、产中和产后各环节纳入标准化管理，形成农业品牌全程管理体系。

（二）合作社应不断创新农业发展模式

合作社以农业为基础，将农业和旅游业相互结合，在充分利用自然资源改变单一农业结构的基础上，通过规划、设计与施工，把农业生产、农艺展示，农产品加工及市民参与融为一体，使城市居民充分享受农业艺术与自然情趣。幸福种植合作社的绿色休闲观光农业跳出了大多数休闲农业单一重视绿色观光产品的开发模式，不但获取了经济利益，也丰富群众的精神生活，创新体验性、文化性和教育性。

点　评

幸福种植合作社主营种植业，通过严格的标准化生产管理使得产品获得良好的口碑，品牌得到市场认同，其后利用产生的品牌效应开发了绿色休闲观光农业，将无公害农业示范园与旅游业进行整合，通过重新规划，融入"观光休闲"的旅游理念。示范区构建除农产品生产功能外的观光采摘、休闲度假、农事体验、农业科教、娱乐购物等五类休闲产品项目，建设新型农业产业旅游功能体系，全面提升"高效农业示范区"的附加值，同时，又不断融入新的事物，如生态猪认养项目，可以使消费者全面观察到畜牧业的生产经营活动的全过程。这种新的发展模式，把农业建设、农艺建设、产品加工及旅游者广泛参与融为一体，使合作社变单一功能的"生产园"为多功能的"农业观光休闲园"，加快农业由传统方式向现代农业方式的转变。合作社在发展绿色休闲农业时应注重深入挖掘当地农村的自然资源和文化资源，创新体验性、文化性和教育性产品。发展绿色观光农业，要因地制宜，突出当地特色，利用区域自然资源和传统文化等本地特点，合理探索开发绿色观光旅游产品，进行科学的绿色观光农业规划，景区建设应保留其原有的乡土和村野特色。

植保合作社为丰产增收保驾护航

——杞县大丰收植保专业合作社

一、基本情况

杞县大丰收植保专业合作社成立于 2008 年 4 月 11 日，注册资金 570 万元，会员 108 名，其中农民会员 106 名，城镇居民 1 名，企业法人 1 名，法人代表刘振林。当前，合作社的主要成员是由农村科技带头人、种植大户、家庭农场、农资经销商、农业技术人员等组成，辐射范围在全县 22 个乡（镇、集聚区），72 个行政村。成立至今，合作社已在官庄乡、泥沟乡、平城乡郭君村设有 3 个分社。合作社办公室配有电脑 3 台、投影机 2 台、技术宣传车 2 部、自走式喷药车 15 台、无人智能喷药飞机 6 台，聘请专家顾问中高级农艺师 26 人，建有无公害辣椒、黄瓜、南瓜、大蒜、小麦等示范基地 5 个。当前，合作社年服务经营产值 200 余万元，2016 年社员平均年收入 8 000 多元。

合作社发展主要经历两个阶段：第一阶段（2008 年成立至 2012 年），主要搞好农作物病虫害技术推广与服务，引导社员开展统防统治；第二阶段（2012 年至今），在完成好病虫害统防统治基础上，开展了玉米、小麦、蔬菜新品种引进和绿色无公害示范基地建设工作。目前合作社的主要业务范围是：为成员提供农作物病虫害防治和技术培训，新技术推广；农作物（小麦、玉米、花生、大蒜、蔬菜）种植销售；无公害农产品销售，接受政府及其他机构委托，为成员实施综防、统防及其他涉农补贴项目。

合作社成立以来，先后被评为"开封市农民专业合作社示范社""河南省农民专业合作社示范社""河南省科学技术协会科普示范基地"。2013 年，合作社被农业部评为"国家级农民专业合作社示范社"。

二、适时改进防治技术，推动农作物病虫害统防统治

（一）进行公益性农作物病虫害统防统治

2008 年春季，合作社在杞县泥沟乡开展公益性 2 000 亩小麦防控示范区病虫害防控技术指导。防治做到"五统一""五到位"。技术方案、技术指

导、宣传标牌、物资配套、防治行动"五统一"。做到思想、组织、物资、技术、行动"五到位"。之后，合作社每年都要进行小麦、玉米病虫害公益性防控行动。

(二) 以植保无人机飞防代替自走式喷药车防治

2016 年之前，合作社在为农户提供植保服务时一直采用传统的机械喷雾防治方式，随着无人机的兴起和应用，合作社意识到无人机在病虫害统防统治方面的巨大市场潜力，于 2016 年购置了 2 台植保无人机开始飞防业务。为了保证防治效果，在飞防时，合作社多是整村统防统治，根据高低秆作物以及地形来收取服务费，当年实验飞防 1 万亩，效果好于传统防治。以小麦为例，在小麦即将成熟时发生病虫害的话，通过飞防施药，一亩地要增产 50 斤，飞防取得良好的经济效益和社会效益，增强了合作社的知名度。在此基础上，2017 年合作社又购置了 4 台植保无人机，全面推开无人机飞防业务，专门配备 8 名业务人员负责联系飞防业务，合作社在当地的影响力越来越大，服务区域也逐步扩大，飞防服务扩大到许昌、安徽等地，飞防 3 万余亩。

(三) 多措并举确保统防统治效果

一是根据农作物生长规律，不同时期发生的病有一定的自然规律，聘请农业局植保专家进行技术指导，确定对于农作物病虫害施药时间点和农药的配比，由飞手 (无人机的操控者) 进行飞防操作。二是统一购买飞防农药。植保无人机飞防需要专门农药，在杞县植保站的推荐下，合作社直接与厂家对接，购买了安阳全丰无人机生产厂的无人机和二三万元的农药，每天可以防治 300 多亩。与厂家直接对接，减少了中间环节，降低了成本，同时也保证了农药质量。三是培训飞手。飞手对无人机的操控能力高低会影响农药的防治效果，合作社非常重视对飞手的培训和教育。在购买无人机的时候就派人到厂家接受无人机操作培训，合格者获得操作证才能成为飞手，也只有拥有操作证的飞手操控无人机出现损失时保险公司才会赔付 (合作社为无人机都上了保险)。目前，合作社有 12 名飞手，每个飞手都会按植保专家要求配比农药，实施无人机统防统治。

(四) 进行无人机飞防实验，寻求有效的飞防方法

2016 年合作社在 100 亩玉米地进行了玉米除草剂飞防实验取得成功并开始实际应用。正是这些措施确保飞防的效果，使得合作社赢得了口碑。

■■【链接】植保无人机在农业领域的应用

近年来，植保无人机在农业领域越来越火，其原因有两个方面：一是植保无人机价格较低，很多地方的农户能够承受，而且部分地区直保无人机被纳入农机补贴范围，让无人机进一步得到推广；二是农业飞机高效节本，对作业人员无伤害，受到很多农民的青睐。

与传统防治相比，植保无人机具有作业高度低，飘移少，可空中悬停，无需专用起降机场等特点，由于旋翼产生的向下气流有助于增加雾流对作物的穿透性，使叶片正反面着药，提高防治效果，而且远距离遥控操作，提高了喷洒作业安全性，据使用者测算，一架飞机大约可以顶 50 个人的工作量。植保无人机较传统防治可节约清水 90%，飞防农业可降低 30% 的成本。在植保效果上，以水稻为例，一般水稻生长期需要 5 次农药防治，而用植保无人机和一定配比农药，生产期最好的效果是只使用一次农药防治。与此同时，由于植保无人机距离农作物只有 2～3 米，避免了下田作业，对农作物根系又起到很好的保护作用。

大丰收植保专业合作社监事长梁国付说："以前农民都是背着药箱喷洒农药，不仅效率低，药箱还很重，背着特别累，一出汗有些农药就容易进入皮肤，对人体有伤害，现在有了无人飞机，喷洒农药就变得简单多了，农民很愿意花个十来块钱请人飞防。"

三、建设无公害示范基地，大力推广农作物新品种

大丰收合作社自成立以来，最大限度地为成员谋利。多方努力，开展各类服务，特别致力于农业新技术新产品的推广应用。采用"合作社＋基地＋农户"的社会化服务方法，积极引进农作物新品种、新技术，建立辣椒、小麦、大蒜、花生、设施农业等无公害基地，以基地的示范效应向农户推广新品种、新技术。通过订单农业组织生产，派专业技术人员全程指导，并按照和农户签订的市场回收价统一回收。农户的利益得到保障，采用新品种、新技术的积极性也被调动起来。虽然合作社在无公害示范基地种植新品种人工成本较高，并不划算，但示范效应明显。具体而言，主要有以下几个方面：

（一）建立小麦、"蜜本南瓜"、黑皮冬瓜示范基地，带动效应明显

通过土地流转，合作社于 2015—2016 年建立了"郑麦 0943"小麦高产示范基地，该品种是河南省农科院许为钢博士培育通过审定的小麦新品种。2015年引进推广面积 3 万余亩，2016 年亩产达 1 000～1 200 斤，亩节本增效 100

元，仅"郑麦0943"就带动广大会员增收300万元，2016年引进推广了5万亩。"郑麦0943"高产品种的引进推广，得到了广大农户的认可和好评，促进了杞县小麦种植水平的提高。

2014年以来，合作社引进推广了"蜜本南瓜"新品种的种植，主要推广了广州科田种苗有限公司生产销售的"金川2号"蜜本南瓜F1新品种。"蜜本南瓜"在杞县一般亩产5 000千克，按保守价格0.6元/千克计，亩效益3 000元；而种植常规玉米等作物，按每亩750千克玉米计，最多有1 000～1 300元收益，扣除基本成本费500元左右，种植蜜本南瓜亩增效1 500元左右，经济效益极佳。按2014—2015年连续两年的官庄、宗店等乡村种植推广面积2 000亩（2014年500亩、2015年1 500亩）计算，2014—2015年带动会员增收300万元以上，2016年推广面积2 000亩以上，会员增收300万元。"蜜本南瓜"F1的引进种植，顺应了农业供给侧结构性改革的需要，填补了杞县乃至河南省种植技术推广的空白，为河南省瓜菜特色种植技术的推广应用增添了新的品种，有力促进了杞县特色瓜菜种植技术的提高，促进了杞县农业增效和农民增收。该"蜜本南瓜"F1新品种种植已列入开封市科技发展计划项目。

合作社在2015年引进广州科田种苗有限公司生产销售的"铁心168"黑皮冬瓜，该冬瓜为优质高产耐贮中晚熟杂交种，果实炮弹形，瓜形瘦长，单瓜重15～20千克，肉厚、肉质致密、空腔小，田间表现抗枯萎病、疫病，极有种植价值。2016年合作社在杞县、濮阳推广种植100亩黑皮冬瓜，并保证收购、统一销售，为会员增收81万～93万元。"铁心168"黑皮冬瓜项目的引进，为杞县农民找到了一个好的种植品种，有力地促进社会经济发展，产生良好的经济效益和社会效益。

（二）引进推广种植玉米、花生新品种，为粮油高产高效做贡献

近几年，大丰收植保专业合作社按照章程规定，不断为会员（农民）提供高产、稳产、抗逆（多抗）、广适的玉米和花生新品种等。

一是，引进推广河北兆玉种业有限责任公司生产的赵劲霖老师经过多年选育的大穗、抗病、抗倒型玉米新品种——蠡玉88玉米种，该品种自推广以来，历经高温、干旱、多雨寡照，锈病斑病，表现始终良好，高产稳产，平均亩产1 600斤以上，蒜茬达1 800～2 000斤的水平，是一个不多见的高产稳产品种。杞县年种植面积8万～10万亩，每亩比一般品种增产200～300斤，为农民高产高效做出了积极贡献，深受农民欢迎。2016年又引进推广山东爱农种业有限公司生产的"德瑞29"红轴大棒高产品种，年推广面积3万多亩，突出表现为叶片浓绿，高抗粗缩病，抗性好，产量高，产量为每亩1 800斤以上，是

一个名副其实的高产品种。

二是，2015—2016 年还引进推广了开封市农科院开农系列花生种，特别是开农 69 花生种的推广种植，农民亩产蒜茬 800～1 200 斤，同时还引进推广了郑花 9414、郑花 9719 等大果花生，还有花育 25 等农民最喜欢的花生种，为杞县结构调整、农民增收做出了贡献。合作社还计划引进推广花生新品种 2 个，其中一个是河南省秋艺种业有限公司花生新品种"秋艺花 505"，该品种属早熟直立大花生，亩产 400 千克以上；另一个花生新品种是开封市农科院花生研究所培育推广的"开农 69"，亩产可达 400～500 千克。

三是，积极推广新型肥料"肥减半生物菌肥"。"肥减半生物菌肥"是新型多效高能肥料活性剂，具有疏松土壤、促进酶的活性、减肥量、提肥效、节投资、促高产功效。2017 年"肥减半"大蒜专用肥在杞县推广使用取得初步成效，将是今后合作社大力推广的新型肥料。

四、加强技术培训，实施科学种田

大丰收植保合作社自成立以来，坚持"以人为本，科技支撑"的理念，采取多样化的技术培训方式提高社员农户的素质，学会科学种田。一是举办技术培训讲座和观摩会。在农作物生长关键季节，邀请省市县农业专家深入乡村田间地头举办各类技术培训讲座；经常组织种子使用、肥料施用效果观摩会，举办了郑麦 0943 高产高效栽培技术观摩会 2 次，每次 200 人；推广了玉米高产品种蠡玉 88、德瑞 29 等新品种。二是承接农业系统培训项目。承接阳光工程农业技术培训项目 200 人次。三是建立科普宣传骨干队伍，建立科普培训室，购置科普图书资料，并配备了宣传车。四是通过广播、电视、报纸等媒体和印发资料、出动宣传车，参加科普宣传周等活动，加大科普宣传力度。合作社通过多种多样的培训形式不断提升社员科学种田水平，使社员中涌现出一大批懂技术、有能力、懂经营、会管理、长期奋战在农村第一线的社员。主要有：生姜引进杞县第一人的种植大王杜远海，农资经营服务能手、科技示范户司学功，宋城大蒜脱毒繁育推广专家刘善功，蜜本南瓜引进推广第一人潘孝水，农作物病虫害黄瓜栽培高产解决方案专业种植能手张伟，等等。这些都是奋战在种植战线上的标兵、农民致富的带头人。

五、建立农作物秸秆收储体系

近年来，秸秆焚烧带来的污染问题日益受到社会各界的广泛关注。实际上国家从 1999 年就明令禁止焚烧秸秆，但屡禁不止，因焚烧秸秆被拘留的大有人在。从理论上，秸秆可以做有机肥、可以做饲料、可以造纸、还可以生产沼气，农民为什么非烧它不可？农民首要担心的问题是成本太高，把秸秆还田需要多加两道程序——一是把秸秆粉碎，二是要把土地深耕，将秸秆埋在地下。而目前农民普遍采用的是浅耕，因为深耕的费用要高一些。除了经济成本，秸秆还田在下一轮作物种植中也会遇到麻烦。比如，在机械收获作物时，通常是把秸秆直接粉碎还田的，如遇到晚上收割粉碎还田，秸秆粉碎程度较低，再加上湿气大，在种植下一轮作物时很容易生虫，需要防治。大丰收植保专业合作社 2016 年春季经紧急筹备，在杞县建立了秸秆收储中心五个，每个收储点占地 15 亩，购置打捆机等设备 10 多台套，对小麦玉米等农作物实行机械化打捆收储，每捆 20 斤，类似于以前农民收割打捆堆放。收储的秸秆主要卖给养牛户，每斤 5 元；合作社还与山东泉林本色公司签订了供货订单，每年向泉林本色公司供应 1 000 吨的秸秆；还有一些既不能喂牛，也不能用于造纸的品质差的农作物秸秆卖给了生物电厂用于发电。每个收储中心年可实现利润 50 万元，五个点可实现利润 250 多万元。大丰收植保专业合作社为农作物秸秆利用找到了有效途径，既可增加合作社收入又保护了环境，实现了经济效益和社会效益的双赢。当前，合作社已升级改造秸秆收储体系，根据杞县秸秆综合利用产业化布局和农用地分布情况，计划投入 3 101 万元，升级建设秸秆收储场五个，扶持秸秆经纪人专业队伍 50 人，配备地磅 5 台、粉碎机 50 台、打捆机 50 台、叉车 10 台、消防器材 5 套、运输车 50 辆等设备设施，实现秸秆高效离田、收储、转运、利用。已申报"十三五"规划储备项目。

六、启示

（一）植保合作社在农作物病虫害统防统治上应大有作为

植保统防统治不仅是农业现代化的必由之路，也符合当前农村生产力发展水平的要求。实现农作物病虫害的统防统治，是多少年以来众多植保工作者的美好梦想，也是新形势下农业发展的必然方向。因为，只有实现统防统治，才能解决劳动力转移后病虫害防治的后顾之忧，使外出人员安心务工、经商，才能从源头上控制农作物病虫的发生与危害，才能减少农药的使用次数和使用量，减少环境污染，降低农药残留对人体健康的危害，实现农业的协调、可持续发展。植保统防统治说起来容易做起来难，由谁来统防统治是关键。由政府出面，农民当然欢迎，但政府财力无法承受；由农户自身来做，由于农户自身的特点，不现实，也不可能实现。杞县大丰收植保合作社在统防统治方面的做法得到的农民的认可，值得我们借鉴。之所以农民容易接受合作社的统防统治，其原因可能在于：一是合作社防治技术比较先进，如大丰收合作社的植保无人机，既提高了防治的效率，也减少了农药对人体的伤害；二是合作社施药的操作者都经过专门的培训，能够保证施药的效果；三是合作社是农户自愿组成的组织，只要服务跟上，多为农民考虑，让农民得到实惠，很容易得到农民的认可。因此，在植保统防统治方面，植保合作社大有可为，但其发展还需政府有关部门的扶持和监督。

（二）植保合作社是新形势下农业技术推广的主体之一

根据我国《农业技术推广法》中的定义：农业技术推广是指通过试验、示范、培训、指导以及咨询服务等，把应用于种植业、林业、畜牧业、渔业的科技成果和实用技术普及应用于农业生产的产前、产中、产后全过程的活动。我国是农业大国，农业要发展，农村产业要繁荣、农民要增收都离不开农业技术推广，也是我国实现农业现代化和规模化的有力支撑。农业技术推广是一个庞大的体系，需要多方主体的参与。农民专业合作社作为农民自愿联合的经济组织，在参与推广农业技术方面有着必然性，为满足自身的需求和成员需要，合作社会积极进行农业科技试验和示范，通过技术统一、管理统一、市场统一等服务管理，有目的地引导成员按照标准化生产要求使用农资，进行生产，能够有效地提高农业技术推广的效率。从大丰收植保专业合作社的实践看，农民专业合作社不仅仅是农业技术推广的主体，更是农业科技成果转化的平台和农业科技自主创新的基地。"郑麦0943"、"蜜本南瓜"、"铁心168"杂交黑皮冬瓜、蠡玉88玉米种、开农69花生种、"肥减半"生物菌肥等新品种、新技术无一不是在合作社示范带动下，获得农民的认可，从而推广开来大面积种植的，取得了良好的经济效益和社会效益。

■ 点 评 ■

农业现代化要求区域化布局、专业化生产、标准化管理、产业化经营和社会化服务。农业社会化服务是农业现代化的重要标志和必由之路，而植保社会化服务是其中的重要环节，由于诸多因素制约，其难度非常大。大丰收植保专业合作社在植保统防统治和农业新技术新品种推广等社会化服务方面进行了有益的探索。具体主要体现在三个方面：

其一，全面推行植保无人机作业。植保无人机作业喷洒效果好、施药效率高，"飞防"模式可避免农药中毒风险，更加安全环保，适合大面积作业，实现了植保的统防统治，成为受农民欢迎的"田保姆"。

其二，合作社成为农业技术推广的主体，也是农业科技成果转化的平台。合作社为了自身目的，也为了满足社员的要求，会以最快的速度接受最新技术，并积极引进和运用，进行推广试验、示范和培训，使得每个成员都能对新技术试验、示范效果有一个清楚的认识和了解，防止由于新技术的应用不当而造成的损失。大丰收植保合作社在新品种、新技术推广方面示范效应显著。

其三，合作社注重对社员农户的技术培训。建设现代农业，最终要靠有文化、懂技术、会经营的新型农民，农业技术培训是提高农民素质的有效途径，植保合作社在农民的技术培训方面应当发挥其积极的作用。大丰收植保专业合作社丰富多彩的培训方式，提升了社员和其他农民科学种田的水平，涌现出一大批懂技术、有能力、懂经营、会管理、长期奋战在农村第一线的会员，合作社在农户的成长中发挥了重要作用。

"地保姆"解决谁来种地问题

——项城市红旗农资专业合作社

一、合作社概况

项城市红旗集团是国内一家有名的农资企业。由于国家近些年来对农药、化肥的使用量控制严格，要求实现"零增长"，国内的农资市场趋向饱和。于是，从 2010 年开始，红旗集团董事长栾玉亭考虑到政策和土地流转等市场形势的变化，打算推动企业转型，拓展大肥料领域，实现功能性肥料和大肥料的有机结合，由生产企业转化为服务企业。经过三年的行业探索与交流，2013 年 1 月，栾玉亭牵头成立了集办公、培训、物流、服务为一体的新型农业经营主体——红旗农资专业合作社。合作社注册资金为 1 000 万元（成员出资额为 5 000 万元），注册地址为项城市 020 县道南 50 米（红旗集团所在地）。栾玉亭为法人代表，任合作社理事长。

红旗合作社成立以来，依托红旗集团先后投资 1.3 亿元，建成标准化研究开发中心 2 000 平方米、标准厂房 6 000 平方米、仓库 14 500 平方米，引进新型电脑程控测土配方肥生产线两条，年生产能力高达 30 万吨。在中国，一家农民合作社的农资生产能力达到这个程度是史无前例的。运营三年来，共发展社员 105 户，辐射带动农户 3 500 余户，农作物种植面积达 6 000 余亩。拥有农业机械 300 多台，其中东方红 1 504 机 100 台、1 304 机 20 台、1 100 机 60 台，用于土地深耕深松、秸秆还田、播种，弥雾机 60 台、无人植保机 20 架、自走式喷洒机 40 台。资产总额达 10 161 万元，实现经营收入 14 457 万元，盈余分配 1 407 万元。2016 年被评为国家级农民专业合作社示范社。

二、主要做法

（一）股权结构及管理机制

合作社实行股权治理，按出资比例担任合作社的具体职务。栾玉亭任理事长、位克志任副理事长、凡文忠任理事；李中印任监事长，崔丹丹、栾伟华任监事。其中栾玉亭出资 2 400 万元，占总股权的 48%；位克志出资 2 150 万元，占总股权的 43%；李中印出资 100 万元，占总股权的 2%；崔丹丹出资 50 万元，占总股权的 1%；韩运强出资 50 万元，占总股权的 1%；栾显锋出资 50 万元，占总股权的 1%；韩光出资 50 万元，占总股权的 1%。

红旗合作社按照《农民专业合作社法》和合作社章程规范运行，经成员大会成立了理事会、监事会，下设采购部、供应部、财务部、营销部、业务发展部和办公室五部一室，按照职能建立了相应的规章制度。各部门对成员大会负责，受成员大会监督。合作社定期召开成员代表大会，解决发展中的问题。成员大会选举或决议时，成员表决超过半数即为通过。成员大会授权理事会负责具体生产经营活动。

成员大会每年召开至少两次，行使成员大会的基本权利——修改章程；选举或罢免理事长、理事、监事长、监事成员；决定重大财产处置、对外投资以及生产经营中的重大事项。对所议事项的决定做成会议记录，出席会议的人员在会议记录上签名。成员大会严格遵守一人一票的基本原则，同时，出资额较大的成员依法享有不超过基本表决权总票数的百分之二十的附加表决权。

合作社设立专门的财务机构——财务部。由财务部定期向理事会报送财务和会计报表，一般为一年一次或两次，定期向社员公示财务状况。红旗合作社财务独立，脱离红旗集团公司单独进行财务核算，按财务制度提取公积金、公益金、风险基金以及发展基金。

（二）创新机制，一村一社

红旗合作社本质上是红旗集团转型发展的产物。红旗集团作为农资企业，在实现自身经济效益的同时也在为农户提供农资服务，由于农户和企业是不平等的市场主体，很难实现平等对接，于是，红旗合作社营运而生。由于"三农"问题的复杂性，企业型合作社很难收获农户的相信和认同。为了在农村扎根，红旗合作社充分利用"熟人效应"：依托当地声望较高、信誉较好的农户，以行政村或者种植大户经营的土地为单位成立村级合作社，由此合作社的服务得到了很好的延伸和落实。红旗合作社为村级社提供各项农资、机械、技术等，各村级社自行为社员以及农户提供服务。这种分层管理、独立运营既实现了高效化，也能有效增加红旗集团的市场份额。

村级合作社的成立条件为：自愿加入，签约土地在 1 000 亩以上，单片土地不少于 100 亩。村级社社长待遇实行保底工资加提成的办法（工资每月 3 000 元，按照农资销售额的 10% 提成）。

合作社为村级社统一配置农机，每套农业机械的服务能力为 2 000 亩。农机所有权归红旗合作社，村级社租赁使用，每年向红旗合作社缴纳租金（折旧费和利息），使用期限为5年，使用期间维修费和油费由村级社负责，合同期满考察合格后农机免费赠送村级社。

每季收获后，村级社可将粮食交到合作社指定的收储仓库，除去托管服务费用的剩余部分农民可以取粮、兑现或者储存到粮食银行，粮食价格保证不低于市场价。服务费用是在作物生长周期结束后收取，收益部分按照红旗合作社30%、村级社70%的比例进行分红。

截至2016年年底，红旗合作社已经建立150个村级社，分布全市15个乡镇466个行政村，托管土地面积达16.8万亩。

（三）业务范围

红旗合作社为农户提供的服务主要包括以下四项：

一是农资供应。合作社按照高产方案统一供应种子、农药、化肥。价格方面，相对于同质量农资市场价降低10%。合作社依托红旗集团，一方面可以控制成本和保证质量，另一方面由于没有中间环节，不再有"层层加价"，实现了"物美价廉"。红旗合作社还建立了农资物流中心，直接将农资供应到村级社甚至是农户家，让农户享受到足不出户的服务。

二是技术服务。合作社与中国农业大学、周口市植保站、土肥站等建立了合作关系，为农户提供技术支撑。合作社成立了专家技术团队，建立了信息服务平台，为农户免费提供高产种植方案，包括测土化验、配方施肥、技术培训等全程跟踪服务。

三是机械服务。合作社向村级社提供了整套的现代农业机械，为农户提供从种到收的全程机械服务。为了解决农机维修难的问题，合作社2015年成立农机维修站，制定维修制度，购置了专业的农机维修设备，聘请职业维修工6名，定期到村级社以及各农机、植保服务队进行维修服务。

四是植保服务。合作社的植保活动包括合作社的植保服务队的植保服务和各村级社的植保活动。合作社依据市植保站发布的病虫情报，每次防治前对防治区域调查取样，针对病虫草害发生的实际，对植保人员进行病虫草防治技术培训，防治中、防治后检查防效，保证防治的有效性。2014年在市植保站专家指导下，积极开展农作物病虫害防治技术推广活动，参加农业社会化服务项目竞标，推进小麦、玉米、大豆统防统治工作。2016年中标并实施农作物病虫害统防统治2万亩，秸秆还田12万亩，深耕深松12万亩，提升了病虫害防治效率，提高了粮食产量。

（四）土地托管

粮食作物种植本小利薄，许多合作社在经历过流转土地之后，都选择了只提供土地托管服务。红旗合作社成立之初流转了 6 000 亩土地（当地土地流转费用为每亩 1 100 元），连年亏本。鉴于此，红旗合作社不再进行土地流转，转而一心一意地发展土地托管服务。

红旗合作社的土地托管服务分为半托和全托两种形式。半托也就是菜单式托管，是农户把农资、农机、农技中的部分项目托付给合作社；全托是农户把全部生产环节交由合作社代为管理。合作社根据耕地的质量，为托管农户承诺保底粮食产量 800～1 000 斤/亩，粮食产量超出保底的部分归农户所有，合作社不参与超出部分的分红。

服务以合同形式约定内容，通过集约化、规模化运作管理降低生产管理成本，在不改变农民土地承包权和收益权的前提下，实行统一耕种、统一病虫害防治、统一收割、统一分配的全程土地托管服务，完成农民托付的各项服务，解决了农户因劳动力缺乏、无力耕种承包田的问题，提高了病虫害的防治效果，作物产量也得到大幅的增加。目前，红旗合作社托管的土地数量高达16.8 万亩。以麦季为例，全托合作社收取 465 元/亩的托管费用，每亩的净利润约为 50 元左右。社员缴纳托管费用后，就可以"坐享其成"。由于灌溉无法量化处理，全托服务不包含灌溉部分。

三、经营成效

（一）实现三效统一

红旗合作社成立三年来，依托红旗集团，并在各级政府和相关部门的大力支持下，经过社员的共同努力，在平稳较快发展的同时实现了企业效益、农户效益和社会效益的有机统一。

红旗集团、红旗合作社、村级社三者建立稳固密切的合作关系，红旗集团通过合作社的发展扩张使自己的农资业务有了稳定的市场和销售渠道。合作社目前的托管面积达到 16.8 万亩，红旗集团的农资业务也随之扩张。红旗集团实现了平稳转型，保证了自己的市场份额，实现了企业的经济效益。

合作社致力于"公司＋合作社＋村级社＋农户"的农业产业化链条。以往的农资销售是经销商模式，这种模式层层剥削层层加价，最后买单的却是农户。为了去除中间环节，实现"物美价廉"，合作社建设了物流中心，打通了农企对接的"最后一公里"，有效降低了成本。农户社员通过加入合作社和村级社，得到了实惠，提高了自身的收入水平。通过专家制定的高产种植模式，农户不但掌握了科学种田技术，还实现了"双百计划"，即实现亩投资减少100元，收益增收100元。农户不仅免费享受专家指导、测土配方、技术培训等服务，还在购买农资、农机服务时享受优惠；同时，由于采用科学的种植模式，粮食产量得到明显提高。

社会效益体现在以下三点：一是通过测土配方，合理地施用化肥，减少了化肥滥用对土地和环境造成的污染；二是通过统一的深松深耕，改善了土壤结构，保证了土地的可持续能力；三是通过统一的秸秆还田，避免了焚烧现象，增加了土壤的有机质含量，同时减少了大气污染。

（二）精准扶贫

红旗合作社发展业务的同时，为项城市的脱贫攻坚做出了重要贡献。项城市贫困户共有 3 311 户，其中合作社产业股份扶贫 205 户，转移就业扶贫 500人，金融扶贫（产业帮扶）973 户（每人 1 500～2 000/月），资金扶贫 100 万元，并在全市 15 个乡镇为入社的贫困户实行"五免两优"，减免各项服务费。

如今，加入合作社的农户有 3 万多户，其中有 1300 多户建档立卡的贫困户。合作社对贫困户免收 500 元的入社费。所有的贫困户不用拿 1 分钱就能享受社员待遇。

四、面临困难及发展规划

（一）困难

一是缺乏专业人才。合作社属于新型经营主体，是服务型组织，缺乏专业的农技、运营人才；另外，合作社与农民对接，地处村镇，也很难吸引高技术人才。

二是缺乏政策和资金支持。为农户提供从种到收全程土地托管服务，需要投入大量农技、农资、农具，并且占用资金时间长、利润微薄，只凭借一己之力很难满足农业发展的需要，很难实现大幅度为农户增产增收。

三是老百姓认识不够。农民对土地托管认识还不到位，造成不能连片全托管，影响机械化操作和作业效率的提高。建议政府出面协同村负责人大力宣传，出台各种鼓励措施，鼓励农民把土地托管给有实力的新型经营主体进行全程机械化服务作业，这样不仅减少资源浪费，提高农作物产量，而且能够给农民增产增收。

（二）发展规划

红旗合作社正在丁集镇关庄投资 1.6 亿元，占地 3 000 亩，建设"种养加"项目，也就是种植业、养殖业、农产品加工业三者相结合形成一个循环经济产业链，"做强一产、做优二产、做活三产"，实现一二三产业融合发展，扩宽社员和农户收入渠道，让他们真正享受到二三产业带来的收益。

1. 做强一产

对关庄已经流转的土地实施土地平整、土壤修复、施有机肥、建设灌溉设施等措施，分块种植大豆、芝麻、玉米、小麦、蔬菜、瓜果等农作物，施用经过发酵的动物粪便作为养料，用 2～3 年从减肥减药到不施肥不打药，形成蔬菜采摘园、草莓采摘园、葡萄采摘园等，保证生产的农作物绿色无公害，保障粮食安全；养殖鸡鸭鹅羊猪等家禽、鸽子等鸟类、骆驼和驴等动物以及鱼类，形成小型动物园、鸟园，养殖过程中杜绝使用含有激素的饲料等，保证所养殖的畜禽高质量高品质。建立起一条完整的循环有机农业产业链：用优良的玉米、高粱、小麦等农作物配以专有技术生产的有机饲料来饲养畜禽，用畜禽粪便进行无害化处理，发酵制造有机肥，来种植粮食、蔬菜、水果，将植物秸秆及畜禽毛、内脏进入沼气池，沼渣、沼液再返还土壤，提高土壤的营养，减少病虫害，从而在杜绝环境污染的同时，保证产品的安全、有机，并可以实现有机农业的可持续发展。

2. 做优二产

按照标准化种植模式实行全程控制，确保三年后达到绿色农业产品质量标准，对回收农副产品进行深加工、精加工，拉长产业链条，形成从农田到餐桌的全产业链条，制造出优质面粉、高品质肉类，提高农产品附加值与经济效益，真正让消费者吃上绿色无公害放心的优质食品。

3. 做活三产

一是建设绿色餐饮业，把种植的农副产品和养殖的畜禽直接供应到餐桌上，形成从农田到餐桌的全产业链条。

二是打造绿色观光园，使种植的农作物可以对外采摘，养殖的动物可以对外观光，实现休闲农业和乡村旅游，打造农业与文化生态休闲旅游融合发展新业态。

三是利用互联网＋现代农业，发展线上销售业务，让红旗的优质产品和服务走向全国；利用合作社平台，发展线下销售业务，从而带动物流、服务等行业的发展。

四是建设温泉度假休闲会所，将以上完美结合，适应现代人们休闲娱乐享受的需要，打造出休闲娱乐度假一体的有氧会所。

点　评

红旗合作社是一个标准的农民专业合作社。至今合作社立法仅有十年，相对于国外的合作经济的发展，我国正处于合作社发展的初级阶段，合作社在发展过程中出现了各种各样的问题，比如组织结构不完善、盈余分配不合理等。当下，相对完善的合作社凤毛麟角。不过，在我国合作经济发展不完善的大背景下，红旗合作社的出现让人眼前一亮。

红旗合作社是农业企业转型的产物。2015 年中央 1 号文件明确提出了到 2020 年实现"农药化肥零增长"的要求，农资市场相对饱和。红旗集团为了开拓市场，保持自己的市场占有率和市场竞争力，积极组建红旗合作社，直接面对市场消费主体。

从性质上来讲，红旗合作社是一个资本性合作社。该合作社成立于 2013 年，成员出资总额为 5 000 万元，其中理事长与副理事长的出资额为 4 550 万元，占总出资额的 91%。随着国家对合作经济发展的重视程度不断提高，对合作社的政策性扶持和财政性扶持不断投入，资本踊跃进入合作经济市场，对我国农业合作社的发展起到了不可忽视的作用。红旗合作社运营三年来，共发展社员 105 户，辐射带动农户 3 500 余户，农作物种植面积达 6 000 余亩，资产总额达 10 161 万元，实现经营收入 14 457 万元，盈余分配 1 407 万元。三年内资产实现翻倍，这在农业领域是独树一帜的。

下面来具体介绍一下红旗合作社基本特点：

首先，在于盈利方式。一般的农民合作社盈利多来源于作物种植所产生的销售收入，合作社给农户保底产量，然后参与超出保底部分产量的分红。红旗合作社也为农户承诺保底产量，不过并不参与超出保底产量的分红；红旗合作社的收入来源于农资的销售，也就是将红旗集团生产的农资销售给农户，获取工业生产性利润，并且还拿出三成的利润分红给农户。农户不仅得到了物美价廉的优质农资，还能得到二次分红，这实实在在的利益激发了农户入社的积极性。

其次，在于组织方式。红旗合作社实际上是红旗集团的一个销售部门，红旗合作社下设村级社，实际上是红旗集团的次级销售网点。众所周知，农户和企业不是平等的市场主体，双方没有恰当的对话平台，很难进行协商。红旗合作社的这种组织方式完美地解决了这一问题：红旗集团将农资委托合作社销售，合作社通过村级社将农资直接输送到农户手中，一方面保证了农资的质量，另一方面也解决了"最后一千米"的问题。红旗合作社在项城市建立了150个村级社，辐射带动农户三万余人，服务的土地面积达到16.8万亩。

再次，在于组织能力。红旗合作社创立了周口红旗肥料有限公司、周口市红旗农药有限公司、周口中禾农业发展有限公司、项城市中禾农机专业合作社等，为社员提供农资、技术培训等服务。同时，红旗合作社组织实施秸秆还田、土地深耕、测土配肥、统防统治、土壤修复等，发展保护性耕作，对于环境保护和耕地的可持续利用十分有利。

最后，红旗合作社发展业务的同时，在扶贫方面也发挥了很大的作用：产业股份扶贫205户，转移就业扶贫500人，金融扶贫（产业帮扶）973户，资金扶贫100万元，并在全市15个乡镇入社的贫困户实行"五免两优"，减免各项服务费。这在很大程度上减轻了政府的负担。并且由于村级社深入基层，了解贫困户的基本情况，能够对症下药，真正实现精准扶贫。

就资本的逐利性而言，农业不是一个好的投资方向。以粮食种植为例，由于投入和产出的关系，基本没有依粮致富的可能性。也就是说，为了实现利益的最大化，资本下乡势必会带来农业生产的非粮化，这对我国的粮食安全是一个重大的挑战。而红旗合作社巧妙地避开了这个难题：只提供农资，不参与作物种植品类的选择。

不过我们也应该注意到，合作社运营三年，资产从五千万扩张到一个亿，这中间的增加值，依照分红来看，大多会划分到红旗集团的股东手中，其中有多少政府的财政扶持不得而知。虽然《农民专业合作社法》规定：农民专业合作社接受国家财政直接补助形成的财产，在解散、破产清算时，不得作为可分配剩余资产分配给成员，处置办法由国务院规定。但是在合作社实际运营的过程中，这部分资产究竟是如何处理的，不得而知。

总体而言，就我国合作社目前发展的状况来看，红旗合作社是一个难得的真正的合作社。无论是组织结构，服务能力，盈余返还等，都能够满足合作社性质的基本要求。更难得的是，合作社的主要利润不是来源于农户（土地托管的费用除外），也就是说，红旗合作社本质上是一个服务于农户的组织，这对相关同类的农业企业而言具有很好的借鉴意义。

公司领办　互利共赢

——固始县佳茗茶叶专业合作社

一、合作社概况和发展历程

固始县佳茗茶叶专业合作社成立于 2008 年 4 月 7 日，注册资金 585.3 万元，是由河南九华山茶业有限公司（以下简称九华山公司）牵头发起，联合周边中小茶场及茶农在平等互利的基础上组建而来的。其成员是九华山公司和陈淋镇后冲村 513 户村民，辐射河南省固始县陈淋镇的 5 个村及安徽省金寨县油坊店乡和霍山县的诸佛庵镇的 5 个村。当前的经营规模为年产值 5 000 多万元，社员年均增收达 3 500 元以上，涉及茶园面积 11 000 亩，销售门店 11 家。合作社以"九华山"信阳毛尖品牌为依托，整合茶叶资源，秉承"建一个组织、兴一个产业、活一方经济、富一批群众"的初衷，形成茶叶种植、加工、销售一体化经营的产业模式。

合作社的发展经历了不平凡的历程。2008 年成立之初，合作社只有社员 52 人，注册资金 200 万元。在河南九华山茶业有限公司的带动下，52 名社员开始种植茶树发展茶叶生产。前三年茶树较小，没有鲜叶产量，社员只能依靠九华山茶业有限公司的 800 斤稻谷维持较低的租金收入。2011 年以后，鲜叶产量逐年加大，茶农收入很快提高。加之公司统一包装、统一品牌、统一销售，并且把销售纯利润的 49% 二次分配给社员，社员们的收入较入社前有了极大提高。以前持观望态度的农民看到了希望，纷纷以自有山地入股合作社，合作社成员由原来的 53 人增加到了 513 人，茶园面积由当初的 520 亩扩大到目前的近 30 000 亩，注册资金由原来的 100 万元增加到了 585.3 万元，经营规模由当初的 35 万元增加到目前的 5 000 多万元，增长了 142.8 倍。合作社辐射带动能力也由周边的乡镇村扩大到邻近的安徽省金寨县和霍山县的部分乡镇，在周边地区的影响力逐步提升扩大。

建社近十年来，佳茗合作社不断改善基础设施，组织实施农业标准化生产，开展农产品质量标准认证，加大市场营销和农业技术推广，在产品的商品占有率、优质率、产品竞争力以及成员收入水平等方面有明显的提高。合作社成员主要生产资料统一购买率达 87%，主产品统一销售率达 96%，合作社成员的标准化生产率达 91％，合作社农户成员人均收入增长 64％。合作社服务水平提高，发展活力增强，发展后劲十足，已经成为引领农民参与市场竞争的现代农业经营组织，成为当地经济发展的重要载体，农民增收的重要渠道。

【链接】河南省九华山茶叶有限公司

固始县位于中国十大名茶之一的信阳毛尖的核心产区，然而，由于"小、弱、散"的经营格局和传统落后的生产经营方式的制约，长期以来，固始茶未能形成商品优势，更没有知名的茶叶品牌。优良的产业资源没有转化为产业优势，山坡土地种植粮食，造成了较为严重的水土流失问题，且农业种植收益低。为此，农民外出打工以增加收入，这又造成了严重的留守老人、留守儿童问题。

这种局面被"西九华山"山脚下土生土长的一位年轻人舒学昌所打破。1985 年 7 月，高中毕业的舒学昌在一个亲戚引荐下，到相邻的安徽省金寨县大团山茶场打工。在那里，舒学昌潜心钻研制茶技术，很快成为技术骨干，大大提高了茶叶的综合品质。舒学昌被茶场聘为茶场业务副场长，他利用自己的技术特长，大量收购其他茶场的鲜叶、毛茶进行深加工，然后以优质茶远销全国各地，取得了很好的经济效益。舒学昌本人也获得了丰厚的回报。

取得人生第一桶金的舒学昌情系故里，他梦想着有一天要回到家乡去干一番事业，运用他掌握的技术和市场，把信阳的茶叶产业做大做强。1995 年，陈淋镇人民政府面向社会公开发包九华山茶场，在外地茶场打工的舒学昌经过竞标取得了茶场的承包经营权。

舒学昌上任后，强力实施科技兴茶战略与名牌战略，不断提高九华山茶的产量、质量和科技含量，使九华山茶场成为信阳境内自有茶园面积最大、技术与设备最为先进的茶叶龙头企业。

借助过硬的产品质量和品牌传播的力量，"九华山"茶通过了国家"绿色食品"和"有机茶"认证，连年参加国际国内茶叶展销评比活动均夺得大奖，并先后获得"河南知名商品"、"河南省名牌农产品"、"河南省著名商标"、"中国三绿工程放心茶推荐品牌"等多项荣誉称号。2010 年 10 月，"九华山"茶叶商标被国家工商总局认定为"中国驰名商标"，这是固始县目前唯一的"中国驰名商标"。

而后，九华山茶业有限公司立足固始县南部山区实际，把土地流转、农民专业组织和农业产业结构调整有机结合起来，先后领办"友茗"、"佳茗"、"五岭"、"杨山"等茶叶种植专业合作社，积极吸纳农民入社，入社农民的土地统一流转、集中连片，由九华山茶业公司负责投资种植优良茶树，比起种植传统农作物，种植茶树的比较效益明显，此举不仅鼓足了农民的钱袋子，还绿化了南部山川，取得了经济效益、生态效益、社会效益的多赢局面。

这种模式，取得了良好的社会效益，把农民就地转化为产业工人，解决了留守老人、留守儿童的问题，通过种植茶叶，增加了生态效益，对于水土保持，旅游业发展都是一个很好的促进。

二、发展经验

（一）完善治理体系，规范合作社内部管理

清晰资本比例。固始县佳茗茶叶专业合作社 513 名社员共出资 585.3 万元，占合作社股份的 49%；九华山公司以自有的品牌、市场和技术等无形资产入股，占合作社股份的 51%。

完善治理体制。固始县佳茗茶叶专业合作社设有理事会、监事会和成员代表大会。其中，成员代表大会有代表 50 人，来自于各个茶农代表；理事会有理事 5 名，由各村支部书记或德高望重的当地村民组成；监事会设监事 3 名，由理事长提名，成员代表大会选举产生。专职管理人员有 9 名，除技术人员和财务人员由公司统一派出外，其他人员一律由成员代表大会选举推荐，保障了成员的话语权和知情权。所有组织机构成员均由合作社全体成员选举产生，河南九华山茶业有限公司对合作社进行工作监督和财务审核。

重大事项由理事会研究决定后，报经成员代表大会表决通过，或者是成员代表大会授权理事会在一定的条件下、期限内履行成员代表大会的决定。监事会负责监督理事会的重大决策的形成过程及执行过程，保障重大决策的正确实施。

规范财务管理。合作社的财务管理由九华山公司代管，其管理非常规范。对于上级财政补助资金或者项目资金，不量化给个人，全部投入到合作社的扩大再生产或技术改造过程中，用于合作社发展。

（二）依托领办公司优势，提高茶叶品质

合作社的主营业务是从事茶叶的标准化种植和采摘，在扩大茶叶生产规模的同时保证茶叶品质不断提高是合作社健康发展的关键。合作社充分发挥领办公司的技术优势来确保茶叶品质达到要求。为此，合作社严格按照《中华人民共和国农民专业合作社法》组建和运作，以骨干企业和"九华山"这一知名品牌为载体，实现种植、加工、销售一体化。具体做法如下：

首先，在土地流转方面，按照统一标准、统一合同、统一整村流转。入社

农民的土地统一流转、集中连片，由九华山公司负责投资种植优良茶树，茶园管理、复耕反包给社员，茶叶生产季节合作社组织社员采茶，按劳取酬。

其次，合作社在标准化生态茶园建设上，入社农民把土地流转给合作社使用后，由于前三年没有效益，九华山公司承担前三年的全部农民土地收益费用，即水稻700斤/亩。在产生收益后，合作社首先支付农民的土地费用，剩余利润同样以两次分配的方式支付给合作社社员和河南九华山茶业有限公司。因为有这样的收益保障，中小茶场和广大茶农踊跃加入合作社，壮大了合作社的队伍，扩大了合作社的规模。

第三，合作社为社员提供生产资料的购进、供应、储运服务，开展技术培训，引进和推广新技术、新品种，提供信息和技术交流、业务咨询服务等。合作社的茶树更新换代及种植技术、物质配套服务全部由九华山公司统一定制、统一服务，质量安全由公司统一控制。

第四，合作社定期不定期地对社员进行现代企业知识和管理理念的培训和灌输，使他们逐步从农民转变为产业工人。在雇工方面，土地流转户的劳动力优先用工，不愿意参与用工的劳动力，可以外出务工。一般参与土地流转的劳动力只能满足日常的生产经营管理需要，在鲜叶采摘季节还需要从外地大量雇工，按量计价，多劳多得。

第五，合作社统一组织收购社员的茶叶鲜叶，由九华山公司进行清洁化、标准化加工，生产优质茶叶，并对茶叶进行统一认证、统一品牌、统一包装。

总而言之，合作社在茶叶生产过程中的重要环节，如在产品认证、农产品质量安全、农业标准化等方面由九华山公司按照公司有机食品的标准和要求去统一认证，统一把关。这种互利共赢的模式得到了当地农民的认可，充分调动了农民入社的积极性。

（三）落实二次返利，提高合作社成员交易积极性

在经营过程中，合作社在河南九华山茶业有限公司的具体指导下，为中小茶场和茶农提供产前、产中、产后一条龙的服务，使他们生产出合格产品，再由合作社按订单全部收购，最大限度地让利于中小茶场和茶农。同时，合作社实现二次分配，即把产品经营利润的49%按投资比例再次分配给合作社成员。其中，固始县九华山茶厂自愿把自己拥有的利润投入合作社的基础设施建设和再生产当中，确保了合作社的正常运行和快速发展。如今，佳茗茶叶专业合作社以做大做强茶产业为目标，以茶叶专业合作社为载体，紧密联合中小茶场和茶农，形成了一个利益共享、团结协作的经济共同体。

合作社的经营成本主要是地租及茶苗、肥料及茶树的栽培管理费用，以及

每年的鲜茶叶采摘人工费用等，其收入主要来源于公司订单收购合作社的茶叶鲜叶，以及公司销售茶叶后产生利润的49％部分。由于茶叶的附加值较高，合作社在扣除地租、肥料、茶树管理费及鲜叶采摘人工费后，其盈利也非常可观，再加上公司统一收购、统一加工、统一销售后，其品牌附加值又显现出来，产生干茶的销售利润，公司把干茶销售利润的49％再返还给合作社，形成合作社的二次收入，把干茶销售利润的51％再投入到合作社的再生产过程中，形成合作社的良性循环发展。社员享受的利润分配是纯利润收入，不需要再投入到合作社的扩大再生产过程中。

在内部运行机制方面，合作社实行一次投入、二次分配的合作运行机制，有效提高了合作社的生产效率和监管水平。社员以土地入股后，获得第一次分配收入，在每年的茶叶采摘季节，合作社采摘的茶叶鲜叶全部由公司统一收购，为避免社员利用自己参与采摘的方便，把采摘的茶叶向外偷卖的情况出现，公司采取二次分配的方式，把合作社的效益直接与采摘量挂钩，把合作社每位社员的二次分配的利益与采摘量挂钩，这样就建立起了社员之间互相监督管理的运行机制。比如，社员甲如果把采摘的鲜叶没有交给公司而是卖给公司以外的客户，这样肯定会减少合作社交给公司的鲜叶量，不但影响到合作社的整体效益，同时也影响到每位社员的个人利益。社员为了自己的个人利益，他们必须互相监督，社员甲如果被发现偷卖茶叶鲜叶，肯定会被举报，影响社员甲在合作社的二次分配数额。通过互相监督机制的建立，社员都非常自觉，没有出现私采私卖的现象，合作社运行非常平稳。

三、发展规划

未来，九华山茶业公司将推行"三引进"战略，即引进专业人才、引进先进设备、引进市场理念，改造提升现有茶园管理和茶叶生产加工，对接名优产品和市场。突破茶叶精深加工的难题，增加茶叶附加值，促进茶产业向规模化、专业化、生态化方向发展，提升九华山茶叶在国内外市场的竞争力。同时，佳茗茶叶专业合作社将实施创新发展战略，形成"行业协会＋龙头企业＋专业合作组织＋专业农户"的农工贸一体化经营新机制，促使特色优势农产品生产从分散的小农经济向法人农户经济转变，提高茶产业整体竞争力，进一步发挥其辐射带动作用，力争把"佳茗茶叶专业合作社"打造成农民专业合作组织的金字招牌。

最后，加强与金融机构的对接。在茶叶收获季节，合作社需要向农民现款收购茶叶，因而有大量的资金缺口。未来合作社将加强与农信社等金融机构的对接，期待金融机构对合作社降低贷款门槛，采取贷款额度授信、产品和销售合同抵押等多种形式，为合作社提供多渠道资金支持。在时机合适时，合作社将创办农村资金互助社。

点 评

这是一家企业领办的合作社。对于合作社而言，领办人的不同，给合作社带来的资源也不同。一些具有企业家精神的能人，他们领办合作社，带来的更多的是自身的优势。例如有些人更懂技术，有些人更了解市场，有些人更善于协调不同农户之间的利益。总之，他们带来的更多的是社会资源。而企业领办的合作社，则更多的是依托企业本身的优势，对合作社加以带动。比如这一家茶叶合作社，它给合作社社员带来的是优质茶叶的生产技术，以及稳定的市场，说到底给合作社带来的是市场资源和技术资源。

这种"企业＋合作社"的做法，对于企业和身在合作社的农户来说，是互利双赢的。在合作中，企业获得了稳定的、优质的茶叶供应来源；农户获得了优良的茶叶种植技术和稳定的销售渠道，增加了农业收入，双方都降低了市场风险。另外，就茶叶产业而言，采茶是非常耗用人工的一道工序。合作社通过优先聘用合作社社员采茶，一方面增加了社员的工资性收入，另一方面也减轻了九华山公司聘用采茶人员的压力。这也是互利共赢的一个体现。

可以看到，经过8年的发展，合作社的茶园面积从520亩，扩大到目前的近30 000亩，注册资金也由原来的100万元，增加到585.3万元，经营规模也由当初的35万元，增加到目前的5 000多万元，增长了142.8倍，实现了长足的进步。这就说明了这种合作模式是非常可行的。

然而，任何事情的发展都不会是一帆风顺的，对于这样一个合作社而言同样如此。对领办企业来说，他们最大的担心是农户在种出茶叶后，如果有别的茶叶收购商来收购茶叶，导致领办企业的茶叶原料来源量下降，这会影响茶叶企业进一步的加工量和出货量，不利于市场份额的保持和扩大。那么，如何让农民自愿将全部茶叶交售给领办企业，成为领办企业必须要解决的问题。

领办企业没有行政权力，不可能像计划经济时代的人民公社强制农民交粮一样强制社员交售茶叶。因此他们创造性地想到用激励机制、制度规则来诱导人的行为。具体而言，就是合作社实行一次投入，二次分配的合作运行机制，有效提高了合作社的生产效率和监管机制。社员以土地入股后，获得第一次分配收入，在每年的茶叶采摘季节，合作社采摘的茶叶鲜叶全部由公司统一收购，为避免社员利用自己参与采摘的方便，把采摘的茶叶向外偷卖的情况出现，公司采取二次分配的方式，使合作社的效益直接与采摘量挂钩，把合作社每位社员的二次分配的利益与采摘量挂钩，这样就建立起了社员之间互相监督管理的运行机制。

比如，社员甲如果把采摘的鲜叶没有交给公司而是卖给公司以外的客户，这样肯定会减少合作社交给公司的鲜叶量，会影响到合作社的整体效益，同时也影响到每位社员的个人利益。社员为了自己的个人利益，他们必须互相监督，社员甲如果被发现偷卖茶叶鲜叶，肯定会被举报，影响社员甲在合作社的二次分配数额。通过互相监督机制的建立，社员都非常自觉，没有出现私采私卖的现象，合作社运行非常平稳。

通过这么二次分配的机制，使农民知道把茶叶交售给领办公司会比交售给其他买家有更大的好处，这样就会自觉主动地交售茶叶了。我的理解，第一次交售茶叶的农民的收入，对于合作社而言，是付给农民的原材料成本；同时，记录下一个环节的分配依据。二次分配的利润，是合作社的利润，有类似于股利的性质。

以上是公司领办合作社的好处，即在经营上能够发挥公司的优势，把公司拥有的资源带入合作社。但这样的合作社也有不足，即在合作社治理结构上，并不能真正落实一人一票的监督机制和民主决策的原则。因而合作社更像是领办公司的一个二级机构。虽然如此，但瑕不掩瑜，公司领办型合作社只要是能够发挥公司自身的优势，给农民带来实实在在的收益，提高农业经营效率，就是出色的合作社。

村支部带动　创国际市场

——封丘县青堆树莓专业合作社

封丘县青堆树莓专业合作社成立于 2005 年，现有社员 6 500 多户，截至目前树莓种植合作社土地总面积 21 000 多亩，辐射带动封丘县 12 个乡镇 50 多个村以及周边 9 个市县，技术推广服务、果实回收合作辐射到省内 7 个地市及 8 个省区。合作社主营树莓种植及深加工，实现了苗木培育、标准化基地种植、生态旅游、产品研发、加工销售、出口创汇的产业化发展格局。合作社 2011 年被农业部评为全国农民专业合作社示范社，2016 年被农业部评为全国农民专业合作社加工示范社。

一、成立背景

1999 年合作社所在的青堆村被列为河南省扶贫开发重点村。2002 年时任青堆村党支部书记的王书勤为带领村民脱贫致富，成立了留光乡青堆村新特优果业协会，带着三十年不过时的目标，从中国林科院、中国农科院郑州果树研究所等机构引进拥有三代水果之王之称的树莓。2004 年树莓取得大丰收，但在协会发展和对外经济交往中发现协会不适合经济发展需要，如：协会经济利益分配不清晰，社会其他组织如银行、政府、企业等对协会认可度不高，各项证件如生产许可证、税务等无法办理等。为解决这些问题同时也为了长远发展，2005 年时任协会会长、青堆村党支部书记的王书勤卖掉了自家盈利颇丰的养鸡场，于当年 7 月带领 70 多户村民成立了封丘县青堆树莓合作社。明晰了分配机制和组织规章制度，取得社会认可的营业执照、组织机构代码、税务等证件，并注册了"津思味"商标，建设了网站，组建了销售网络，开始了树莓产业之路。

合作社前身是 2002 年成立的封丘县留光乡青堆村新特优果业协会，2005 年 7 月在协会基础上成立了封丘县青堆树莓合作社，《农民专业合作社法》颁布后的 2007 年 11 月组建了封丘县青堆树莓专业合作社。2005 年合作社树莓种植面积达到 500 多亩；2008 年封丘树莓成为奥运水果，树莓种植面积达到 1 000 多亩；2016 年树莓种植面积达到 21 000 多亩，占据全国树莓种植面积三分之二以上，投资 2 000 多万元的一个标准化生产大型冷库投入使用。合作社的发展带动了周边群众的生产积极性，使得青堆村从一个河南省贫困村转变成远近闻名的富裕村。2016 年底，合作社资产总额达到 4 341.51 万元，销售收入 7 732.14 万元，净利润 735 万元户，均收入 1.2 万元。

二、主要做法

（一）以支部带动合作社发展

青堆树莓合作社实行"合作社＋支部＋农户"的运作模式，以家庭承包种植为基础，以服务成员、谋取全体成员的共同利益为宗旨，村党支部积极带动，坚持"入社自愿、退社自由、利益共享、风险共担"的原则，帮助群众共同致富。

在管理方面，通过施行民主决策和民主管理，调动广大社员参与和搞好合作社发展的积极性。经过不断探索，逐步完善合作经营机制，建立健全了合作社章程，规范财务会计制度，完善盈余分配制度和公正的民主管理制度，为促进合作社更加规范运作、进一步发展壮大奠定坚实的基础。

在生产经营方面，合作社为社员提供"产前、产中、产后"系统服务，施行五统一标准化生产。产前统一供应种苗，产中统一搞好技术指导和技术培训，产后统一组织销售等服务，在产果旺季组织会员统一采摘，合作社派车到田间地头收购。合作社系列化服务让社员受了益，解决了树莓种植户的后顾之忧，且困难户社员可以种植树莓苗先不交款等交果时再付款，吸引了周边农户加入合作社。

在利益分配方面，合作社为保障每个社员的合法权益，为每个社员建立个人财产账户，并分类记载成员股金和应当折股量化为这个社员名下的个人财产，社员与合作社的所有交易实行实名专户记账，并作为按交易量进行盈余返还分配的依据，使农民的利益得到了最大保障。

（二）扩大种植规模，开拓海外市场

封丘县青堆树莓专业合作社的树莓种植面积，从 2005 年的 500 亩增加到了 2016 年的 21 000 亩，增加了 40 倍，封丘县也成为全国最大的树莓产业发展中心，种植区域扩大到山东、山西、四川等全国 6 个省区，占据全国树莓种植面积三分之二以上。2016 年合作社整合下属 10 家树莓种植合作社成立了封丘县为民树莓合作联社，截至目前拥有 12 个树莓种植分社、17 个种植协会，60 多个树莓种植能手，技术服务辐射 80% 的树莓种植基地。

经中国林科院进行的区划种植对比,合作社种植的树莓果实大、口感好、产量高、无污染,且比北京的还要早熟半个月,与其他地区相比无需冬埋春起,年年上架下架,节省用工百分之三十,大大降低了生产成本。树莓产品销售全国各地,既实现了社员收入又扩大了树莓的知名度。目前产品主要销往美国、韩国、澳大利亚。

(三)注重农技对接,不断投入知识资本

为了加快把知识和技术转化为生产力使社员增产增收,合作社从北京中国林科院请来树莓专家讲课,多次聘请省林业厅、省农科院、开封林业研究所专家讲解树莓的管理技术,并买来有关树莓、合作社等方面的书籍和影碟供大家学习,订购《农家参谋》《河南科技报》等报纸杂志,使社员掌握了果树修剪、防病治病和无公害水果生产管理本领。同时,该社也获得农业部农产品质量安全中心的"无公害农产品认证""无公害农产品产地认证"。此外,由于新乡市大力发展特色经济林,树莓产业发展迅猛,国家级树莓工程技术研究中心也落户封丘。借树莓发展形势的东风,青堆树莓合作社成功研发出冷冻果、果汁饮料、果酱、果酒等多种树莓深加工产品,成为全国树莓品种最全最新、果实品质最优、生产线最先进的生产基地。

(四)走产业化道路,延长生产链

封丘县青堆树莓专业合作社是河南省第一家引进种植树莓的企业,实现了从无到有、从小到大、从弱到强的转变,形成了树莓种植、加工、销售一体化的产业化发展链条,现已成为封丘县经济支柱产业之一。封丘县青堆树莓专业合作社自2009年开始树莓种植产业化道路,现已形成苗木培育、基地种植、生态旅游、产品研发、加工销售的产业化发展格局,树莓产品覆盖鲜果、速冻果、冻干果、果汁、果酱、果酒、含片等10多种产品。为方便生产销售,合作社2009年成立了河南津思味农业食品发展有限公司(被河南省政府评定为河南省农业产业化重点龙头企业),负责树莓深加工和销售,公司现有树莓速冻生产线3条、树莓冷藏运输车3辆、树莓速冻小型冷库2座、大型冷库1座、树莓饮料生产线3条,并组建了遍布全国的销售网络。青堆树莓专业合作社已经带动树莓深加工企业5家,其中河南省农业产业化重点龙头企业2家,年产值近2亿元,出口额1 500多万元。

(五)由松散到紧密的合作方式

合作社的成立将原来农户单打独斗闯市场的行为集聚在一起,开始抱团闯

市场，产业的扩大使得合作社更具市场竞争力。封丘青堆树莓合作社负责所有树莓种植户的技术服务、肥料供应、收储销售和深加工，而普通种植户所做的就是种植。果实采摘后，合作社的冷藏车会从田间地头把果子重新聚集到树莓合作社，由合作社把果子分类，一部分加工成果汁，另一部分通过合作社的营销网络行销全国。青堆树莓合作社还创造性地推出了大合作社套小合作社的发展模式，在封丘县境内就有 8 个二级合作社，这些二级社可完全按照总社的要求负责当地社员的技术指导、果品回收和财务结算等。社员、二级社的土地、人力、产品等资源最后都以产品的形式汇聚到了总社。

（六）有效的激励机制

封丘县青堆树莓专业合作社成立初期入股股东 75 户，注册资金 150 万元，其中资金入股 5 名，出资 30 万元，土地折资 70 户；合作社核心成员 15 户，核心成员出资占 30％。后期为适应发展需要采取按树莓种植面积入社方法，入社社员参与交易量初次分配及二次分红制度，不参与按股金分红。

合作社收入分配主要分为两部分：第一部分按照社员交易量采用保障收购底价作为初次分配，这部分计入成本。第二部分对合作社净利润进行分配，净利润分配方法：先提取 10％作为合作社发展公共积累，剩余 90％作为分红（其中 60％按交易量分红，40％按股金分红）。这样，合作社种植树莓的社员除了自己的种植收益外，还可以从合作社外销树莓的利润中进行二次分成，每亩收入达万元以上。正是有了"合作"的可观收益，才有了封丘树莓种植规模的爆炸式发展。

三、经营成效

（一）合作社实力越来越强

合作社的工作逐步得到社会各界的认可，成为农业部"全国一村一品示范村镇"，被中国特产协会评选为"中国名优特产"，是农业部农民合作经济组织项目建设示范单位，中国林科院树莓种植示范实验合作基地，中国农科院郑州果树研究所树莓工程技术研究中心，河南省"农村科普示范基地"，河南省"科普惠农兴村先进单位"，河南省农民专业合作社"示范社""优秀社"，被省农业厅评为"农业标准化生产示范基地"，被省技术监督局评为"封丘县树莓种植标准化示范区"，被省扶贫办评为"扶贫开发先进单位"，被省人事厅评为"一村一品引智示范基地""新乡市农业产业化重点龙头企业"等多项荣誉。农民日报、中国食品报、河南日报、河南科技报、新乡日报、CCTV－7、河南电视台、新乡电视台等多家媒体对合作社进行多次报道。

（二）产业发展带动就业

合作社在产业发展带动就业方面形成了种植、加工、销售一条龙产业链。树莓种植属于劳动密集型产业，树莓种植、管理、采摘、运输、深加工均需要大量的劳动力，平均每人管理3亩计算，2万多亩种植基地用工高峰期需人工6 000多人，树莓运输、速冻等需人工100多人，合作社成功实现大量的农村劳动力就业。鲜果批发价30元/千克，在北京最高销售到160元/千克，合作社在全国首家实施了树莓干果加工，并对树莓干果进行了精包装，产品正在进入全国各大城市超市销售，现已在北京、上海、郑州部分超市销售，树莓干果货架期能达到三年不会变质，销售价格每千克达到320元。树莓产业不仅带动了1 200余人脱贫致富，且改善了当地的生态环境。树莓花艳果美，由于树莓属灌木型果树，生长繁茂，根系发达，能够良好地覆盖地表，对环境绿化美化、保持水土等起到很好的作用，因此实现了良好的生态效益。

（三）种植面积迅速扩大

2002年，从中国林科院引种树莓，种植面积为15亩；次年即发展到100亩；2004年是260亩；2005年青堆树莓合作社成立；2006年青堆树莓有了自己的商标；2007年通过了农业部无公害基地认证；2008年树莓干果上市，鲜果成为北京奥运会指定水果；2009年树莓果汁成功上市，鲜果速冻生产线上马，全县种植面积突破1 500亩；2010年封丘树莓成功打开上海及华东地区市场；2011年投资170多万元的树莓速冻生产线和冷库投入使用，合作社会员达1 800多户，种植面积达到2 500亩；2012年合作社社员达到3 800户，种植面积1.2万亩；2016年树莓种植面积达到21 000多亩，占据全国树莓种植面积三分之二以上，现在社员6 500多人。

（四）社员收益逐年增加

2014年年底，封丘县青堆树莓专业合作社资产总额4 966.59万元，销售收入6 128.977万元，净利润1 224.48万元，初分配金额3 360.52万元，提取盈余公积金122.45万元，按股金和交易量返还1 102.03万元，全部分配后户均1.2万元。2015年年底，合作社资产总额4 051.57万元，销售收入6 721.53万元，净利润877万元，初分配金额4 710.47万元，提取盈余公积金87.7万元，按股金和交易量返还789.3万元，全部分配后户均1.1万元。截至2016年年底，合作社资产总额4 341.51万元，销售收入7 732.14万元，净利润 735 万元，初分配金额 5 315.58 万元，提取盈余公积金 73.5 万元，按股金和交易量返还 661.5 万元，全部分配后户均 1.2 万元。

四、合作社发展面临的困难和政策需求

（一）面临的困难

封丘县青堆树莓专业合作社本身就是为青堆村脱贫而成立的，合作社参与扶贫工作较早，也解决了很多问题，但随着合作社规模的不断扩大也遇到了更多的挑战。主要表现在：

资金需求量大，融资困难。合作社发展初期，几十万元就能解决很多问题，但合作社发展到现在，固定办公人员 20 多人，种植基地 1 100 多亩，基地工作人员 40 多人。每年树莓果收购款达 5 000 多万元，如果树莓果能及时售出还好，如果遇到市场不景气树莓果积压冷库就会造成回款困难，影响合作社运营。

规模扩大，扶贫投入增大。随着合作社规模扩大，树莓苗木选育、种植、深加工、市场开拓、广告宣传等资金需求量逐渐增大，特别是 2016 年融资难、银行抽贷及合作社担保企业倒闭、环保等压力，合作社本身运营较困难，扶贫投入心有余而力不足。

（二）政策需求

金融融资。目前合作社固定资产多为林木资产，银行不认可，合作社融资困难。

财政扶持。希望政府能在新品种选育、标准化基地建设、扶贫帮扶、环保改造、贷款贴息、树莓深加工、广告宣传等方面加强对合作社的扶持力度，促进树莓整条产业链循环健康发展。

人才方面。希望在科技专项投入、科研院所引进人才专项补助、种植户培训等方面予以扶持。

用地问题。希望政府能够减免合作社建设用地相关费用，协调帮助合作社办理土地证、房产证，用于抵押担保融资，缓解合作社规模扩大融资难的困境。

五、启示

（一）支部带动形成紧密合作

封丘县青堆树莓专业合作社的发展壮大离不开支部的作用。我国农村非常

重视亲缘、地缘和血缘关系，常常使现代管理手段失去效用，村党支部在这时就会发挥主要作用。合作社理事长王书勤曾任村支部书记，在合作社的发展中联合另外两位支部成员，在社员需要技术时，积极与农技部门取得联系，给社员免费提供技术；土地流转中遇到阻碍，积极动员一切力量，给社员做思想工作，推进土地流转顺利进行；对于贫困社员免费提供种苗和农资，带动贫困社员致富，探索建立了"党支部领导、村委会负责、贫困户参与"的模式。支部带动的模式一方面更易于取信于民，使农户愿意加入合作社；另一方面这种模式能使农户更加紧密地团结一起，有困难时有村党支部的支持，增加合作社的凝聚力。

（二）创新分社管理模式

封丘县青堆树莓专业合作社并不是仅有当地社员，其社员遍布全国各地，在这种情况下，如果管理方式过于集中，就会造成职能部门过多导致管理费用远远高于交易费用，使得交易在外部进行更为合适。封丘县青堆树莓专业合作社采取了与当地合作社进行合作的方式，让二级合作社对当地社员负责，而合作社仅对二级合作社进行管理。这样的创新管理模式，能够充分利用当地的人力、物力等资源优势，又充分利用当地的亲缘、地缘和血缘关系，使得合作社在全国的业务迅速推广。

（三）加快推动农业产业化步伐

农业产业化经营要求提高劳动生产率、土地生产率、资源利用率和农产品商品率等，这些只有通过专业化才能实现。封丘县青堆树莓专业合作社把小而分散的农户组织起来，进行区域化布局，专业化生产，在保持家庭承包责任制稳定的基础上，扩大农户外部规模。生产经营规模化是农业产业化的必要条件，其生产基地和加工企业只有达到相当的规模，才能达到产业化的标准。农业产业化只有具备一定的规模，才能增强辐射力、带动力和竞争力，提高规模效益。合作社正是在不断发展规模化的基础上，逐步实现了专业化，进而由专业化带动产业化的发展。因此，合作社成立的河南津思味农业食品发展有限公司，由于其更适应市场对于规范性和标准化的要求，更加有利于合作社由传统农业向规模化的设施农业、工厂化农业转型发展。

■ 点 评 ■

目前，我国农村普遍存在着农民单家独户的分散经营与大市场的矛盾。农业生产多了砍、少了赶、一哄而上、一哄而下、大贵大贱、大起大落的情况多次反复出现；农民生产规模小，农产品批量小，质量差，履约率低，很难进入大市场、大流通。农业领域市场法规不配套、不完善，农村经济运行机制与市场经济发展要求不相适应的矛盾日趋明显。随着市场行情的变化，农产品加工经营者或者抢收抢购，或者拒收拒购，农民或者待价而沽，或者有货难售，各方之间缺少利益联结机制，经济行为随意性很大，影响了农业稳定发展。这些矛盾和问题，说明农业这个国民经济的基础产业还比较脆弱，缺少自我积累和自我发展的能力，原有的农业运行机制和生产经营方式显然已经不适应现代农业高速发展的要求，需要探索一种更高层次、更加适应生产力水平的运行机制和经营方式。农业产业化是我国农业经营体制机制的创新，是现代农业发展的方向。

封丘县青堆村以小小的树莓为主导，在村党支部的带动下，发展起了大产业，辐射带动封丘县12个乡镇50多个村以及周边9个市县，技术推广服务、果实回收合作辐射到省内7个地市及其他8个省区，不仅脱掉了河南省扶贫开发重点村的帽子，还在致富后积极践行合作社的社会功能，带领更多贫困户共同脱贫，转变了农业的发展方式，创新农户与企业的联结机制，为共同富裕创造了条件。

封丘县青堆树莓专业合作社沿着确定主导产业——实行区域布局——依靠龙头带动——发展规模经济这条路，不断地发展壮大。确定树莓为主导产业，并和农业专家联合，研发优质种苗，不但在封丘有社员加入合作社，还遍及全国主要树莓种植区。其创新性的分社管理模式，迅速将合作社发展到全国各地，形成规模经营，联合生产、联合销售，不但提高了企业的产量，在国内占据领先地位，统一销售也解决了社员销路的问题，且在收购环节也保证了社员的利益，降低了社员的生产风险。促进了合作社和农户的协调发展。

封丘县青堆树莓专业合作社在发展创新的同时，还应注意到，树莓在国内市场的普及度并不高，而对国际市场的依赖度过高则难以抵御价格风险、政策风险和滞销风险。应加大力度开拓国内市场，引导消费，实行拳头产品牵引，两个市场并举，带动树莓产业不断发展。

互联网让合作社和农户都受益

——安阳市龙安区运保红薯种植专业合作社

龙安区位于安阳市区西南，东临安阳市文峰区，西与林州市接壤，南连汤阴县、鹤壁市鹤山区，北接安阳县。该区域属于丘陵地区，自然条件差，不适合种植粮食、蔬菜等经济作物，而红薯以其适应性强、耐干旱、不择土质等特点适宜各地种植，而且具有投入少、产量高的特点。运保红薯种植专业合作社就位于该区域。

一、成立背景

运保红薯种植专业合作社位于安阳市龙安区马投涧镇王二岗村，该村现有人口 4 800 人，耕地面积 6 400 多亩，该村自然条件差、靠天吃饭。为了调整农业结构，增加土地种植效益，于 2011 年 8 月，由王运保带头，联合张春雷、王文明、王运芹、高华英、王高翔等六户农民，共出资 15 万元成立了红薯种植专业合作社，流转土地 150 亩，并从省科院引进红薯优良品种。第一年除去苗种费、人工费用，年底平均每户得到分红收益 5 万元，继而吸引四户农户加入合作社，并于当年总筹资 30 万元，建造了 10 万元的一个大型地下储藏室和价值 20 万元的红薯加工生产线，解决了薯农的后顾之忧。合作社成立第三年，为了满足农户对红薯苗种的需求，创建了一个 4 000 平方米的育苗基地，又从农科院引进四个品种进行示范推广，种植面积扩大到 8 000 亩，有 60 余户加入合作社。至此，合作社成员达到 106 户，同时解决农村 300 余人就业问题。与种植玉米、小麦相比，每个农户每亩农田能增加收入 2 000 多元，提高了农民种植红薯的积极性。同年，合作社成员自筹资金，建造了一口 100 米深的机井，解决了一部分农田的用水问题。

二、主要做法

（一）不断改进种苗品质

对合作社来说选取种苗是一件非常重要的事，选的好了会大大增加收入，不好则可能造成巨大亏损。合作社理事长王运保非常重视种苗选取，在请教相关专家后先在示范区种植，成熟后经对比口感、性状后，再选取最优良的品种进行种植。2016 年王运保参加了"河南新郑红薯技术交流会"，通过专家实地考察论证提出建议，采用新技术对育苗基地进行管理。优良的品质在市场竞争中占据优势地位，合作社先后与多家超市和商场签订红薯及其加工产品的销售合同，加快了农业结构调整，给合作社和社员带来了更多的收益。

（二）规范化经营管理

合作社采取统一生产计划、统一供应农资、统一技术标准、统一加工销售的方式。即根据市场需求和合作社产品实际种植面积统一制定季度和年度生产计划，由社员按照生产计划落实生产；统一为社员采购、供应生产资料和设备，降低生产成本；按照质量安全要求，统一组织制定、实施生产技术规程，按产品质量标准组织生产；统一生产、统一品牌、统一包装、统一销售，以服务社员为目标，遵循"风险共担，利润共享"的办社宗旨。对农户进行统一供苗、统一技术指导、统一产品回收和统一加工销售，产品回收严格按照订单进行，实行保护价，有效保障了薯农的利益，提高社员的种植积极性。

（三）延长农产品加工链

随着合作社的不断发展壮大，经营范围开始从原先的种植红薯逐步向生产、加工、销售一体化的方向发展。合作社购入红薯加工设备，将次品进行再加工成红薯粉条，增加了产品的附加价值，实现冬闲增收，使全体社员有机会分享加工、销售环节带来的收益，促进了当地主导产业的发展，增强了农产品市场竞争力，在繁荣农村经济方面起到了较强的辐射带动作用。合作社以产业发展产业，扶持贫困户脱贫致富，带动了 20 多户村民带头脱贫致富。

（四）创新微信营销，服务生产"最后一公里"

随着红薯种植面积的不断扩大，销售问题日益严峻，合作社理事长王运保则利用参加各种会议的机会，与全国 300 多家红薯种植加工企业建立微信群，在红薯成熟季节利用微信群销售产品。合作社对社员的技术培训服务也通过手机进行，社员通过王运保的微信朋友圈，就能及时学习到在什么季节出现哪种致病因素、如何预防、红薯的种植技术以及红薯新品种的推广。由于所种植的新品种，是合作社在实验对比不同的品种后择优向社员推广的，红薯品质优良，销路较好。一部手机＋网络，一头连着社员，一头连着市场，确保了产品的质量和销量。

三、经营成效

（一）严格的生产标准使合作社收获了无形品牌效益

合作社对农户进行统一供苗、统一技术指导、统一产品回收和统一加工销售，极大地保证了社员的利益。目前，合作社的成员已经发展到林州、汤阴等地的乡镇。市政府、区政府和乡政府高度重视合作社的发展，给予了很大的帮助。合作社实行的统一农资供应、统一市场营销，形成了专业化生产、区域化布局、企业化管理、社会化服务的生产经营格局。2015年被评为安阳市"市级示范合作社"，电视台也多次对合作社进行过报道，无形中增加了合作社的产品价值。

（二）创新营销服务模式，一手抓两端

"互联网＋合作社"新型农业服务体系，是由合作社、社员共同参与生产经营活动，依托互联网平台，共同开展信息服务助农"种对、卖好"，技术服务助农"高产、高效"，购销服务助农"省钱、赚钱"的互助经济组织。消费分红，入股创业，谋求成员共同利益，服务成员增收致富。运保红薯种植专业合作社主动适应市场，利用"互联网＋"农业实现农业生产全过程的信息传递和精准管理，农业生产要素的配置更加合理化，对社员的服务更有针对性，农业生产经营的管理更加科学化。目前，运保红薯种植专业合作社的红薯产量的60％都是通过互联网销售出去的。互联网的存在让合作社根据销售来组织生产，相当于对产业链全要素进行重组，这让"靠天吃饭"的合作社最大限度地降低了产品销售风险。

四、启示

（一）不断改进销售手段是提升服务能力的关键

传统的销售方式在卖方市场始终处于不利地位，这就需要不断创新和改进销售及服务手段。"互联网＋"是利用信息通信技术以及互联网平台，让互联网与传统行业进行深度融合，创造新的发展生态。它代表一种新的社会形态，即充分发挥互联网在社会资源配置中的优化和集成作用，将互联网的创新成果深度融合于经济、社会各领域，提升全社会的创新力和生产力，形成更广泛的以互联网为基础设施和实现工具的经济发展新形态。运保红薯种植专业合作社主动适应市场的变化，利用新的科技手段，打破了信息不对称，优化了资源配

置，降低了公共服务成本。"互联网＋农业"于农户、购买方而言，增进了互联互动。种子是否健康、施肥是否适量、采摘是否科学……通过互联网与农户沟通，质量靠得住的农产品能够得到更快、更广的传播推广，用户安心又放心，农户省时又省力，实现了互利共赢。

（二）标准化体系建设是提升产品质量的核心

合作社应发挥农业龙头企业在标准化建设中的主体作用，探索建立农户会用、市场认可、管理方便的农产品分级标准，以分级定价、优质优价倒逼产业升级，通过规范生产操作流程引导生产者加强质量控制、改进产品品质、强化采后管理。支持生产者联合或集体建设农产品保鲜储藏、筛选分拣、烘干、净化、包装等初加工设施，提高采后产品的品质和产品标准化、商品化程度，提升其产后延伸发展能力和市场话语权。

■　点　评　■

乡村建设，离不开产业的发展。在今天互联网时代，农村的产业发展，电商不仅可以助上一臂之力，而且成为必须。电商以互联网突破时空的特点，可为农村产业的发展，对接到更为广阔的市场。农村电商做好了，产业的建设就可以从市场需求、产品优化、资源整合、价值实现等方面，获得源源不断的发展动力。在电商全面引爆的今天，"80 后"、"90 后"这些消费群体中的主流消费者，不断习惯互联网的消费模式，农村产业为适应消费方式的转变，加入电商成为必须，而越是更多的农村产业开展电商，电商也就越内化为农村产业的"标配"，为解决小农户融入现代化生产和农业生产与市场对接问题提供了新思路和新方法。

运保红薯种植专业合作社成立于 2011 年，在经过不到 7 年的时间，从最初的 6 户 150 亩土地联合，发展到现在的 100 多户流转 8 000 多亩土地的联合，并成功帮助 20 几名农民脱贫，投资了地下储藏室和 20 多万元的红薯加工生产线，这与合作社理事长王运保的努力分不开，更与现代科技的发展休戚相关。可以说，互联网的发展成就了运保红薯种植专业合作社。互联网正在重构农产品流通链，打破了农产品以批发市场为载体和中间商为主体的多层次流通格局，形成了以电商物流为基础的供需直连、产地协同、销地速达的新型农产品流通中心。但我们也应看到，运保红薯种植专业合作社由于基础能力不足、配套服务体系发展滞后、产业规则秩序未能合理确立，"互联网＋农业"发展仍面临较大挑战。

（一）加强管理，规范运行，促进合作社健康发展

为确保规范运行，健康发展，晶金食用菌合作社按照市场化运作的要求，整章建制，完善管理，彰显效益。

健全组织机构。按照农民专业合作社的组建要求和政府引导、能人牵头、市场化运作的机制，挑选懂经济、会管理、责任心强的产业带头人、种植大户、经济能人牵头成立了山城区晶金食用菌专业合作社，并设立了会员代表大会、理事会和监事会。合作社内部设立了生产部、市场部、宣传部和财务部4个部门，分别为合作社会员提供农资供应、市场信息、产品销售、科技培训、技术指导、资金支持等服务。

加强内部管理。山城区晶金食用菌专业合作社成立以来，按照内部议事规则，先后制定了《会费收缴管理使用制度》《市场风险基金提取管理办法》《合作社学习培训制度》《购销管理制度》等制度，实现了靠市场运行，凭制度办事，规范了合作社的运营。

加强财务管理。山城区晶金食用菌专业合作社的财务部门严格按照《农民专业合作社财务制度（试行）》的要求设置了账簿，制定了《山城区晶金食用菌专业合作社财务制度》，明确了费用开支范围、报销程序、审批权限等事项，费用开支实行民主决策。

创新运行机制，增强合作社的凝聚力。合作社成立以来，发挥产业带头人和经济能人的自身优势，打造食用菌特色品牌。为做大做强特色产业，合作社积极争取项目资金。鼓励社员在温室中安装卷帘机、温室滴灌节水设施、遮阳网等相关设备，并对社员按照旧棚500元/棚、新棚1 000元/棚的标准进行种苗费的补助。同时根据合作社的经费情况，提取市场风险基金，对社员因灾害及市场风险造成的损失进行补偿。至今为止，已对因灾害造成损失的5人补助4 000多元，增强了合作社抗风险能力以及内部凝聚力。

切实加强合作社相关配套设施建设。为更好地发挥合作社为广大会员组织生产销售、提供技术信息服务、维护合法经济利益、增加经济收入方面的作用，合作社每年筹措资金60万元，改建合作社办公室2间。建立健全入会、财务管理、产品营销、商务洽谈、利益分配等各类制度，并配套电脑、打印机、桌椅等设施，建设了合作社培训基地和培训学校。合作社相关配套设施的健全为积极做好种苗培育调引、生产指导监控、产品包装销售等各项工作提供了保障。山城区晶金食用菌专业合作社的不断完善，为食用菌规模化、专业化生产奠定了坚实的基础。

（二）专业服务，重视科技，提高合作社影响力

合作社积极发挥纽带作用，注重搞好市场信息、生产技术、农产品销售、物资供应等专业化服务，以提升合作社专业化生产的科技含量，增强晶金食用菌的市场竞争力。

扩大食用菌种植规模。通过政策引导、资金扶持，2016以来，新扩建食用菌种植大棚120个，累计达到200棚。2017年区委、区政府为了扩大基地建设，积极响应国家精准扶贫的号召，将合作社命名为扶贫创业基地，每年安排100户贫困户到合作社参与经营，提供就业岗位。

培育新品种、重视新技术的引进与推广。邀请省市专业科研机构完善了《食用菌标准化生产技术规程》。合作社在推广新品种中，经过多次试验，从配料、比例、温度、水分等多个环节上严格把关，提高专业化生产和标准化管理水平，新品种、新技术在示范园区的应用率达到95％以上，棚均效益提高20％以上。建设灵芝种植基地5亩，每年可提供优质菌种5万株，满足50座日光温室的生产需要。

高度重视科技培训。合作社采取"请进来，走出去"的办法，先后邀请省市农技人员举办技术讲座10余次，并积极与市农技中心保持沟通。每年有针对性地举办食用菌技术培训班5期，参训人数累计达300人次。在食用菌生长的不同时期，合作社邀请农技人员从食用菌进棚栽培到通风、日常管理、温湿度调控等，进行跟踪指导，确保了食用菌的品质和产量。由于合作社在组织生产过程中，严格执行标准化生产技术标准，并积极申报了无公害基地，取得了无公害产地证书，同时取得了"全国科普惠农兴村先进单位"的荣誉称号。

重视生产资料的统一供应。合作社将生产资料供应与新品种新技术的推广应用有机地结合起来，统一为社员提供种苗、优质棚膜、肥料、安装卷帘机，扶持社员发展食用菌特色产业。目前，已累计供应种苗100万株，棚膜10吨，架设滴灌设备60套，安装卷帘机60台。

（三）面向市场，提高品质，增强产品市场竞争力

有质量，才有市场；有品牌，才有竞争力。合作社在坚持"分散经营、集中管理、联合对外、统一销售"的原则上，按照绿色食品生产标准组织生产，采取四项统一措施——统一生产标准、统一技术服务、统一销售市场、统一销售价格。推行标准化生产，保证产品质量站稳市场，以合作社为组织载体，为食用菌种植户提供全方位的优质服务。对于不符合食用菌销售质量标准和要求的行为，合作社建立了销售质量信息反馈平台，及时对反馈的信息进行曝光，

强化了会员和农户的质量意识和维权意识。

为了让产品既好看又好吃，合作社对蘑菇所用的营养基进行分析改良，将锯末、谷糠、秸秆、玉米芯等进行科学配比，在下菌种前经过消毒、杀菌、发酵等工序；注入铁、锌、钙等元素，以提高蘑菇的营养价值和口感。通过在原料里面加配香油饼子、豆粉、黄豆粉、绿豆粉等营养成分，使蘑菇长出来以后，品相好、口感好、营养价值高。其他蘑菇炒菜出来以后没有油花，晶金合作社种植的蘑菇一炒就散出来油花了，相比其他的同类蘑菇产品，虽然在市场上每斤高出两块钱，仍然供不应求。

（四）政府引导，典型带动，搭建脱贫致富桥梁

通过政府引导、典型带动，晶金食用菌专业合作社搭建起了市场与贫困户之间的桥梁，不仅提升了农业生产的综合效益，也让贫困户掌握了致富的一技之长。

合作社坚持"帮残扶困到位，精准扶贫到户"的理念，采取合同带动创业、劳务带动就业等方式，积极带动西寺望台村、黑塔村、卜家沟村等 65 户贫困家庭进行食用菌种植，户均年增收 3 万多元。除此以外，合作社优先安排贫困户到基地就业，并与 180 多名村民签订了劳务合同。按照劳动强度不同，合作社给村民每天发放 40～50 元不等的工资，2016 年全年，累计发放工资 60 多万元。

夏天和农闲季节，合作社以自愿的方式组织周边各村村民进行食用菌种植技术培训，到了每年的农历八月份，再以成本价给掌握技术的村民发放菌种，村民在家培育出菇后，合作社按照当时的市场价格进行统一回收，解决了村民销售的后顾之忧。以香菇为例，一个菌包的价格是 6 元钱左右，每年可以出菇 5 斤左右，按照冬天香菇每斤 10 元的价格计算，一个菌包就可以赚到 40 多元钱。

三、经营成效

山城区晶金食用菌专业合作社自 2008 年 5 月成立以来，坚持"政府引导、能人领办、入社自愿、退社自由、利益共享、风险共担"的原则，按照"扩规模、打品牌、提品质、拓市场"的工作思路，积极发展食用菌产业，被评为国家级示范社，国家级科普示范基地，并被评为第一批省级示范社，省级农业标准化示范区，荣获多项市、区荣誉。合作社理事长胡买岗在 2015 年获得全国"百姓学习之星"称号。

研究成功的灵芝种植技术和活体嫁接技术在合作社的规模化生产中充分应用，每年可生产药用灵芝 100 千克，灵芝活体嫁接盆景 1 000 盆。每年投料量 5 000 多吨，年产量 2 000 吨，产值 1 000 万元，利润 100 万元。

四、启示

合作社在未来发展过程中，可以通过"合作社＋基地＋贫困户"的经营模式，以小农户形成大规模，通过建设产业链扩大扶持覆盖面，推动贫困农户在产业链中分工角色的转变，帮助贫困户尽快脱贫致富。通过晶金食用菌专业合作社案例，有以下几点启发：

第一，扩大规模，增加总产量。在现有农业生产规模的基础上，增加立体种植面积，大幅度提高总产量。

第二，完善设施，实现全年生产。增加制冷设备，实行机械化控温，根据市场需求，随时调整种植品种和种植面积，实现全年生产，效益最大化。

第三，延长产业链条，带动农民增收致富。为农民提供菌种、设备、生产资料、技术、信息、销售渠道等统一服务，与农民签订保护价收购合同，带动农民大力发展食用菌种植，统一收购产品，进行初加工，为食品加工企业和医药企业提供初级产品。

第四，发展循环经济，助推生态农业发展。以种植业产生的玉米芯、棉籽壳、豆秸等秸秆作为生产食用菌的主要原料，生产出来的食用菌产品进入市场用于销售或者经初加工后销售，剩余的菌渣有两个途径：一个是通过添加其他原料继续生产其他品种的食用菌，另一个是粉碎后还田用作种植业生产的优质肥料，通过循环，发展生态农业。

第五，发展循环经济与发展生态农业相结合，实现效益最大化。与农民签订粮食种植合同，农民按合作社要求种植小麦、玉米等适合用于挂面、包子、饺子、饼干等的粮食品种，合作社统一收购。合作社生产食用菌产品，经初加工成食用菌干粉。将干粉按比例混合入面粉中，生产出不同需要的挂面、包子、饺子、饼干等，投放市场。

点　评

作为一种重要的新型农业经营主体，合作社正处于快速发展时期。在金晶合作社探索过程中，进行科学合理的合作社内部管理、重视科学技术的应用、面向市场进行市场化运作是合作社取得成功的重要原因。打铁还需自身硬，科学合理的合作社内部管理是保证合作社稳健发展的前提。内部控制包括控制环境、风险评估、控制活动、信息与沟通、监控等五个相互联系的环节。

晶金食用菌专业合作社成立于 2008 年，主要种植有平菇、香菇、金针菇、白灵菇、灵芝等。晶金合作社由农村妇女种植能手胡买刚等 5 人发起，虽然并没有接受过内部控制的专业教育，但在实践中总结了一套行之有效的内部控制措施。

控制环境方面，合作社健全了组织机构。合作社内部设立了市场部、宣传部、财务部和生产部 4 个部门，分别为合作社会员提供农资供应、市场信息、科技培训、技术指导、产品销售等服务。职权分工明确，保证了良好的控制环境。

风险评估方面，合作社以市场需求为导向，适时生产适销对路的食用菌类。同时，提取了市场风险基金，对因灾及市场风险造成的损失对会员进行补偿。

控制活动方面，合作社成立以来，按照内部议事规则，先后制定了《会费收缴管理使用制度》《市场风险基金提取管理办法》《合作社学习培训制度》《购销管理制度》等制度，做到了靠市场运行，凭制度办事，规范了合作社的运行。

信息与沟通方面，合作社一方面加强社员之间的技术交流与市场交流，同时邀请专业农技人员进行技术培训；在市场信息方面，合作社建立了销售质量信息反馈平台，及时接收反馈信息，顺应市场要求，提高自身市场竞争力。

监控方面，合作社邀请专业人员对食用菌的各个环节进行追踪指导、监控；同时统一收购、统一包装、统一销售，保证各个环节的分工与互相监督。

我国农民专业合作社发展迅速，但内控管理不容乐观。合作社需要结合自身特点，优化控制环境，明确控制目标，改善控制技术，并不断完善内部控制系统，提高内部控制的效果。只有不断完善内部控制系统，才能保证合作社的平稳运行，提高合作社的市场生存能力与市场竞争力。

同时，在整理晶金食用菌专业合作社资料的过程中，对通过农民专业合作社开展精准扶贫工作进行了思考。农民合作社在精准扶贫开发过程中具有与众不同的优势，一方面，作为市场主体之一的合作社在农业产业化和市场化活动中的延伸和拓展与农村贫困地区市场化发展需要相适应；另一方面，合作社作为贫困农户利益联结的组织载体，可以更好地回应贫困农户的需求，提高扶贫资源响应贫困农户的程度。通过发挥合作社联结作用，增强贫困农户自主发展意识和话语权，形成一种贫困农户资产收益不断增长的长效机制，转变产业链中贫困农户的角色与分工，提高贫困农户的自我发展能力，实现扶贫精准对接，推动长效扶贫机制的建立。

一是提高贫困农户与合作社的联系程度。农户没能建立起"内生"的合作社组织是产业化经营失败的关键原因，也就难以解决小农户与大市场之间的矛盾，不利于农户增收。因此，发展农业产业化、增加贫困农户收入，就必须优先提高合作社的组织化程度。合作社通过改组组织结构，形成贫困农户占主导的合作社结构，共同的利益将松散的贫困农户联合起来，构成了合作社的组织基础。尽管社员的共同利益是前提，但共同利益的保值增值和可持续获益才是强化合作社认同和促进组织团结的动力。在合作社管理运行过程中，提高贫困农户参与和互动，改善技能和服务能力，防范生产风险和市场风险，改善合作社组织运行和经济独立，通过合作社与市场、涉农企业合作，促进农业发展和贫困农户增收，从而通过共同利益的实现，提高合作社组织化程度和集体行动能力。

二是以合作社组织化经营推动贫困农户在产业链中分工角色的转变。农民合作社是引导和组织分散农户进入市场、推动农业产业化经营的重要载体，在激活、延伸和整合农业产业链发展中发挥着重要作用。在以市场为基础的产业扶贫中，扶贫治理困境主要表现在扶贫政策受益群体偏离，出现扶富不扶贫的问题；政府寻租和乡村精英俘获；资源分配不公平，政绩项目和高税收企业获利等方面。究其原因在于扶贫瞄准机制不合理，缺乏连接政府和贫困农户的中间制度载体。在全国大力发展农民合作社以后，合作社在连接市场和小农家庭之间提供了有效的沟通平台。但由于合作社规模偏小、发展资金与资源不足、规范化程度低、外部制度环境尚不完善等原因，松散的合作社组织难以成长为经济独立、决策自主、竞争力强的市场主体，农民的利益难以得到保护。在将来的合作社扶贫项目中，以合作社为平台，打造生产、加工、物流、市场推广、销售等环节综合发展的全产业链模式，把农产品高附加值留在合作社，使合作社和贫困农户从产业链最底层融入全产业链，通过自身竞争力的提高，转变在产业链中的角色和分工。

三是提高贫困农户自我发展平台和条件。在合作社产业扶贫项目中，项目对贫困农户自我能力的提升不仅关注农户内力的改善，而且也着眼于外力（资源、条件）的整合，构建稳定的内力和外力互动的合作平台。扶贫先扶志，外部资源为贫困农户发展提供机会和创造条件，通过连续、公开、广泛、无限制的前期知情协商，提高贫困农户参与的主体意识，通过外部资源的安排为贫困农户发挥内力创造条件。贫困农户依托于合作社的发展平台，在地方特色产业发展中获得知识、经验和技术，即使项目完工，但合作社载体和地方特色产业方式并未发生太大改变，贫困农户在合作社互动和产业链发展中形成和积累的社会资本、人力资本和物质资本，将继续支持贫困农户及其家庭生存和发展条件的改善，最终实现贫困农户的自主脱贫。

"草庐文化"走出大产业

——方城县草庐养蜂专业合作社

一、合作社概况

方城县草庐养蜂专业合作社始创于 1992 年，原为蜂业公司，2006 年发展为蜂业协会，2008 年正式成立草庐养蜂专业合作社。该合作社注册资金 2 881 万元，共有社员 302 户，蜜蜂 21 600 余群。主要从事蜜蜂养殖和蜂产品收购、加工、销售、技术信息咨询与服务等业务。合作社产品畅销北京、上海、广东等 30 多个大中型城市，与国内数家大型制药企业签订常年供货合同，并通过外贸部门出口到日韩、欧美、东南亚等国家和地区。

2016 年，合作社随着年产 10 000 吨蜂产品加工项目的建设迁至方城县新能源产业集聚区。新企业占地 46 亩，已建成标准化车间两栋和集办公、电子商务、多媒体培训等多功能于一体的综合楼一栋，总建筑面积 6 800 平方米，科研楼正在建设之中。目前合作社总资产达 4 000 多万元。合作社收购并加工生产"草庐牌"蜂蜜、蜂花粉、蜂胶和蜂王浆四大系列六十多个品种规格的产品，年经营规模达到 1 700 余吨，年营业收入达 7 900 多万元。

近十年来，草庐养蜂专业合作社始终坚持"科技先导、创新带动、诚信至上、品质取胜"的经营理念，通过上下不懈努力，使合作社良性快速发展。合作社 2010 年 1 月被南阳市人民政府授予"南阳市农民专业合作社示范社"，同年 12 月被河南省农业厅授予"河南省农民专业合作社示范社"；2011 年 11 月获得首批"国家级农民专业合作社示范社"称号，方城县也被国家农业部认定为"蜂产业技术体系示范县"；2012 年"草庐"牌蜂产品被授予南阳市"知名品牌"，并获得第十届中国国际农产品交易会金奖。

随着市场形势的变化，草庐蜂业与时俱进，不断丰富企业发展要素提高核心竞争能力。合作社注重科技创新，先后获得实用新型专利一项，发明专利初审两项。2015 年 7 月被河南省商务厅核定为"电子商务企业"，2016 年 2 月被河南省科技厅核定为"科技型企业"，2016 年 5 月被南阳市商务局命名为"市级电子商务示范企业"。合作社建立的蜜蜂文化科普馆也被国家蜂产品协会命名为"蜜蜂文化科普示范基地"。

由于合作社为当地经济社会发展做出了一定贡献，得到了政府和社会广泛的认可。合作社理事长侯朝阳多次被评为方城县和南阳市先进工作者、劳动模范，并先后担任县工商联副主席、县政协常委、南阳市养蜂业协会会长、南阳市养蜂专业合作社联合社理事长、河南省蜂业商会副会长等社会职务。

■■■【链接】合作社成立背景及所获荣誉

方城县草庐养蜂专业合作社位于中国南阳方城医圣张仲景故里，中药材之乡，"道地裕丹参原产地域保护"地——方城。草庐养蜂合作社的前身是"朝阳养蜂场"，是由方城县农业局券桥乡大龙庄国营农场养蜂场改制而来。早在1925年，陈金箱到北京李林园蜂场（现在的北京市蜂产品研究所）学习养蜂技术，1928年回到家乡开始养蜂生涯。1957年由他的儿子陈柏生和儿媳赵桂珍养蜂。由于国家政策的变迁，1967年赵桂珍带着蜂群归属券桥乡龙庄村的国营农场。1978年国家实行土地承包责任制后，经改制成为私有化蜂场，从此起名为"朝阳养蜂场"。在场长侯朝阳的带领下，蜂场规模不断扩大，由原来的几十箱，发展到现在的千余箱。1994年成立了方城蜂业公司，侯朝阳任总经理。2001年被河南省养蜂协会授予"河南省第一养蜂大户"的称号。2006年发展为蜂业协会。2008年正式成立草庐养蜂专业合作社。2010年专业合作社同时被授予"南阳市示范社"和"省示范社"的光荣称号。合作社建立了蜂蜜加工厂、GMP车间、化验室，设备齐全。企业已获得QS认证，有机认证，ISO9001国际质量体系认证和南阳市名牌产品。方城县被农业部国家蜂产业技术体系定为"国家示范县"。

二、发展成效与经验

（一）"人才支撑，科技引领"是合作社发展壮大的前提

科技是第一生产力，但科技要靠人才支撑。草庐蜂业合作社十分重视人才支撑和科技引领作用。

一是打铁首先自身硬，草庐合作社注重对管理层素质的培养，努力打造专家型管理经营团队。草庐理事长侯朝阳从事和研究蜂行业将近40年，积累了丰富的实践经验，但依旧坚持不懈利用工作之余挤时间进行学习深造，尽量将理论与实践融会贯通。他曾先后到福建农林大学蜂学院、清华大学管理学院学习深造，并获得高级农艺师技术职务，被中国国家蜂产业技术体系新乡试验站聘为应急事件处理专家委员会委员。大海航行靠舵手，合作社的领头人在所从事领域拥有丰富的知识，才能高瞻远瞩、视野开阔、科技意识敏锐。

二是重视人才、引进人才。草庐养蜂合作社建立了南阳市蜂业产品研发工程技术中心，积极与相关科研单位、大专院校"攀亲结缘"，聘请国内蜜蜂研究领域著名专家吴黎明、张中印，南阳理工学院教授臧晋、王冬梅等专家学者到合作社担任研发顾问或研发中心成员。通过邀请专家作为合作社蜂产品研发的学术带头人，草庐合作社的产品研发在短时间内取得了丰硕成果。

三是努力将合作社打造成一支具备科技素养的团队。草庐合作社共有管理人员及职工48人（包括蜂场人员），全部具备高中以上文化程度，其中4人具有中级以上技术职称，7人具备大学本科学历，11人具备大学专科学历。

另外，方城县系国家蜂产业技术体系示范县，作为示范县的技术支撑单位，草庐蜂业按规定享受国家技术体系内一个首席科学家（中国农科院吴杰）和二十个岗位科学家（如新乡综合试验站站长张中印，中国农科院蜜蜂研究所研究员李建科、吴黎明，福建农林大学蜂学院院长周冰峰，安徽农业林大学教授余林生等）的全方位技术服务，技术支撑团队强大。

草庐蜂业从养蜂到各种蜂产品的研发、定型、生产等各环节都离不开专家学者的参与和指导。这些专家用自己的睿智和高深蜂业理论引导合作社科学化、规范化、现代化的养蜂、蜂产品加工生产和新产品研发，他们又在这些实践过程中丰富完善自己的理论。所以草庐蜂业的产品都是相对超前的专家产品，草庐品牌也是名至实归的专家品牌。

（二）"信誉第一，品质取胜"是合作社立于不败之地的法宝

产品就是人品，信誉就是生命。草庐蜂业始终把信誉和产品质量视作合作社的生命，通过打造过硬的品质、声誉来提升合作社的核心竞争力。为提升蜂产品的质量，该合作社坚持从源头抓起。

首先，提高蜂农的技术和管理水平。合作社采取集中培训和分类指导相结合的办法，加强对蜂农进行技术培训。邀请县、市农业局和畜牧局等单位专业技术人员编写养蜂专业技术资料和宣传稿件；以重点乡镇、重点村为主阵地，深入到蜂场、农户家中，逐村逐户进行巡回宣传和重点指导，并邀请养蜂大户和先进户进行典型案例介绍和实例讲解，每年平均巡回指导20场以上，培训社员1 500人次以上。每年还邀请中国农科院、河南科技学院、南阳养蜂协会及国家蜂产业技术体系新乡综合试验站的专家到企业进行养蜂技术培训。通过培训，企业及养蜂户技术水平和专业素质得到明显提高。

其次，建立蜂产品质量追溯管理制度，在严把入口和出口关基础上对产品质量问题进行倒查追究。生产环节建立健全岗位责任制和质量问题问责制，对于因不负责任造成质量不合格问题者给予严厉的经济、纪律等综合性处罚。

其三，关注原材料及产成品的检验检测。公司先后投资 300 多万元购置设备，培训人员，健全检验检测管理规程，做到进出必检、每班次必检、每批次综合再检，确保了产品各项理化指标、卫生指标、安全指标全部合格。由于企业产品质量过硬，深得广大消费者的信赖，销售量与日俱增。

（三）"更新理念，创新发展"是合作社做大做强的关键

在新的市场经济环境下，要想把企业做大做强，就必须摈弃传统的发展理念和经营方式，确立崭新的经营理念，在管理方法、营销模式等方面紧跟时代潮流，做到与时俱进，不断创新，以创新求得更大发展。

为了联系自身展示中国深厚悠久的蜜蜂文化，草庐蜂蜜合作社投资 500 多万元建立了蜜蜂文化科普基地，主要展示中国蜂产业发展渊源和历程、蜜蜂生态学知识、蜂产品生产过程及其价值、蜜蜂对人类生态的重大贡献等。通过建造蜜蜂文化科普基地，既营造了丰厚的合作社文化，又宣传了蜜蜂产业，提升了合作社形象。另外，为了扩大县域蜂产业的规模，草庐合作社积极主动建立了蜂产业及电子商务培训中心，配备现代化的多媒体教学设备，源源不断地为本县和邻近县培训输送蜜蜂养殖、蜂产品加工、电子商务运营和管理等方面的人才。

为了适应我国经济发展新常态，自 2012 年开始草庐合作社就重视并着手打造电子商务购销网络，先后选拔、培训电子商务技术人员，组建专门的电子商务团队开展电商营销，并在销售上取得了显著成效。2015 年在全国经济态势下行，各行各业普遍经营困难的情况下，草庐合作社则逆势而上，通过电子商务平台销售蜂产品总值达 1 600 余万元，销售额创历史最高纪录。此举进一步坚定了该合作社建好电商、发展电商、依靠电商、做大做强电商的决心和信心。紧接着，合作社积极筹备款项，大力完善电子商务平台的建设，初步建成网上"草庐商城"并顺利运营。从 2015 年 11 月开始至今，草庐合作社已经在全国各地发展代理商近 200 家，吸纳会员 3 000 多个，基本建成了覆盖全国主要区域的电子商务销售网络和流通渠道，为进一步扩大草庐蜂业的产品销售和提高企业经济效益做出了较大的贡献。

（四）"充分发挥服务和引领作用"是合作社持续发展的基础

合作社是农民经济合作组织，现阶段我国农业经营中普遍存在小农意识浓厚，内部组织化程度松散，工作中稍有不慎就会产生很多矛盾，甚至分崩离析造成解散，对于合作社来说根本谈不上发展，更谈不上做大做强。因此合作社的管理层必须审时度势、灵活应变，不但要发挥好教育、服务、引领等职能，

还要努力提高合作社合作、互助、帮扶、交流、培训等服务的作用效果，更要注重提高合作社成员的组织化程度。草庐合作社的具体做法：

一是走集约化发展道路。以"协会＋公司＋养蜂户""蜜蜂养殖＋加工生产＋市场运作"和"联购联销"等运营方式使方城养蜂行业初步走向规模化、集约化发展道路。至2016年年底，合作社302户社员全部入股，成为紧密联结的股东利益共同体。另外，为了积极发挥引领带动作用，草庐合作社还与县内外812家小散养蜂户签订协议，收购他们的蜂蜜、蜂胶、蜂王浆等蜂产品，同时协助他们统一购买生产资料、防疫药品等物资，帮助解决其购销规模小、费用高和生产附加值低等问题，提高了小散养蜂户的经济效益。

二是加大扶持力度，提高合作社的凝聚力。前两年，草庐合作社在积极争取国家蜂业技术体系的技术和资金支持的基础上，又千方百计筹措资金，加大对新品种、新技术的引进力度。合作社先后投资103万元，购进每只价值1万多欧元的德国抗病抗螨种蜂6只、蜂箱2 400余套及消毒用酒精喷灯380余盏，养蜂专用帐篷600余顶。除将物资无偿提供给合作社比较困难的社员使用外，合作社还统一组织采购养蜂所需生产资料，降低了社员的养蜂成本，提高经济效益，为养蜂业持续健康发展夯实了基础。

三是努力为合作社成员创造宽松、良好的经营环境。草庐合作社理事会的重要工作之一就是千方百计疏通各方面渠道，给社员及蜂农营造和谐宽松的生产经营环境，同时还要尽最大努力在技术、资金、生产资料、市场信息等各方面给予蜂农提供帮助，以求实现合作共赢、共同致富的愿景。除此之外，对于那些在生产生活上出现困难的社员或养蜂户，草庐合作社更是不遗余力地为其排忧解难；对于那些子女升学、家有病人、发生灾难等困难的特殊社员和蜂农，该合作社坚持经常慰问、看望或资助。近两年，草庐合作社用于资助、救灾捐献和慈善捐赠的善款高达90万元。这些善举能够较大程度地提高草庐合作社的凝聚力，提高社员的向心力以及合作社整体组织化程度，使合作社形成团结和谐、务实进取、合作共赢的良好局面。

三、面临难题

该合作社虽然在发展过程中取得了不小成绩，但同我国当前大多数合作社一样，也面临着躲不开的"两难"困境：

一是人才引进难。该合作社虽然做到一定规模，但因为农民专业合作社的身份局限，在法律上被定义为农民合作经济组织。出身是"农"，做的事情与"农"相关，因此，有一定专业技术水平的人才都不愿到合作社工作。加之政府目前缺乏针对企业引进人才方面的激励机制和优抚措施，因此，合作社引进人才非常困难，原有的专业技术人才也很难留住。

二是资金筹措难。资金问题一直是制约合作社发展的瓶颈性因素。此类从事蜂产品加工的合作社需要季节性突击收购和储备，占用流动资金规模大、时间长，资金短缺问题突出。另外，由于合作社是涉农行业，不管是种植业还是养殖业，其运作资源主要是土地，其他固定资产相对较少，时至今日我国农地抵押始终没有取得突破性进展，对合作社来说缺乏有效的抵押资产，很难申请到银行贷款。

点 评

草庐养蜂专业合作社是一家由行业协会转型的合作社。与多数合作社相同的是草庐发展的历程中仍能寻觅到能人带动的踪迹，草庐合作社理事长侯朝阳具有扎实的理论与实践经验，借助自身优势，合作社能够不断发展壮大。从该案例中能够看到存在几处亮点：

首先，对合作社文化的关注。成熟的文化能够助推企业发展，是企业发展的首要动力。所谓企业文化或称组织文化，是企业为解决生存和发展问题而树立形成的，被组织成员认为有效而共享，并共同遵循的基本信念和认知。企业文化集中体现了一个企业经营管理的核心主张，以及由此产生的组织行为。合作社作为一个组织团体其发展壮大同样离不开内部所凝练出的文化精髓，这是其发展动力。草庐合作社积极打造产业文化，投资建立了河南省唯一一家"中国蜜蜂文化博物馆"，通过进一步弘扬蜜蜂文化来促进蜂产品行业做大做强。

其次，推进蜂产品深加工。对于一社一品的合作社来说，通过改进源头、生产与终端环节的服务能够缩减成本、提升效益、增加利润，但是受限于单一的盈利模式，该类型合作社进一步发展存在障碍。鉴于此，在产品深加工上下功夫能够为合作社寻找更广阔的市场空间。发展产品深加工，对原材料或半成品通过一定科技手段进行工艺处理，使之成为人们可以直接使用的具有高附加值产品。这种纵深发展方式，能够提升产品价格，扩大企业盈利范围，提升企业竞争力。草庐养蜂专业合作社在关注产品品质的同时也致力于深加工。目前，研发并生产出"草庐牌"蜂蜜、蜂花粉、蜂胶和蜂王浆四大系列六十多个品种规格的产品，年营业收入近 7 000 万元；同时，注重科技创新，自主研发的蜂蜜保健醋、蜂蜜小米养生醋、蜂蜜酒已通过发明专利初审。

再次，注重人才培养与引进。草庐合作社的案例中，不论从理事长的自我学习成长，抑或聘请研发技术人员等举动，都能够看到该合作社对人才的关注。优秀的人才不但应具备良好的人品而且应博学广识并在某一领域有所专长，同时还应该效率高、讲方法、洞察力强、吃苦耐劳、有创造性思维。

纵观这家正在发展中的合作社，具备完整的规章制度、高瞻远瞩的管理团队、过硬的产品品质与创新的发展理念，基本囊括了企业发展壮大所应具备的硬性条件。在合作社发展的外部条件上，迫切需要政府部门再接再厉为我国合作社发展营造大环境，对其进行合理引导、规范、扶持，并尽快完善农村金融互助、担保、信用体制，内外结合才能使合作社发展壮大。最后，建议草庐合作社扩大产业链终端的推销力度，运用多样化的营销手段，并注重在知名媒体上进行推广宣传，打造出"草庐"品牌知名度和美誉度。

内外兼营　开创广阔发展空间

——河南蜜乐源养蜂专业合作社

一、合作社概况

2007年7月1日《中国农民专业合作社法》正式实施，中原蜂业协会随即召开成员代表大会，决议成立养蜂专业合作社，将中原蜂业协会会员变更为合作社社员，并决定将合作社总部注册在河南省郑州市。2007年12月郑州蜜乐源养蜂专业合作社正式成立，2008年12月20日变更为河南蜜乐源养蜂专业合作社。合作社注册资本500万元，成员354户，辐射带动蜂农2000多户，养殖蜜蜂10万余群，年产蜂产品5000多吨，成员遍布浙江、四川、河南、河北、山东、山西等省，年产值近1亿元。该合作社的主导产品为蜂产品——蜂蜜、蜂王浆、蜂花粉、蜂胶，主营业务包括：统一组织采购社员所需的生产资料；统一组织收购并销售社员生产的产品；开展培训、技术交流、咨询、包装、运输等服务；积极拓宽销路，开展出口贸易等。

目前，合作社已建立起"全产业链"运行模式，通过统一组织生产、统一加工、统一品牌形象、统一包装和销售的运营方式，辐射郑州市周边6个省的80多个乡镇，已发展成为中国蜂业行业的知名品牌、全国蜂业行业品牌及十佳电商品牌。注册商标"蜜乐"被认定为河南省著名商标，并连续四年通过欧盟有机认证，市场范围从线上到线下遍布20多个省市，还被代理出口到日本、韩国、中国香港等市场。2012年被蜜乐源合作社被农业部认定为"全国农民专业合作社示范社"。

▓▓ 【链接】合作社发展历程及荣誉

2006年，中原蜂业协会成立，蜜乐蜂业任首届会长。

2007年，河南蜜乐源养蜂专业合作社注册成立，获"十大隐形冠军企业"。

2008年，获得"全国蜂农专业合作社示范社"称号，通过蜂蜜生产质量安全认证（QS）。

2009年，产品通过有机蜂蜜认证，合作社被评为"全国蜂产品行业诚信企业"，产品进入丹尼斯实施"农超对接"。

2010 年，获得有机养蜂及蜂产品认证，成为河南省首家通过有机认证的专业合作社；获得区级、市级、省级"农民专业合作社示范社"称号。

2011 年，蜜乐王浆片荣获"优质产品奖"，获得"十大富农先进单位"。

2012 年，被评为"全国农民专业合作社示范社"，第十届国际农产品交易会金奖，第四届中国郑州农业博览会金奖，蜜乐槐花蜜荣获"优质产品奖"，合作社被评为河南省科技创新示范单位，河南省科普成果奖一等奖，时代先锋模范人物，郑州市新网工程建设先进单位。

2013 年，郑州蜂业工程研究中心成立，"蜜乐"成为河南省著名商标，第十一届国际农产品交易会金奖，全国蜂产品行业百强品牌，河南省农民专业合作社优秀示范社，郑州市"十佳"合作社，河南省中小企业名牌产品，河南省诚信经营示范单位，河南省年度品牌领军人物。

2014 年，产品通过欧盟有机认证；被指定为甲午年黄帝拜祖大典贵宾用饮品及突出贡献奖，全国供销合作社"百佳标准化农产品品牌"，2013 年度全国百强农产品经纪人，2013 年度全国百佳农产品品牌，第十七届中国农产品加工业投资洽谈会优质产品奖。

2015 年，获河南省人力资源厅、河南省供销合作社先进集体，被河南省商务厅认定为"电子商务企业"，获第十八届中国农产品加工业投资洽谈会优质产品奖，蜂胶大蜜丸发明专利，全国蜂农专业合作社示范社，河南服务蜂农诚信单位，河南服务三农优秀人物。

2016 年，被评为中国消费质量万里行推荐品牌，第十八届中国农业投洽会"金质产品奖"，第十九届中国农产品加工业投资贸易洽谈会金质产品，被中国蜂产品协会评为"中国蜂产品电子商务十佳品牌"。

二、运行及治理机制

按照《中国农民专业合作社法》及《农民专业合作社示范章程》（以下简称《章程》），蜜乐源合作社逐步完善了民主管理及财务管理等各项经营管理制度。同时，合作社遵照"民办、民管、民受益"的原则，贯彻"统一生产资料供应、统一收购、统一品牌和销售、统一利润返还"的服务宗旨，按照"自主经营、自负盈亏、自主发展"的运营模式，建立了以交易量（额）比例返还盈余为主、按出资额返还比率为辅的收益分配机制。

蜜乐源合作社依照正规合作社的运行规范开展工作。合作社建立有完善的成员（代表）大会、理事会、监事会等"三会"制度，充分保障全体成员对合作社内部各项事务的知情权、决策权、参与权和监督权；实行理事会领导下的理事长负责制，并分工合作，各负其责；设立了办公室、生产部、销售部、质量检测部、产品研发部五个部门。经成员大会选举何昕为理事长，刘洪、赵贵仓、牛长得、侯宝敏为副理事长，徐海涛为监事长，孙东跃、赵培林为监事，何昕为秘书长，党保国、李群太为副秘书长的领导人员组成。理事会成员有刘洪、赵贵仓、牛长得、侯宝敏，何昕为合作社法定代表人，其余为合作社股东；合作社监事会成员由部分蜂农组成，分别是徐海涛、赵培林、孙东跃。

蜜乐源合作社还积极引入股权治理模式探索合作社的发展。该合作社的股权构成：河南爱蜜乐实业有限公司出资 113.9 万元，154 户农民出资 386.1 万元。合作社骨干成员持股按照相对平均的方式分配，持股比例达 77.22%，合作社为每位社员设立有成员账户，并按照《章程》及财务管理办法记载成员账户，并把经营形成的资产计入成员账户名下。

三、做法与经验

成立之初，合作社举步维艰、困难重重，没有资金、没有生产场所、没有设备、缺少人才、没有品牌更没有销售渠道。但是，近十年来，政府相继出台支持农民专业合作社发展的一系列优惠政策，尤其是《中华人民共和国农民合作社法》的制订实施，给蜜乐源合作社的发展壮大提供了坚实的支撑条件。在此背景下，蜜乐源合作社理事会经过多次市场调研与论证，坚定认为发展合作社是历史所趋，亦是明智之举。

(一)实施品牌战略

随着我国对外开放程度不断扩大，市场经济逐渐向纵深发展，促使市场上的众多经营主体在生产过程中不但注重前期、中期工作，同时也开始关注起后期的销售及售后服务，后期营销成为商家竞相角逐的领域。同理，合作社要想发展壮大，做大做强，也须在营销上多下功夫，必须创品牌、占市场、扩大知名度。现阶段，我国的合作社普遍起点低、底子薄、资金短缺、人才匮乏、管理不规范，在市场竞争中显然无法与实力雄厚的大型企业集团抗衡。如此情况，不实施品牌战略，必将影响后续发展。

蜜乐源合作社在资金、管理、人才等软硬性设施极不充分的情况下克服重重困难，筹资 100 万元来升级产品包装、策划市场营销活动，打造产品的知名度和消费者对产品的关注度。鉴于养蜂事业的辛苦，蜜乐源合作社反其道而行之，将合作社的商标定名为"蜜乐"，寓意辛苦工作给人们带来了甜蜜快乐，这是一种类似于企业文化的合作社文化雏形，能够将"甜蜜快乐"的企业理念传递给社会。如今，"蜜乐蜂蜜"在河南已经深受消费者喜爱，顾客忠诚度在90%以上；"蜜乐"也已成为河南省著名商标，而且正在申请中国驰名商标。

（二）建立自己的生产车间

历年中央 1 号文件及农业部相关文件中多次提及合作社发展，鼓励合作社延长产业链条，兴办自己的加工企业，各级政府部门也出台系列优惠政策推动其发展。蜜乐源合作社遵照指示精神，逐步改变了以原料形式销售产品的最初经营模式，建立起从生产源头到销售市场的蜂产品链，以此来发挥合作社的优势，增加产品附加值，实现利润最大化。2008 年 10 月，蜜乐源合作社蜂蜜生产车间建成投入使用，并获得食品生产许可证。

（三）构建销售网络

社员生产出的蜂蜜怎么办？最直接的办法是合作社自己建渠道。蜜乐源合作社于 2009 年成立了第一个分社——东里路分社，直接销售合作社的产品，并与丹尼斯、家乐福、张仲景连锁药店成功对接。如今，蜜乐源已经在河南省开设 100 多家连锁销售网点，在丹尼斯、张仲景药房等设立销售网点 400 多个。此举使合作社的年销售收入从刚开始的几十万元达到目前 5 000 多万元，即便在经济不景气的年份，蜜乐源的销售额依旧保持稳定增长。

与此同时，蜜乐源合作社还积极开展电子商务，探索开设京东、天猫蜜乐旗舰店；广泛利用微博、微信结合线下体验活动宣传蜜乐品牌。2014 年以来通过转发＃郑州供销＃的话题，微博赢取蜜乐蜂蜜活动，在春节前转发带有＃中国好年货＃的话题，在微博扩大"蜜乐"品牌影响力，增加消费者对蜜乐蜂蜜的认知度。

（四）以"四统一"的标准规范发展，提升产品质量

蜜乐源合作社通过了统一投入品的采购和供应，统一生产质量安全标准和技术培训，统一品牌、包装和销售，统一产品和基地认证认定的"四统一"标准，以标准来规范产品生产和销售，年底按照交易量统一返还利润及分红，使农民分享流通领域的利益成果。在"四统一"标准的约束下，入社社员标准化生产率达到 100%，统一收购产品超过 90%，加入合作社社员比未入社农户收入高出 20%，合作社起到了良好的示范带动作用，并带动了整个行业规范化发展。

生产标准化提高了，产品质量自然能够保证。为进一步夯实品质，合作社

建立从源头控制质量的溯源体系。2008年以来蜜乐源合作社坚持每年定期对蜂农进行养蜂技术与质量溯源培训，迄今为止，累计培训蜂农达5 000多人次。另外，蜜乐源合作社在太行山、王屋山建立有机养蜂基地三个，产品质量达到欧盟、日本认证标准，产品出口日本、韩国、中国香港等地市场。2014年全国首家通过欧盟有机养蜂认证，至2017年，连续四年通过欧盟有机认证，有机蜂蜜的收益高于普通蜂蜜30％。

四、取得成效

历经多年发展，蜜乐源合作社不但为社员创造出了丰厚福利，同时也为社会带来了诸多效益。

（一）创造经济效益，促进社员增收

经过多年摸索发展，蜜乐源合作社为社员和社会创造出了丰厚的福利。蜜乐源合作社通过组织大量蜂农规范化生产提高了生产规模，实现了小农经济无法企及的规模效益。众所周知，一般养蜂农户自发养蜂，缺少现代化养蜂技术，产量低、质量不高，年收入一般只有2万～3万元；合作社项目实施后，加入合作社的农民经过技术培训，生产出的高质量蜂蜜以高于市场价10％的销售价格被合作社收购，实现直接增收。而且如此一来，社员年收入高于当地未入社农户20％以上。

（二）加强了与社员的利益联结

合作社的运作模式加强了组织与成员之间的密切联系，将组织机构的"统领"功能淋漓尽致地发挥出来，使社员大众紧紧围绕在组织周围。蜜乐源合作社采用"合作社＋基地＋农户"的运作模式，向农户提供优良蜂种、标准蜂箱和养蜂推广技术，进行国际标准的蜂产品生产培训，并按照市场价格与农户签订收购合同，向农户收购蜂蜜原料，而后统一加工、统一品牌、统一销售，最终实现利益共享。

（三）创新发展模式

蜜乐源合作社开展现代养蜂全程化服务体系建设，从源头开展蜂农技术培训，有效解决蜂产品的质量安全，提高蜂农收入。在生产环节，建设蜂蜜仓储设施，更好地为社员提供专业化服务，提高合作社的服务水平和能力。在收购环节，开展蜂产品检测，通过预检项目对农残、抗生素监控检测，保障蜂产品安全。除此之外，蜜乐源合作社依托河南省丰富的蜂业资源，充分整合、完善、提高自身的服务和带动能力，并结合现代化管理体制，建成一个能够满足蜂业产业需求的产业链上下游服务体系。从源头控制产品质量，按照国际标准来指导生产，提高蜂产品的市场占有率，扩大品牌知名度，拓宽销售渠道，带动河南养蜂业走向现代化、专业化、组织化、规模化发展。

（四）带动就业

"修身、齐家、治国、平天下"，企业的发展与其社会责任密不可分。蜜乐源合作社通过在下游开展市场营销活动，安排就业人数 100 人左右，人均年收入 3 万元，增加就业总收入 300 多万元。另外，蜜乐源合作社的发展也辐射带动了周边地区食品、服务、运输、广告传媒等相关行业发展，有效促进农村剩余劳动力转移，增加农民收入。此举促进了社会和谐发展，具有良好社会效益。

（五）保障食品质量安全

"蜜乐"的蜂蜜生产线不是最先进的，但是保留了最原始的本真。"蜜乐"的仓库里，每一个用于存放蜂蜜的包装桶上都有一个"身份证"即蜂农的名字和采蜜地，具有产品质量追溯功能。合作社成立后，以"统一生产资料供应、统一质量标准、统一品牌包装和销售"的管理方式很快建立起一个集养殖、加工、销售于一体的经济实体，打造出了养蜂业的"全产业链"。通过这种模式保证了从"蜂箱到餐桌"的食品安全，合作社承载着食品安全的企业责任和让农民、消费者双受益的社会使命。为了"让中国人吃上放心蜜，吃上符合国际标准的好蜂蜜"，蜜乐人正以"为国人，酿好蜜"的社会责任和历史使命来践行这一承诺。

点 评

显而易见，蜜乐源合作社在不断发展壮大，生产的规范化、产业链条的前后延伸、品牌策划与电子商务等多种市场营销手段的实施，统一标准提升产品质量的举措，社会责任与义务的执行与担当等，无不体现着在市场经济深度发展的背景下，该合作社顺应农业供给侧结构性改革的大局，积极发力、强化自身、在市场中站稳了脚跟。蜜乐源合作社是一个成立较早的由国际化发展转型内销的公司领办型合作社。

这里笔者想重点提一下蜜乐源合作社的社员组成。蜜乐源合作社是服务广大蜂农的专业机构，而受地域所限养蜂行业不大可能在一个地区长久定居，蜂农要全国各地不断地跑去追赶花期。而农业是具有明显地域性的行业，依其而生的绝大多数农民合作社都要受固定地域限制，这是普通合作社的基本特征。但是，蜜乐源合作社的社员由业务特点所需完全打破了传统合作社的地域约束，其成员遍布浙江、四川、河南、河北、山东、山西等省，这是一种突破地域限制的合作经营。从某种意义上说，蜜乐源合作社也为众多零散合作社的后续发展提供了启示，同一地区甚或不同地区同类产品行业和同一产业链上的不同产品行业的众多合作社可以联合经营，寻求规模化、产业化带来的高效益。

该合作社是"公司＋合作社＋农户"的模式。这种模式对农民和龙头企业都有好处，农民的好处是，合作显示了集体的力量，提高了农户在企业和市场面前讨价还价的能力，形成农户利益的自我保护机制。龙头企业的好处是，通过合作社进行技术培训、原料发放、质量监督、产品收购验级等，管理成本降低了，产品质量也可以更有保证。问题是，各自追求利润最大化的公司和农户的利益关系是不平等的，容易造成占据资金、管理、信息等优势的公司与农户群体利润分配不公，形成对立。所以，应该按照《专业合作社法》的原则，引导加强规范化建设，完善内部管理制度，使农民真正成为合作社主体，合作社真正成为互助性经济组织。

另外，品牌建设也是蜜乐源合作社经营中的一大亮点。这是一个"一社一品"的合作社，单一的产品并不意味着盈利模式单一，打通产销环节能够给合作社及社员带来最大化的利润。注重产业链终端的营销、销售等环节已逐渐成为涉足全产业链合作社的关注点。蜜乐源合作社打造自己的产品品牌"蜜乐"，注重从产品质量、标准、研发上进一步巩固市场地位，通过线下线上多种方式宣传品牌，推广产品，使之被大众了解接受。

当然，发展过程中仍有许多地方有待完善。例如，在相关案例中，我们看到了蜜乐源合作社引入股份制改造。股份制是合作社在发展过程中的一种探索和创新，在合作社中实行股份制本就对合作社发起宗旨中的地位平等、民主管理、一人一票民主选举、民主决策等硬性条款提出了挑战，如何在兼顾民主平等的基础上进行股份制改造给当前合作社的发展提出了更高要求，这是所有合作社在股份制改革中无法绕过的难题，值得多方斟酌，慎重抉择。

人本化管理　凝聚无限发展潜力

——济源市济水大鲵养殖专业合作社

一、合作社概况

济源市济水大鲵养殖专业合作社位于王屋山下愚公故里——河南省济源市，这里是全国知名的娃娃鱼原生地，风景秀美、水源丰富，特别适宜娃娃鱼的生长和繁殖。早在 2009 年，河南中原特殊钢厂的几个退休党员干部利用退休闲暇发挥余热，有感于济源市王屋山区老百姓贫困的生存状况，产生了：抱团创业、共同致富的理想抱负。经过多方考察论证后，他们与当地农村干部共同谋划，创办了济水大鲵养殖合作社。合作社注册资金 100 万元，主要以大鲵养殖和繁殖、鲵苗、商品鱼销售为主业，目前，拥有优质种鲵 400 尾、3～5 年商品大鲵 8 000 尾、2 年以下幼鲵 3 万尾。合作社目前拥有驯养、繁殖两个基地（建筑总面积达 8 000 平方米）、3 个分社、6 个散养户，成员由最初的 43 个发展到 128 个，覆盖河南、陕西两省，济源市内涵盖承留、王屋、思礼、天坛等乡镇。

济水大鲵养殖专业合作社是河南省大鲵协会理事单位，也是河南省为数不多的拥有成熟仿生态繁殖技术的大鲵养殖企业，2017 年繁殖鲵苗达 5 万尾。

▓▓ 【链接】合作社发展历程

2009 年 11 月合作社成立，养殖规模 100 余尾；

2010 年，合作社养殖基地建成，养殖规模 300 余尾；

2012 年，成为河南省大鲵繁育工程技术研究中心分中心，开始策划大鲵繁殖技术；

2013 年，建设王屋林山繁殖基地，当年小批量仿生态繁殖成功；

2014 年，仿生态繁殖获得批量突破，近 2 000 尾，合作社大鲵养殖存量达到 1 万尾；

2015 年，繁殖规模达到 8 000 尾，获得省级示范合作社称号；

2016 年，繁殖规模达到 30 000 尾，合作社大鲵存量近 50 000 尾，其中商品鲵近千尾，成为河南省大鲵协会理事单位。当年，通过定点销售、网络销售等方式，共销售商品鲵 400 尾、1～2 年幼鲵 3 000 尾，销售额近 30 万元。

二、运行和治理机制

该合作社按照《中华人民共和国农民专业合作社法》来规范内部架构，设立"三会"制度。合作社社员代表共 128 户，理事会有 9 人组成，执行监事 1 人，管理、技术人员 14 人（其中大专以上文凭 5 人，聘请专家顾问 2 人）。理事会、监事会均由成员代表大会选举产生，理事长兼任合作社经理。合作社的资金主要来自社员出资，出资最大的是合作社理事长韩太国，合作社有核心成员有 6 人，总出资占比 70%。另外，该合作社实行民主管理。选举、任用、决策都经理事会和成员代表大会通过，社员可以随时查阅合作社财务、管理等台账。合作社各项事务决策按投票制进行，投票严格遵循章程规定，普通社员一人一票，部分出资比例大的社员按照规定增加一票计票。在财务管理上，该合作社聘请专职会计和出纳，严格遵照财务制度，为每个社员建立成员账户。

好的制度是企业成功的基础。抱着对社员负责、对企业负责的精神，合作社严格执行各项规章制度。第一，坚持每年召开社员大会、理事会，并做好会议记录。理事成员由代表大会选举产生，一户一票投票权，出资多的成员增加一票，不超过章程规定。第二，坚持监事监督制度，对执行监事代表社员提出的问题，尽快予以解决，不好解决的也及时说明情况。第三，坚持信息公开，重大事情向理事会成员通报，社员可以随时查询公司账目，了解情况。第四，坚持重大决策通过理事会和社员代表大会。第五，坚持社员账户股金、分红年度化（每年一次），坚持将财政补助资金按照社员户数平均，及时计入社员账户。第五，坚持销售人员建立销售台账，养殖负责人负责大鲵存量记账（因各种原因死亡的，必须冷冻保存，待主要负责人审验后才能进行处理，并及时下账），财务人员进行核对，做到物账相符，保证财务数字的真实性。

该合作社主营大鲵养殖、繁殖、加工及销售。大鲵俗称"娃娃鱼"，属国家二级保护动物，受相关大鲵保护法律限制，五年以后才能销售。济水大鲵养殖专业合作社成立于 2009 年，2015 年才完成销售手续，2016 年销售金额 30 多万元。值得关注的是，合作社于 2014－2016 年 3 年间大批大鲵苗产出和商品鱼长成，折合市价实际产值能够增加约 300 余万元，对于这些潜在的获利每年年底按市场价测算增值金额后，按股东入股金额量化到每户股东名下，记入股东账户。迄今为止，户均增值 3 万元左右。

三、主要做法和经验

（一）用公司制的理念管理合作社

相对于我国发展并不成熟的众多合作社来说，公司制企业的各项管理更为规范。由于济水大鲵合作社核心成员都是大中型国有企业的退休干部，非常熟悉公司制企业的各项管理职能，成立合作社后将其沿用到合作社的管理运营中，所以该合作社在各项管理上驾轻就熟。合作社成立以来，以合作社章程为总纲，陆续出台了财务管理、盈余分配、信息公开、社务管理、经营管理等各项规章制度。比如，在财务管理方面，合作社分设会计、出纳，严格按照会计制度建账、立账，在财务报销方面，坚持谁花钱、谁签字说明，并由理事长签字才能报销。坚持审慎原则，不该报销的绝不报销，坚持节约原则，不该花的绝不多花一分钱。

（二）用以人为本的理念挽留人才

对于企业而言，没有一个好的用人、激励制度，肯定不能吸引、留住人才。济水大鲵合作社在员工固定工资的基础上，出台了大鲵养殖成活率、生长周期考核办法，用养殖成活率和达到可销售重量生长周期考核养殖人员，鼓励他们在养殖过程中尽心、用心、操心。通过销售重量、尾数提成加大了对销售人员的激励，销售经理通过在定点销售基础上，创新了网络销售平台，2016年实现销售额近 20 万元，有效缓解了流动资金紧张局面。

大鲵繁殖在大鲵养殖行业是一个最大的难题，由于雄鲵排精、雌鲵产卵的不同步性，以及对环境的苛刻要求（海拔、水质、微生物等），致使自然大鲵繁殖数量极少，由此大鲵被列为国家二级保护动物。为搞好繁殖工作，合作社专门聘请技术人员，进行仿生态繁殖技术研究和探索，并出台了大鲵繁殖奖励办法，考核繁殖数量和成活率，激励技术人员。再者，山区工作条件艰苦，合作社管理层成员不间断地到繁殖场慰问，送去米面肉蛋菜等生活用品，点滴关怀拉近了感情，畅叙了友谊，凝聚了共识，也坚定了目标。继而某些技术人员深受感动，不仅把自己的几十条种鲵加入了合作社，而且以岗为家，将家人也带到工作地吃住一起。他们白天喂养，夜晚观察，基建施工、管道维修亲力亲为，把合作社当成了自己的家。在合作社资金紧张的时候，主动提出降低大鲵繁殖提成比例，缓发工资。经过连续几年的不懈努力，合作社仿生态繁殖从无到有，从 100 多尾到 2016 年的 3 万尾，取得了批量突破，成为河南省仿生态繁殖取得大批量成功的首家企业，获得济源市科技进步奖励 5 万元。

四、发展规划及面临困难

济水大鲵合作社制定了未来 10 年发展规划，以"万人万亩大型国家级合作社"为规划蓝图。体制创新方面，把"合作社＋农户＋企业＋科研所"作为基本构架，实行统一管理、统一销售、统一供应、统一技术指导，家户经营。发展壮大后，合作社致力于早日实现高收入、高福利、教育免费、医疗免费，建设风景优美新社区，按照成本提供住宿条件，建设理想的农村新社区。

近期，合作社将继续致力于加强规范化、制度化建设，按照公司制企业的要求，结合合作社的特点，深入扎实做好合作社的民主管理、决策管理、财务管理工作，用规范化的企业行为为合作社的发展奠定良好基础。

尽管前途一片光明，但该合作社当下仍面临不小的发展难题。近几年来，由于市场秩序不规范等原因，国内大鲵行业呈现恶性竞争态势，价格急剧下跌，加之 5 年内不能销售的硬性约束，合作社资金一直处于净投入状态，流动资金紧张。解决问题的关键不但需要合作社自身努力寻求增效途径，宏观层面上国家也应积极采取一些措施，给合作社提供更大的发展空间，尤其应重点关注处于弱小群体的合作社资金方面的诉求，为其营造更广阔的贷款途径。当然，就本案例来看，国家对于珍稀保护动物的销售条件也约束到合作社的发展，能否逐渐放开对子二代大鲵利用限制以及大鲵出口限制成为同类合作社关注的焦点。

▓▓▓【链接】合作社的三个"三年"发展规划

第一个三年：2016—2018 年

1. 年产鲵苗 5 万尾，产值达 800 万元（种鱼＋商品鱼＋鱼苗）；销售收入 400 万元，利润总额 100 万元。

2. 带动农户 300 户以上，以合作社＋农户（含股东）形式，户均增收 2 万元以上，入股分红比例达 20％左右。

3. 恢复生态，保护大鲵，每年放生 1 000 尾。

第二个三年：2019—2021 年

1. 年产鲵苗 10 万尾，商品鱼 3 万尾，产值达 2 000 万元。建成第二繁殖基地（600 尾种鱼），第二商品鱼养殖基地 15 万尾苗，5 万尾商品鱼。销售收入 1 000 万元，利润总额 300 万元。进行大鲵初加工尝试。

2. 带动农户 500 户，户均增收 3 万元，分红比例达 25％以上。

3. 恢复生态，每年放生 2 000 尾。

4. 建成国家级示范合作社，分步建设万人万亩新农庄。

第三个三年：2022—2025 年

1、年产鲵苗 20 万尾，商品鱼 10 万尾，产值 5 000 万元（含深加工）；销售收入达 4 000 万元，利润达 1 000 万元。

2、建设大鲵繁殖加工研究所，每年放生 1 万尾，人工繁殖 20 万尾，仿生态繁殖 10 万尾。

3、带动农户 1 000 户，户均增收 5 万元，分红比例达 30％以上；打响"济水大鲵"品牌，建成国内知名合作社，建成以大鲵产业为支柱的万人万亩新农庄。

点　评

济水大鲵合作社是一家经营国家珍稀保护动物的一社一品合作社。成立于2009 年，受国家娃娃鱼成长期 5 年内不能上市销售的硬性条件制约，该合作社近两年才进入正常盈利模式，但前景乐观。

济水大鲵合作社实施企业化管理。相对于合作社来说，公司制企业的管理体制在我国的发展更为规范。借鉴企业化发展能够弥补合作社发展经验不足的短板。在经营管理上，合作社要具备公司化经营的意识，加强科学管理，做好市场规划，促进规模发展，打造核心竞争力。由于济水大鲵养殖专业合作社的核心成员都是大中型国有企业的退休干部，熟悉也习惯于公司制企业的各项管理机制，所以在合作社的管理上也延续了公司制的管理模式。这种企业化的严谨、条理、规范的治理方式有助于合作社迅速建立起合理的运营机制和管理模式，为其发展推波助澜。尤其值得一提的是，该合作社将以人为本的现代化企业管理理念注入日常管理过程，注重对合作社人力资源的打造。随着市场经济的不断深化，各个经营主体面临的竞争日益加剧，在这样的环境下企业能否站稳脚跟并发展壮大的决定性因素是人，只有依靠人、尊重人、服务人，才能充分发挥人的主观能动性为合作社创造效益。

另外，跨区域发展社员突破了传统合作社的地域局限性。与普通农产品经营不同的是大鲵养殖对生态环境和养殖技术均有较高要求，这种特殊的生产条件提升了进入壁垒，限制了该行业的大面积繁衍，为了获得合作经营带来的成效，该合作社打破了地域限制，社员发展覆盖河南、陕西两省，仅济源市内就涵盖了承留、王屋、思礼、天坛等乡镇。打破区域限制拓展社员，壮大合作社队伍，能够给合作社和社员带来双赢。

　　再者，配备标签，追根溯源。根据《中华人民共和国农产品质量安全法》等法律法规规定，国家逐步实行农产品质量安全追溯制度，对市场上销售的不符合质量安全标准的农产品追根溯源，查明责任，依法处理。济水大鲵养殖专业合作社给销售出去的大鲵佩戴标识牌，这是一种植入了智能芯片的身份标识牌，通过手机扫描标识牌上的二维码，关于大鲵体重、产地、标识时间、标识单位等信息一目了然。为避免标识牌被重复利用，以便出现问题时进行追溯，所有标识牌一旦戴上就无法取下。

　　从案例可以看出，正是借助于规范化的管理和营销，济水大鲵养殖专业合作社才表现出足够的发展潜力。任何事物的发展都是在不断改革中日趋完善，对于济水大鲵合作社值得一提的是：在后续的发展中，可以考虑在销售终端发力的同时扩大合作社的经营范围，拉长产业链条。例如，可以借助大鲵珍稀罕见的特性与生存环境的原生态性将产业链条向旅游、餐饮等方面延伸；也可以针对大鲵在药用、科研、工业制革等方面具有广泛的社会、经济、生态价值，打造相关产业。

技术创新促品质　小平菇成就大梦想

——伊川县平等乡马庄食用菌种植专业合作社

一、合作社基本情况

　　豫西八百里伏牛山区，山清水秀，空气清新，光热水资源充足，在种植食用菌方面有着得天独厚的自然条件。成立于 2007 年 10 月的伊川县平等乡马庄食用菌专业合作社就坐落于此。合作社由理事长王建民联合洛阳峰山食用菌有限公司和 9 户农户共同发起，注册资金 3 000 万元，社员 100 户。目前，合作社主要经营范围是食用菌研发推广、技术培训、产品回收、品牌销售。发展至今，已有示范种植基地 15 亩，菌种房、保鲜库、生产车间、包装车间等 3 000 余平方米，出菇冷棚 100 个，在建出菇暖棚 30 多个；固定用工 36 人，季节性用工 120 多人，其中专业技术人员 5 名，特聘河南科技大学教授、食用菌专家 2 人为技术顾问；大型农业机械 50 多台套。2016 年合作社年产鲜菇 3 500 余吨，产值达 2 104.2 万元，净利润 342 万元。帮扶带动群众 1 000 多户，涉及伊川、汝阳、宜阳等 5 县 50 多个行政村，每户每棚种植食用菌可获年纯收入 2 万多元。

　　合作社先后被评为"河南省农民专业合作社示范社"（2009 年）、"全国农民专业合作社示范社"（2014 年）、"河南省杰出青年农民专业合作社"、河南省"三品一标"示范基地、"河南省农业标准化生产示范基地"、"省放心菜工程达标创优先进单位"、河南省"质量、服务、诚信"AAA 企业等。

【链接】合作社的诞生

　　王建民，现任合作社理事长，家境贫困，初中没有毕业就到建筑工地上打工，1988 年，在和工友的一次聊天中得知，种平菇是个不错的生财之道，当地正好有一个平菇种植技术培训班，就和工友一起去报名学习。最初，王建民把打工挣的 200 元钱全部买成了菌种，在自己家一间不足 30 平方米的土坯房里摸索种植平菇，当自己种植的平菇又变成现金时，高兴之情无以言表。

　　1994 年，王建民买了 5 000 斤原料进行了一次较大规模的种植尝试，因为菌种受到细菌感染，此次尝试他"颗粒无收"。凭着一股不服输的韧劲，他开始尝试自己制种。2000 年，王建民承包了村里 15 亩土地开始了大棚种植，刚开始种植平菇时，由于没有时间天天给菌棒浇水，就试着用杂草中的淤泥覆盖菌棒做成"仿野生菌墙"。就是这个不经意的想法，促使王建民独创了"仿野生立体菌墙覆泥栽培"新技术，该技术是先将玉米秆用铡草机切成 1.5 厘米长的小段，再掺些牛粪、鸡粪等有机肥料，经过搅拌、发酵、消毒、装袋等，制成一堵堵"平菇墙"，然后用特殊的"泥土"进行固定，这些特殊的"泥土"是曾培育过平菇的废料，循环再利用。出过几茬平菇后，把这些废料堆积在水池中，以水覆盖废料，无氧发酵后，再经过消毒就变成特殊的"泥土"，用之固定菌棒。培育棚营造的环境与野生平菇生长需要的环境相似，种出来的平菇口感鲜嫩、营养价值高。

王建民通过种植平菇富了，但他不满足于自己致富，热心地把技术无偿传授给乡亲们，当地许多群众都走上种植平菇的道路。2007 年 10 月，王建民联合种植户成立了伊川县平等乡马庄食用菌种植专业合作社。2011 年，"伊川平菇"通过国家农产品地理标志登记，成为洛阳的特色农产品。2013 年，在伊川县政府的支持下，伊川县成立了食用菌协会，王建民当选会长。王建民理事长的梦想就是：让更多的人学会平菇种植技术，将"伊川平菇"销售到全国各地，将"河南省著名商标"打造成"中国驰名商标"，带领更多的群众致富。

二、创新种植技术，提升平菇品质

平菇古时称为天花谭、海峰真菌。《汉书·地理志》中的"海峰真菌"就出自伊川县。自合作社成立以来，生产过平菇、鸡腿菇等多种食用菌产品，经过多年探索和发展，目前以生产"伊川平菇"为主。伊川平菇主要分布在洛阳市伊川县，是农产品地理标志产品，也是伊川县的特色产品。在平菇种植方面，合作社创新种植模式，开发出了优良的平菇产品，其主要有以下经验和做法：

一是首创仿野生栽培技术。平菇的种植关键环节在于培养料和菌种。而培养料尤为基础，其优劣决定着栽培的成败。合作社经过二十多年探索，在深度总结挖掘传统栽培技术基础上，充分融合传统工艺与现代技术，在国内独创"仿野生伊川平菇立体菌墙覆泥栽培"技术。该技术模拟野生菇生长环境，在林荫下建造半地下式塑料大棚。在大棚内把即将出菇的菌袋脱袋后用菌泥垛成高六层的菌墙。菌墙表面覆菌泥，管理出菇。立体覆泥的关键是覆泥的处理，它是在艳阳的状态下将菌糠在水池内浸泡至少两个月，在不依靠化学药剂的情况下将菌糠中的杂菌、害虫全部杀死，达到无公害生产的目的。这种模拟自然环境生长的平菇，具有原生态、口感嫩、味鲜美等特点，其中蛋白质、氨基酸、维生素等营养物质含量比传统方式生产的高 20% 以上。

二是研制开发玉米秸秆种植技术。伊川是农业大县，农作物丰富，作物收获后大部分农作物秸秆被焚烧，浪费资源又污染环境。最初，采用仿野生栽培技术生产平菇的培养料基料主要来自于小麦秸秆。合作社专门购买了四五台打麦机为农户免费打麦，农户收走小麦，合作社留下小麦秸秆作为培养基的基料。随着小麦收割机械化的普及，小麦秸秆被粉碎还田，合作社获得适合的小麦秸秆越来越困难。在此背景下，合作社积极寻求新的基料来源，以玉米秸秆取代小麦秸秆。与小麦秸秆相比，玉米秸秆不但粗而且含水量高，晒干时如遇天气原因易发霉，难以符合培养基料的要求，难以保证平菇的品质。为此，合作社专门成立技术攻关小组研究试验"伊川平菇玉米秸秆种植"技术，历经六年的反复实验与改进，近两年通过规模种植取得理想效果，已逐步向社员和农户推广种植。目前平菇玉米秸秆利用项目建设种植大棚及秸秆收储棚 11 万平方米，生产车间及发菌室等 3 600 平方米，年消耗玉米秸秆 9 000 吨，在有效利用秸秆的同时，也显著降低了环境污染，提高了农作物秸秆附加价值。

种植技术创新为合作社带来高品质的产品，依托伊川平菇特有的品质，合作社积极申报国家地理标志性产品与绿色食品认证。自 2008 年起，"伊川平菇"先后通过无公害农产品产地认证（2008 年）、国家农产品地理标志登记（2011 年）、绿色食品认证（2014 年），成为伊川县的特色产品。

三、专注平菇产业，推进纵横延伸

纵观马庄食用菌合作社的发展历程，可以看出其一直围绕伊川平菇做文章，把单一产业做大做强，从而成为一方龙头。其做法主要有以下方面：

一是专注标准化生产，保证平菇品质。首先，合作社成立了由理事长王建民任组长的质量安全管理领导小组，负责协调实施工作。下设生产技术部、质量安全监管部和后勤部，具体负责各项生产措施的实施、生产技术规程的制定以及各类生产资料的采购与使用。其次，合作社制定了"伊川平菇"质量标准和生产技术规程，对种植基地采取"统一建大棚、统一管理、统一菌种选育、统一原材料供应、统一产品回收、统一包装销售"等"六统一"管理方式。第三，合作社建立了培训制度，不定期对社员和种植户进行技术培训，以保证社员掌握伊川平菇的种植技术。理事长王建民采取集中授课与现场指导相结合方式，经常对社员、种植户开展技能培训和业务指导，还深入社员种植大棚，现场解决生产过程中遇到的技术问题。第四，合作社建立了严格的产品抽查制度，上市前 15 天，邀请县无公害蔬菜检测站的工作人员到生产基地内进行抽样检测，对不合格的产品严禁上市，并集中进行处理，同时按照协会的有关规定，对生产产品出现问题的种植户追究相应责任。最后，为了保持伊川平菇的特质，2013 年 8 月合作社制定《伊川平菇独特品质保持措施》，从栽培范围、选择地块、标准化生产技术规程、饮用水卫生标准，包装入库等方面进行规定，严格按照规定执行。

二是专注品牌建设和维护。"品牌"是一种无形资产，"品牌"就是知名度，有了知名度就具有凝聚力与扩散力，就成为发展的动力，而优良的品质是品牌创建的基础，自 2008 年伊始，王建民先后注册了 4 个商标，3 项专利被国家授权，随后建立了"伊川平菇"品牌。其中"马庄育良"商标，被评为河南省著名商标。"马庄育良"牌伊川平菇被评为"全国百佳农产品品牌""中原农产品十大安全品牌""洛阳市十大名优农产品"等。在创建品牌方面，合作社主要做了一下工作：

首先，注重品牌包装，提高产品认知度。随着社会经济的不断发展，人们的消费观念、消费方式也随之发生了相应的变化，作为生产经营者，不仅要提供给消费者提供优良的品质，还应在商品包装上做足文章。在包装设计上，合作社坚持"低成本＋特色"的原则，无论是托盘包装、礼品盒包装，还是"带回家的蘑菇园"生长箱，力求精美，吸引消费者眼球，都在明显位置贴有三个标签：地理标志产品专用标志、绿色产品标志和品牌标志。统一设计品牌标识，以此区别于一般的平菇，增强消费者的感知度、认知度。2013 年合作社的伊川平菇园生长箱荣获洛阳市伊洛人家杯"产品包装创意奖"。

其次，借助媒体、展会进行品牌宣传推广，提高知名度。市场经济条件下，再好的产品没有知名度，也很难在市场上扩大影响。马庄食用菌种植专业合作社深谙此道，借助央视 7 套、河南电视台、洛阳电视台、伊川电视台、农民日报、河南日报、洛阳日报等多家媒体对合作社事迹及产品特色多次报道专访，特别是洛阳日报和电视台以特设专题的方式宣传"伊川平菇"。同时，积极参与郑州、福州、武汉、上海、北京、寿光等举办的各种展会、博览会，利用"元宵节"等节假日宣传平菇，提高消费者对"伊川平菇"的认知度。

第三，开发新产品，提升品牌影响力。作为生鲜产品，"伊川平菇"正常温度下保质期仅为两天，低温储藏一般在 8 天以内，远程销售则需要全程冷链运输，为了扩大伊川平菇的销售半径，合作社开发了"带回家的蘑菇园"生长箱系列产品，这种平菇种在生长箱中，需要一天浇水三五次，十几天就能长出一茬平菇，一箱平菇能收获四五茬。城市人不仅能在家里吃到健康安全、有特色的平菇，还能享受到种植平菇的乐趣。如今，合作社正与哈佛大学生物学博士后薛保国合作开发水果平菇。

三是专注纵向和横向资源的整合利用。首先，成立食用菌协会，做大产业规模。随着社员及社会影响力的不断加大，在广大社员的号召下，2010由合作社理事长王建民牵头成立了伊川县食用菌协会，王建民任会长。协会自成立以来先后举办培训班 20 余期，培训学员达 2 000 余人，发放资料 10 000 余份。王建民先后 10 余次深入贫困村讲课，开展送技术、送爱心活动。合作社带动平等、鸣皋、葛寨、吕店等乡镇 1 700 多农户从事食用菌种植，创经济效益 6 000 余万元。帮扶南坪、马回、马回营、西村、宋店、上元、老庄、中溪、东牛庄、南留等村 200 余户贫困户种植伊川平菇。其中在葛寨乡南坪村基地，建有 9 座大棚，带动南坪 18 户贫困户种植伊川平菇，每棚每季收入 1.47 万元，在家利用闲置房种植的贫困户每季增收 3 000 元以上。"伊川平菇"产业被市、县扶贫办认定为"洛阳市贫困农民脱贫致富主导产业"，"伊川县十大重点农业项目"。通过认证、登记的"伊川平菇"也越来越多获得了消费者的认可，产业规模不断壮大。其次，与大学联姻，为产业发展提供技术保障。合作社与河南科技大学合作，在合作社内建立"河南科技大学教学实习基地"，在河南科技大学校内成立"食用菌研究所"，校社合作，充分利用高校人才优势与技术优势，为产业发展夯实了技术保障。

四、力推农超对接，实现小农户与大市场的有效联结

"农超对接"的本质是将现代流通方式引向广阔农村，将千家万户的小生产与千变万化的大市场对接起来，构建市场经济条件下的产销一体化链条，实现商家、农民、消费者共赢。与其他大多数合作社的销售渠道选择相比，合作社理事长王建民力推农超对接，与超市建立了稳定的销售关系，也有了稳定的客户群。

由于市场平菇价格波动大，具有不稳定性，王建民在种植平菇伊始，就把超市作为销售的突破口。通过在目标超市门口蹲守、免费品尝等方式推销生产的平菇。首先在洛阳大张超市打开了销路，进而进驻郑州市丹尼斯、金博大等大型连锁超市。尽管"伊川平菇"价格比普通平菇贵，但是，仍然以其品质和特色赢得了消费者的认可，一度呈现供不应求的局面。目前合作社与洛阳的丹尼斯、大张、王府井等超市签订供货订单，在上述超市设立直营专柜十余个，聘请专门人员负责销售，已形成稳定的销售链条。通过不断扩大"伊川平菇"的知名度，产品也销往洛阳、北京、厦门、西安等地。

五、合作社未来规划

综上所述，历经多年的努力，平等乡马庄食用菌种植专业合作社取得长足发展，为了进一步使伊川平菇产业做大做强，合作社拟进一步做好以下几方面工作：

一是规范合作社的组织结构与制度建设。虽然在合作社建立之初，遵照有关规定建立了理事会、监事会等组织机构，制定了有关规章制度，但是，在合作社的具体运作中还有一些不规范的地方，如规章制度的建设、盈余分配等方面还不够完善，这是一个合作社在成长过程中会面临的问题。合作社对此已有充分的认知，力求逐步规范合作社的组织结构与制度建设，使之更能体现合作社的特性。

二是积极寻求拓宽融资渠道，缓解资金不足问题。由于平菇具有生鲜产品的特性，对冷库和冷链运输有较高要求，随着外地消费者需求的不断增加，伊川平菇生产规模逐步扩大，急需建设冷库和冷链运输设备。而当前合作社面临最大的问题在于资金严重不足，制约了"伊川平菇"生产规模的扩大和产业的发展，合作社将积极筹措资金，兴建冷库，购置运输设备。也希望银行部门对伊川平菇产业给予贷款支持，建议政府加大支持农业企业的力度。通过不断优化外部政策条件、促进自我完善等多方面来保障农民专业合作社的健康、较快发展。

三是积极开发新的销售渠道，扩大产品影响力。王建民有句话充满自信："只要产品品质好，销路没问题。"优良的平菇品质受到海外客商的青睐，合作社曾多次迎来日本、新西兰的客商商谈"伊川平菇"外销问题，但至今为止"伊川平菇"还尚未走出国门。目前，合作社正在积极办理有关出口手续，待时机成熟推动"伊川平菇"外销。此外，合作社拟扩大生产规模，在"农超对接"保证完成订单需求的基础上，逐步开发酒店和饭店市场，推动伊川平菇产业不断壮大。

六、启示

从伊川县平等乡马庄食用菌种植专业合作社的发展中可以看出，一个运行良好的合作社离不开以下几个方面：

（一）能人示范带动是合作社成长的不竭动力

农村能人比一般人有着更强的致富能力、更前瞻的发展眼光、更敏锐的市场信息，在乡村内往往具有很强的影响力和带动力。他们敢于闯荡，熟悉市场经济规律，有敏锐捕捉市场信息的眼光，在看到新的致富门路时也能果敢地决策。这就决定了乡村能人在农村经济发展中必然表现出先进性，很容易开辟出新的产业和致富门路，他们创造的成功经验很容易被乡亲们接受，也最适合在当地推广。各种各样的专业村都是先由一些乡村能人种植或经营某一产业做出成功的示范之后乡亲们才学着样子做而形成的。合作社的诞生与成长发展中需要有能人的带动，伊川县平等乡马庄食用菌种植专业合作社的成长发展轨迹充分证明了这一点。合作社理事长王建民就是农村技术能人，凭借对种植平菇的兴趣和热爱，钻研平菇种植技术，开发出了富有特色品质的平菇品种，引领着合作社成长壮大，实现着自己的梦想。

（二）品质化产品是合作社的核心竞争力

在市场经济快速发展的今天，企业间竞争日趋激烈，品质对于一个企业的重要性日趋明显，产品质量的优劣决定产品的生命，乃至企业的发展命运，是企业有没有核心竞争力的体现之一。纵观国内外，每一个长久不衰的知名企业，其产品或服务，都离不开优良的品质。所以，品质是企业的生命，是企业的灵魂，任何一个企业要生存要发展就必须要千方百计致力于提高产品质量，不断创新和超越。平等乡马庄食用菌种植专业合作社最大的亮点莫过于对"伊川平菇"品质的把控。基于伊川良好的平菇生产环境，王建民创新平菇种植技术，开发出了品质优良的平菇产品。为了保证出产的"伊川平菇"品质，合作社设立了组织机构、管理办法、技术措施、投入品使用管理措施，建立了培训制度，依靠品质走市场，具有很强的生命力。

（三）品牌建设是合作社持续发展的推手

有了良好的品质，还需要让人们了解和知道，这就需要创建品牌，并进行品牌推广和维护，以确保合作社有持续发展的空间。可以说企业的核心竞争力是产品和品牌两个方面。好产品是企业竞争力的基础，但是只有基础还不够，还需要用品牌营销的方法把产品的价值激发出来。消费者对于企业品牌的印象，源于其对品牌价值的认识和感受。企业通过产品推广与销售，使品牌印象在顾客心目中根深蒂固，从而达到引导需求，促进消费的目的。可见，品牌建设逐渐成为推动企业发展的重要无形力量。农民专业合作社就如一个企业，也要进行市场竞争，在其发展中，必须要建立品牌意识，创建品牌，注重对品牌的维护，做好品牌建设。伊川县平等乡马庄食用菌种植专业合作社创建了"马庄育良"伊川平菇品牌，并在品牌的包装设计、品牌宣传等方面维护品牌，推动合作社持续发展。

◼ 点 评 ◼

　　这是一个能人领办型的合作社。王建民是一个地地道道的农民，憨厚朴实，也有着商人的精明，在打工的时候无意中参加了平菇种植技术的培训，进而对平菇种植产生了浓厚的兴趣，走上了平菇种植的道路。凭借对平菇种植的执著，经过二十多年探索，王建民打破传统种植模式，独创"窖泥平菇栽培"新技术，研制出仿野生平菇种植环境，培育出地理标志产品——"伊川平菇"，极具野生品质，深受消费者的认可。

　　品质是合作社具有活力和持续发展壮大的源泉和动力，是合作社生存和发展的第一要素，在市场经济日趋激烈的今天，提高产品质量是保证占有市场，提高核心竞争力，从而能够持续经营的重要手段。伊川县平等乡马庄食用菌种植专业合作社在王建民的带领下，依靠伊川平菇的高品质，创名牌，走市场，开拓了一片新天地，小平菇做成了大产业。

　　品牌经营是合作社开拓市场的重要途径。王建民很有品牌意识，注册了"马庄育良"牌商标。为了实现品牌经营，保证平菇品质，合作社对种植基地采取了"六统一"管理方式，并加强对社员的技术培训，通过媒体的专题报道和参加展会等形式提高"伊川平菇"的知名度和消费者的认知度，通过农超对接缩短流通环节，增加农民收入并促进农民专业合作社走向规模化、现代化、走向市场。此外，合作社还需在两个方面加大力度：一是在延伸产业链条方面，开发深加工系列产品；二是要充分利用电子商务平台，进一步扩大品牌的知名度和影响力，把伊川平菇产业做大做强。

合作社是保障食品安全的中坚力量

——孟州市黄河蔬菜专业合作社

一、合作社概况

孟州市黄河蔬菜专业合作社是在孟州市西虢镇全义农场的基础上发展而来的，于 2005 年 4 月成立，已发展成员 201 户，成员股金 121.79 万元。这是一家以种植和销售无公害韭菜为主的农民专业合作社。目前韭菜种植面积已达 13 000 余亩，主要辐射带动周边西虢镇、槐树乡 2 个乡镇 10 余个村主以及吉利区十几个村，共计 700 余户，辐射发展韭菜种植 7 000 多亩。

经过多年的发展，合作社现有资产规模如下：合作社自行投资建立韭菜交易检测结算中心一处面积 340 平方米，交易大棚两座面积 2 000 平方米，露天交易场地 20 000 平方米以及 30 吨地磅两台和电脑、打印机、农残速测仪等仪器设备若干。为提高合作社基地病虫害统一防治水平，2015 年、2016 年争取财政扶持资金购买无人植保农用飞机 5 架。

合作社成立以来，先后获得孟州市市委、市政府农民专业合作社一等奖、二等奖、三等奖等荣誉称号，合作社的无公害韭菜 2007 年获农业部农产品质量安全中心无公害农产品质量认证，2008 年成功注册"韭瑞"牌商标，2014 年，该社被评为"国家级示范社"。2016 年韭菜销售 1.7 万吨，销售收入 5 400 万元，产品通过交易市场远销河南省各地及山西、陕西、河北、湖北等省。

【链接】合作社的发展历程

孟州市全义农场最早是国营农场，位于孟州市黄河滩内，自然条件优越，适宜蔬菜种植。20 世纪末，随着国营经济的衰落，全义农场的经营也不断走下坡路。农场职工纷纷下海、出走，原本生机勃勃的农场开始出现撂荒的现象。作为农场负责人的刘立武，不想眼睁睁看着农场日益衰败，因而想办法搞活农场经营。在 20 世纪 90 年代，刘立武就开始招募农民，在农场内开展韭菜种植经营活动。当时种植韭菜以山东人为最多，因而农场内招募了许多山东人来发展韭菜种植。而这些山东的韭菜种植户，一种就是将近 20 年。

韭菜种出来了，接下来的问题就是销售。一开始韭菜成熟以后，农场的韭菜种植户自己装车销售，把韭菜运送到洛阳、焦作、三门峡等附近的城市销售。但当时孟州韭菜大家并不了解，销售缓慢、甚至销售不掉。韭菜本身不耐存放，采摘下来的韭菜放置2～3天就要发臭而不能再卖；而韭菜本身气味重，需要向城市管理部门缴纳卫生费、城市管理费。韭菜种植户苦不堪言。

如何解决卖韭菜难的问题，成为摆在刘立武面前的头等大事。因而在21世纪初，他提出了建设韭菜市场的想法，为韭菜的生产、销售搭建平台，从而解决"卖菜难"的问题。在此基础上建设了这个孟州市黄河蔬菜专业合作社。

合作社成立以后，就紧紧围绕"搭建韭菜生产、销售的服务平台"，不断发展壮大。一方面不断向外广泛宣传孟州韭菜及韭菜市场，扩大知名度和影响力，吸引外地客商来孟州咨询订购韭菜；另一方面，带动辐射合作社及周边农民扩大韭菜种植。在扩大生产的同时注重提高韭菜品质，免费为韭菜种植户进行生产技术培训，保证生产无公害韭菜。韭菜进入市场时加强农药残留检测，确保客商购买的韭菜品质过硬，从而为韭菜赢得口碑。在市场交易中，全程实现电子化，保留全套的韭菜购销信息，从而做到了韭菜生产信息可追溯。就这样，市场带来需求，需求增加扩大规模，规模扩大的同时保证品质，品质过硬赢得口碑，口碑美誉赢得市场。整个合作社的经营实现了良性循环。

任何事情的发展都不会是一帆风顺的。孟州黄河蔬菜种植专业合作社在紧紧围绕"搭建韭菜生产、销售服务平台"这一核心业务的过程中，也经历过一些小波澜。那是在2013年，韭菜交易市场蓬勃发展之际，三门峡市某市民买了该合作社的韭菜回家包饺子，吃完后恶心呕吐，怀疑所买韭菜农药残留过高导致食物中毒现象。该市民遂报警，要求检查所买韭菜的品质。三门峡食品安全管理部门随即出动，对合作社的韭菜交易市场进行全面检测，试图发现韭菜农药超标的现象。然而经过认真全面的排查，并没有发现韭菜品质不合格的现象。通过市场上的韭菜购销信息，找到了该批韭菜的销售者、生产者，并寻找到了出事批次的剩余韭菜，检测后仍未发现任何问题。孟州属焦作市，不归三门峡市管理。执法人员异地检查，不存在包庇的情况，可以相信其检测结果是真实可靠的。刘立武说，同一批次的韭菜销售到三门峡市的，数量极多。买韭菜的市民非此一家，别人都吃了无事，而唯独这一家出现中毒，这就可以排除了是韭菜导致中毒的可能。但通过这个事件，可以看到这个合作社生产销售韭菜品质好、信息可追溯体系完善，是能够保证食品质量安全的。一次危机反而变成了彰显合作社管理规范、韭菜优良的一次机会。

二、发展经验

（一）现代化的治理体系是合作社高效运行的制度保障

作为市场主体，合作社需要规范化的经营管理体系。明晰的产权关系、股权结构和治理机构，是合作社长期高效运行的制度保障。

理清产权关系。孟州黄河蔬菜专业合作社于 2005 年发起成立至今，经历过三次法人变更。在原来的管理架构下，原有的合作社主体——孟州市全义农场是合作社的管理单位；2015 年，重新厘清了农场与合作社之间的关系，全义农场作为成员加入合作社。这一调整不但使合作社发挥市场主体作用，也使社内权力机构和职能部门能够真正扮演其本源角色，为合作社的规范化建设奠定了组织基础。调整后，合作社的最高权力机构为合作社成员代表大会，共有成员代表 21 人，是由每 10 名合作社成员推荐 1 名成员代表产生的。合作社的最高权力机构是理事会，共设理事 3 人，其中理事长为张发安（孟州市全义农场副场长）；理事 2 人，分别是郭伟立、李兴军（孟州市全义农场技术管理人员）。监事会有 16 人，监事长为张民伟（孟州市全义农场管理人员），另外监事会有骨干成员 15 人，由管理人员和韭菜管理专业技术人员组成。

完善治理机制。合作社成员实行一人一票制，成员有权对合作社资金管理、重点投资、项目建设等重大经济活动提出质询和建议，有权监督理事会、监事会的日常工作。理事会为合作社的日常决策机构，负责合作社管理人员的录用和辞退工作，负责农业投入品的管理和产品销售等事宜。

在业务方面，理事会下面设立生产服务部、销售服务部、农资超市三个部门。

其中生产服务部负责对韭菜种植户开展韭菜种植的技术培训，培训所聘请的技术人员包括各级农技专家、科技人员等，大致每月对农民进行一次免费生产讲座。另外，各级农业局、农技推广部门也有向农民普及高新技术的需要，可以说合作社也为政府的农技部门提供了宣传服务的平台。

销售服务部主要负责韭菜交易市场的日常管理和维护。这是合作社的核心业务部门，主要负责韭菜销售者的入场检测、摊位服务、交易信息记录、交易金额发放和收取管理费；对韭菜采购客户主要负责车辆入场安放、韭菜装运、韭菜交易信息记录、交易金额收取和管理费收取。

农资超市主要为韭菜种植户提供韭菜生产中的必要的农用物资，如农药、化肥、薄膜等农资。设立农资超市的主要目的是方便韭菜种植户购买合规农资，其农资价格略低于市场价格，不以盈利为目的。

合作社作为独立核算单位，设有总账和现金明细账、银行存款明细账、产品物资明细账、收入费用明细账、分类明细账等，还为每个成员建立成员账户，详细登记每个成员每年的股金分红、二次返利以及财政专项资金形成的资产量化到每个成员的部分。

（二）主动确保和提高韭菜的质量安全，为合作社获取核心竞争力夯实基础

合作社的主营业务分为两块：一是建设和维护韭菜交易市场；二是为合作社成员及周边韭菜种植户提供韭菜生产技术指导。其中，确保韭菜品质的质量安全，是合作社获取市场地位的基础。

为确保无公害韭菜这一特色产业的健康有序发展，促进农户稳步增收，该合作社强化内部管理，严格质量监督，从田间地头生产到市场交易销售，层层把好农产品质量安全关。为此，合作社着力从以下四个方面确保韭菜的质量安全：一是着力打造无公害品牌。严格按照韭菜种植标准化操作规程实行"统一技术指导、统一物资供应、统一质量检测、统一产品包装、统一市场销售和统一结算兑付"的"六统一"管理，确保使生产、销售的韭菜达到无公害质量标准。二是建立定期培训制度。建立农产品质量安全例会培训制度，严格按照无公害农产品的生产技术规程，定期对全体韭菜种植户进行技术培训。三是建立绿色防控体系。与省市植保站联合，建立绿色防控体系，定期对农户进行病虫害防控指导。同时，大力推广物理杀虫新技术，目前全场已安装频振式杀虫灯170余盏。四是建立质量检测体系。严控产品质量检测，建立农产品质量检测体系，在韭菜市场交易期，组织农产品质量检测站工作人员入驻韭菜基地，对农户生产销售的韭菜，进行不间断抽样检查，建立档案记录。

我们以往对信息可追溯体系的认识，是通过在产品上张贴产品质量信息，从而获知产品的产地、生产者、生产时间等，或者是在产品上张贴二维码，通过扫码获取相关信息。但是对于韭菜而言，以上方法并不可取，因为孟州黄河蔬菜专业合作社韭菜交易中心每天交易的韭菜多达几十吨，上述信息追溯体系的关键是在产品上张贴信息标签，若照搬照做，则会大规模地增加用人成本，提升韭菜价格，降低市场竞争力。虽然没有张贴产品信息，并不代表其经营的韭菜就不可追溯。该合作社的韭菜交易市场拥有完备的电子化交易流程，通过交易单上所记载的交易信息，也可以方便地查询到韭菜生产者的相关信息。另外，场地内设置了大量的监控设备，可以通过监控查询到运输韭菜的卡车是哪一台，从而保证了各环节的衔接。该合作社是在事实上做到了信息可追溯。

合作社视韭菜产品质量安全为生命线。凡是进入到韭菜交易市场销售的韭菜，必须经过韭菜质量检测中心的检验，检验通过后，方可进场销售；不合规

的韭菜不得进场销售，必须就地销毁。就近几年的检测结果来看，随着合作社韭菜种植技术的不断推广，农资农药的配套跟进，韭菜种植户的韭菜农药残留常年保持在标准范围以下。唯一的一次是 2013 年，某一非合作社成员的韭菜出现了农药残留超标，当场予以销毁。

（三）建设规范化管理的韭菜交易市场，是合作社赢得市场的核心步骤

俗话说：终端为王。再好的产品，如果卖不掉也是枉然。除了不断提高韭菜品质、为菜农提供技术服务外，孟州黄河蔬菜合作社还创建了韭菜交易市场，解决了卖菜难的问题。经过多年的发展，合作社凭借韭菜交易市场的规范化管理，赢得了众多韭菜客商的信任，这是提升合作社核心竞争力的关键。

韭菜交易市场的日常经营流程：韭菜交易实行一卡通服务，凡进场交易的韭菜种植户，自己和韭菜客商谈判菜价和数量。待谈妥后，确定交易金额，由市场代开交易单，交易单上记载交易双方信息和交易韭菜数量、单价、日期等信息。菜款由银行代收，逢每月五号、十号向菜农打款。韭菜市场按照交易金额的 2% 收取管理费，其中韭菜销售者和韭菜购买者各出 1%。管理费和韭菜价款相分离。另外韭菜交易市场安装有摄像头，对进场车辆进行信息记录。

对社员和非社员的差别管理：目前，合作社有成员 201 户，另外带动非合作社成员的韭菜种植户 100 户。在生产服务上，无论是成员或者非成员，合作社提供的生产技术服务是一样的，即对所有韭菜种植户都免费进行韭菜种植技术培训。但在当韭菜进场销售时，合作社对社员和非社员进行差别化管理，具体体现为：其所销售韭菜的品牌不同、包装不同。另外在产品入场检测时，对非社员的韭菜检测更加严格，几乎是每批必查；而绝大多数合作社成员是拥有一二十年韭菜种植经验的老户，生产技术过硬，韭菜品质稳定，检测频次略低。即相对来说，成员较非成员拥有更高的交易效率，节约了交易时间。

（四）加强品牌化建设，是将高品质转化为高利润的关键环节

质量是赢得市场的基础，而品牌是将品质优势转化为市场优势的关键。由于合作社长期专注于韭菜的质量，所销售的韭菜全部为无公害韭菜，赢得了客户和市场的一致认可，在此基础上，合作社着力打造出"韭瑞"这一韭菜品牌。"韭瑞"品牌于 2008 年在工商局注册，目前"韭瑞"牌韭菜已通过农业部无公害农产品认证。除此之外，合作社着力将"韭瑞"品牌打造为韭菜食品安全的象征，从而使得消费者和韭菜客商免去采购韭菜时的挑选成本，为他们降低了交易费用。品牌担保产品质量、传递品质信息，从而降低购买者的信息逆向选择风险，使品牌价值得以更彻底地发挥。

合作社对其生产的韭菜进行统一包装，标明"韭瑞"商标，这样一方面对合作社韭菜和其他韭菜做出区分；另一方面，也是对产品质量的保证。经过多年的安全生产和经营，"韭瑞"牌韭菜已经在周边市场获得较强的影响力。据合作社负责人介绍，在河南省省会郑州的陈寨蔬菜批发市场，"韭瑞"牌已经成为韭菜品质的保证。韭菜客商和消费者对"韭瑞"牌韭菜已经非常认可，在同等条件下，客商和消费者看到"韭瑞"牌韭菜会优先购买，"韭瑞"韭菜供不应求。事实上，"韭瑞"牌韭菜的售价比普通韭菜价格平均高出 0.1 元/斤，特殊的包装袋的成本为 4 分钱/斤，这每斤 0.06 元的溢价，就是"韭瑞"这一品牌所带来的直观收益。该合作社通过品质促成品牌化经营的成功，赢得了客户的信任，通过稍高的市场价格为韭菜种植户带来了实实在在的收益。

三、经营成效

合作社围绕着韭菜销售平台做文章，为农户在韭菜种植中提供免费服务，且在市场上只收取管理费，并不直接出面销售韭菜，使合作社成员和非成员能够充分获得优质优价的好处。由于只收取管理费，合作社的韭菜销售规模和利润规模不匹配，交易规模大而利润很少，因而经常遭到税务部门的质疑。合作社的收入是管理费，即按照韭菜交易市场中韭菜交易金额的 2% 收取管理费，韭菜销售者和韭菜购买者各出 1%。合作社的主要成本费用是人员工资，大部分为韭菜交易市场上管理人员的工资，韭菜交易市场管理人员约 20 人，月工资 3 000 元左右。其他收入和开支并不多。这样，合作社在年底时若有结余则会给合作社成员按照每年在韭菜交易市场的韭菜交易量分红，2016 年每人分红金额大约 2 000 多元。

合作社本身虽然缺少利润，但合作社引导韭菜生产者和销售者直接对接，让利于农户和客户，致富效果十分明显。具体情况如下：

一是韭农们在黄河蔬菜专业合作社的辐射带动下，发展规模化韭菜种植，收入稳步增加，亩均收益 5 000 余元，有效解决了原来菜农们单门独户发展中存在的管理难、销售难、价格低等问题。如农场韭菜种植户李保启，在农场承包了 40 亩地种植韭菜，现在每年收入 20 万元，较入社前年收入 1 万～2 万元翻了近十倍。

二是惠及周边农民。韭菜种植的规模化发展，除了合作社的社员受益外，还为周边乡村的剩余劳动力提供了就业机会。每到韭菜收割时节，每天要吸纳周边闲散劳动力 2 000 余人，合作社每年仅支付雇佣劳务工资就达 1 000 余万元。

三是客商收入可观。全义农场西连连霍高速、207 国道，北接常洛省际公路，东与温孟移民大道相连，交通位置便利、优越，加上农场无公害韭菜的品质有口皆碑，吸引了全国各地客商们前来批发，市场利润丰厚。如山西太原的货商文关虎，每天往太原运送 20 多吨"韭瑞"韭菜，收入相当可观。

四、未来规划

依托孟州市黄河蔬菜专业合作社现有优势，充分利用国家农业优惠政策，科学规划，增加投入，大力发展设施农业、生态观光农业和优质高效农业为主要模式的现代农业。重点发展以无公害韭菜为主的蔬菜产业，进一步扩大无公害韭菜种植面积，探索发展绿色有机韭菜，做大做强韭菜特色产业。进一步打造"韭瑞"牌著名商标，提高商标知名度。搞好优质服务，辐射带动周边村镇，力争种植面积发展到 15 000 亩，产值超亿元，真正实现无公害韭菜种植的规模化经营、产业化发展，取得更大的经济效益和社会效益。

点　评

韭菜作为一种常见的蔬菜，深受广大人民群众喜爱。但众所周知，韭菜是农药残留风险较高的一种蔬菜，对食品安全有一定的威胁。孟州黄河蔬菜合作社的主要特色，就是在于深入挖掘韭菜种植技术，以合作社为载体，实现了韭菜的无公害种植，保障了韭菜的食品质量安全，是保障食品安全的中坚力量。

这是个了不起的创举。韭菜这一蔬菜品种的传统市场特点产量大、销量大，市场规模大、韭菜种植户众多，这造成了韭菜种植中普遍存在着几个老大难问题：管理难、销售难、价格低。由于韭菜种植中，前期韭菜生长在大棚，病虫害还少，后期大棚撤除，容易受病虫害滋扰，种植户为了追求高产量不惜多喷农药，因而容易造成农药超标，是为管理难；市场普遍了解韭菜农药超标问题，客商在采购韭菜时必然加大筛选力度，而韭菜种植户众多的情况又加大了交易成本，是为销售难；消费者对韭菜有农药残留心存顾虑，不肯出高价购买，是为价格低。这三大问题，却被该合作社较为完美地解决了。

这个社行动的基本思路是：以提高韭菜品质为基础，然后建立品牌，扩大品牌影响力，从而赢得市场的信任，提高韭菜售价，获取超额利润。在这里，获取利润是目的，打造品牌是关键，提高韭菜品质是核心。没有无公害韭菜的品质，哪怕把品牌营销得再好也只能是一时获利；反之如果韭菜品质优秀，没有品牌的保障，则不能快速实现优质优价。围绕上述几个关键点，该社主要做了一下工作：

为了保障韭菜品质，建立了定期培训制度，严格按照无公害农产品的生产技术规程，定期对全体韭菜种植户进行技术培训。通过这个措施，主动为种植户传授种植无公害韭菜的技术，这算是正向激励的机制之一。

任何事情想做成功，只有正向措施是不够的，配套要有惩罚措施。如果有农户生产了农药残留超标的韭菜怎么办？这就要建立质量监控体系。严格产品质量检测，建立了农产品质量追溯体系，在韭菜市场交易期，组织农产品质量检测站工作人员入驻韭菜基地，对农户生产销售的韭菜，进行不间断抽样检查，建立档案记录。不仅如此，通过市场交易单、车辆监控等信息，可以完整地追溯韭菜的生产批次信息，追查到生产者本人。也就是说，即使销售掉了韭菜，对生产者来说也不是万事大吉了，如果韭菜品质出现质量安全问题，依然可以追溯到他头上，从而促使生产者主动提高韭菜质量。

通过上述措施，该合作社确保了合作社韭菜种植户所产韭菜的无公害品质，切实地保障了韭菜的食品安全。

然后是创立品牌。在严格按照韭菜种植标准化操作规程生产韭菜后，产品统一包装、统一销售，使用"韭瑞"牌商标。其结果，是在产业链下游，农场无公害韭菜的品质有口皆碑，吸引了全国各地客商们前来批发，市场利润丰厚。在产业链上游，韭农们在黄河蔬菜专业合作社的辐射带动下，规模化发展韭菜种植，收入稳步增加，亩均收益5 000余元，合作社经营的致富效应十分显著。

另外，合作社的经营模式也有很强的借鉴意义。

该合作社这种经营模式，是致力于打造韭菜生产服务、销售服务平台，引导韭菜种植者直接和韭菜购买者对接，使得合作社可以不用花费大量的人力物力财力于韭菜生产环节，因而节约了大量的资金。与普遍的种植业合作社都有大规模的资金缺口相比，该合作社资金充裕，经营十分稳健。同时，引导农民自己种植、销售韭菜，自负盈亏，降低了合作社的经营风险，提高了农户的收益，致富效果十分可观。

合作社在经营过程中，也存在着一定的困惑。

合作社在进行工商注册登记时，面临户籍改革问题，有些农户持有的居住证工商部门不予认可农民身份，国有农场农工从事同一产业，也不能通过工商部门认可，造成合作社实际成员不能在工商部门登记，潜在成员权利义务不受保护。行政事业单位人员领办合作社，兼任合作社理事长等职务与纪检监察部门要求相冲突，制约合作社正常发展。

希望随着未来合作社法的修订，能够解除该合作社在成员认定方面的困扰，从而使得孟州黄河蔬菜种植专业合作社未来能够沿着韭菜品质——市场口碑的良性循环的道路不断前进，不断为韭菜种植户提高收益，不断为市场提供品质过硬、质量安全的优质韭菜，长期持续地做保障农产品食品安全的中坚力量。

政府推动谋发展　"地标"创出一片天

——济源市大峪镇寺郎腰大葱专业合作社

一、合作社概况

济源市大峪镇寺郎腰大葱专业合作社成立于 2008 年。目前已建成大葱深加工厂 1 座（内含分拣、贮藏、分级、精包装等 10 个车间），冷库 1 座，配套大型机械 6 台。固定资产已达 289 余万元，入社农户 808 户，年种大葱 3 500亩，年产大葱 5 000 吨左右，带动寺郎腰周边 15 个村，发展种植春、夏、秋、冬四季大葱，成为当地初具规模的绿色食品。合作社注册商标"寺郎腰"。

寺郎腰大葱是济源的地方名优产品，寺郎腰是个地名，在济源市大峪镇东南部的山岭之上。据悉此地有着悠久的栽培大葱历史，从明代开始种植，清朝时更是成为宫廷贡品，20 世纪 80 年代寺郎腰大葱作为特色蔬菜远销各地。寺郎腰大葱之所以出名源于这里特殊的地理位置。当地的土质属于红黏土，土壤钾含量高，另外地处深山，昼夜温差大，生长周期长，种出的大葱品质独特，可概括为高、长、脆、辣。寺郎腰大葱植株高大魁伟；葱白长而直；大葱质地脆嫩，味美无比；葱白辛辣，可作为上乘调味佳品。

20 世纪 80 年代之前，此地大葱都是田间地头零星栽植、品种单一，且不成地块、不成规模、品质良莠不齐，造成葱民在市场上没有定价权，影响到寺郎腰大葱的品质和声誉。大峪镇政府为改变状况，抓住农业结构调整的机遇，大力引导，积极开展大葱标准化试点建设，推进大葱标准化体系建设。从 90年代开始，该镇每年都制定大葱栽植奖补、产业结构调整、集中连片发展等各种激励政策，让栽植户得到真金白银的实惠，提高发展大葱的积极性。2008年，寺郎腰大葱专业合作社正式成立，合作社内联基地、农户，安排葱农有计划轮作；外联市场，和洛阳、焦作、郑州等地的蔬菜市场对接。至此，寺郎腰大葱开始在市场上供不应求。

■■■【链接】合作社所获荣誉

2003 年，获河南省无公害农产品产地认定证；

2004 年，通过农业部无公害农产品产地认定和产品认证；

2005 年 7 月，在《世界农业》杂志上进行了推介与展示；

2006 年，与河南科技学院园林学院合作，承担《河南省科普传授工程项目》，大力推广无公害大葱生产技术；

2009 年，承担河南省农科所示范项目；

2011 年，农业部公告对寺郎腰大葱实施农产品地理标志保护，荣获消费者最喜爱的"中国农产品区域公用品牌百强"称号；

2012 年，获"绿色食品"认证，荣获"第十届中国国际农产品交易会金奖"；

2013 年，获得济源市名牌农产品、河南省农民专业合作社示范社；

2014 年，获得全国农产品加工示范社；

2015 年，获得全国名特优新农产品称号。

二、经营与服务

（一）政策引导集聚规模

从 20 世纪 90 年代开始，大峪镇每年都制定大葱栽植奖补、产业结构调整、集中连片发展等各种激励政策，让大葱栽植户得到真金白银的实惠，提高发展大葱的积极性。目前，大葱栽植已发展到寺郎腰、方山、林仙、曾庄、陡岩沟、反头岭等 15 个村，栽植面积突破 5 000 亩，集中连片规模达到 500 亩。

（二）加强内部管理

寺郎腰大葱专业合作社成立时间较早，在合作社的制度建设上早已形成规范的社员代表大会、监事会、理事会制度。成员代表大会每年定期召开，所有涉及合作社重大事项，须经成员代表大会议讨论决定。另外，坚持每季召开理事会，同时，监事会严格履行监督职责，相互配合，做好工作，服务广大葱农。再者，合作社不断修改完善社内的各项规章制度，严格遵守各项准则，履行各项义务，坚持"成员拥有、自行调控、成员受益"。

除此之外，合作社还拥有健全的财务管理制度，实行财务、社务公开，并配备专职会计和出纳人员，设立成员账户，设置可分配盈余科目，严格按照成员出资和营销额分配。

（三）注重技术培训

尽管当地种植大葱已有悠久的历史，为获取稳定的市场收益并能够在市场中不断有所创新突破，当地镇农业服务中心与寺郎腰大葱专业合作社合作，实行"镇—社—村"一体化，对社员关于大葱栽种时机、密度、灌溉及病虫害防治进行统一指导。除此之外，合作社多次聘请市农牧局等有关专家对社农进行培训、授课、现场指导，重点对育苗、栽培、培土施肥和病虫防治分阶段进行培训。合作社推广良种良法种植收效显著，具体措施如下：

首先，为提升产品品质，合作社有计划地实行轮作制以提高单位面积产量；其次，合作社注重选育优良品种，引入了章丘大葱系列大梧桐、家禄一号、家禄二号等品种，推广"铁杆王""钢杆""冬葱"等良种，重点培育寺郎腰大葱新品种，提高产品质量；再次，错季上市，采取双膜覆盖育苗栽培技术，通过设施错季上市，农户每亩收入增加 1 500 元；第四，改良栽培方式，推广应用地热线育苗、穴盘基质育苗、双膜覆盖栽培等新技术。

（四）推行标准化生产，产品质量可追溯

为确保大葱品质，寺郎腰大葱专业合作社对所有种植户实行统一品种、统一标准、统一购药、统一检测、统一生产、统一销售，要求农户严格执行质量安全管理制度。一是投入品管理制度，确保不购买、不使用禁用或限用的投入品，科学安全使用投入品，确保大葱食品安全；二是健全生产档案制度，确保产品质量全程跟踪和追溯；三是基地产品检测制度，确保产品安全产出；四是推行基地产品准出制度，确保不合格产品不采收、不出售，严把基地产品准出关；五是质量追溯制度，确保责任可追究，有效实施产品安全生产。

为确保标准化生产落到实处，合作社建立工作标准、技术标准、管理标准，创建了 3 个农业标准化示范村，还将《寺郎腰大葱标准化生产技术操作规程》印制成册，发放到每户葱农手中。并统一印制档案手册，要求每户葱农从大葱育苗到收获、出售的整个过程全部记入档案，技术人员每月检查一次；建立质量安全标准体系和监督检验、质量评价制度，成熟期每 7 天进行 2 次检测，核实用药、施肥情况，对不合格者坚决淘汰，确保农产品不受污染，打造无公害农产品，提高大葱的优良品质。

（五）实施品牌营销，进行精品推介

为进一步做大做强，寺郎腰合作社加大营销宣传力度，多渠道推广产品品牌，努力打造产品的特色优势。合作社先后通过"济源寺郎腰大葱"网站、《中国农业》、中国农业信息网、全国农产品交易会等媒介对寺郎腰大葱进行宣传。至今为止，合作社已成功举办 3 届大葱节活动，2016 年葱王高达 1.82 米。同时，合作社在济源市农贸市场设立了直营店、代销点，与洛阳、济源、焦作、郑州等市场联动，一起推动品牌营销。

目前，寺郎腰大葱已形成多层次、互补性的品牌战略体系。广开营销渠道，建立寺郎腰大葱网上销售平台，根据网上订单安排生产，发挥大葱协会、本地农民经纪人和营销户的作用，发展大葱经纪人联系营销户 30 多个，开辟了济源市蔬菜市场和洛阳、孟州批发市场，积极招商发展精深加工，先后与知名企业思念集团、三全食品等接洽，拉长产业链条，积极发展寺郎腰大葱精深加工。

（六）完善基础设施建设，打造大葱生产休闲体验园

2015 年，寺郎腰合作社新建大葱加工厂一个（室内面积 260 平方米）、100 吨冷库一座，提升了大葱的加工、包装、储藏等水平，保证了市场需求。除此之外，实现新修道路 4 600 米，新架高压电路 900 米，新增变压器一台 200 千伏安，新建蓄水池 2 个（总体积 1 000 立方米），新铺地埋管 5 250 米，做到了大葱园区内的水、电、路全通。

完善基础设施建设的同时，为配合打造乡村旅游，让游客体验大葱生产过程，合作社于 2013 年投资 200 余万元在寺郎腰村建立"大葱生产休闲体验园"，面积 500 余亩，建设有冷库、检测室、加工厂房等基础设施。

三、未来规划

接下来，合作社将充分利用济源首个"国家地理标志保护产品"的品牌资源优势，推动机械化生产和规模化发展。具体目标有：与济源农科所合作，对大葱重茬问题进行探索和试改；与济源科学技术局合作，进行新技术培训，加强基地建设；聘请有关专家为大葱合作社长期科技培训讲师和特邀技术员。

除此之外，还要在打造知名品牌上再下大功夫，逐步形成一头牵手葱农——广泛推行标准化生产，一头牵手市场——利用"寺郎腰"商标，不断开拓更广阔的市场空间。最终形成内联基地与农户，外联物流与市场的产业形态。

■ 点 评 ■

寺郎腰大葱专业合作社是由政府带动的专注于地理标志产品经营的合作社。从案例中可以了解到寺郎腰合作社依托的产品——寺郎腰大葱具有唯一性，这种特性建立在它具有一定历史知名度和生长环境上，使得该合作社在发展运营上显得与众不同。历史延续的知名度为合作社的发展壮大打下坚实基础，使寺郎腰合作社较之普通合作社省去不少重新开拓市场的精力和成本；产

品生长环境的独特性约束了市场上其他竞争对手的进入，这也在一定程度上为寺郎腰合作社的发展起到推波助澜的作用。另外，在寺郎腰合作社的发展过程中有几处与众不同之处值得借鉴。

"政社联合，共同发展"是该合作社的突出特征。寺郎腰大葱合作社是典型的政府主导发展起来的合作社。从寺郎腰大葱发展历程中看到其一路收获荣誉颇丰，除了合作社自身的努力外也能看到当地政府在扶持寺郎腰大葱上所做的诸多贡献。政企联合培育特色产业，不但夯实了主推产品的市场效应，同时也对地区经济的发展有助推作用。通过大力宣传推广特色产品，会不同程度增进受众对产地地理位置的关注，尤其像寺郎腰大葱这种具有国家农产品地理标志保护的产品更易吸引大家的好奇心，这对当地的旅游、餐饮、住宿、金融等服务业的发展具有较强带动作用。

也正是借助于当地政府的大力支持，寺郎腰合作社产品的营销推广有着不同凡响的力度。该合作社通过建立大葱特色园、寺郎腰大葱节、专门网站等方法共同推动大葱产业发展。寺郎腰大葱特色园集种植、销售、参观等多功能于一体，提高生产效率的同时也起到宣传推广作用。每年举办的寺郎腰大葱节融公益、度假、休闲、娱乐、旅游观光为一体，提高品牌的影响力和美誉度。

值得一提的是，或许由于寺郎腰大葱是当地政府主推的地标产品，在寺郎腰案例中合作社自身应具备的功能被弱化，合作社的经营管理体现出来的是政社边界不清、管理权限模糊。合作社的管理人员由镇政府发放工资，合作社不盈利、运营费用由政府支付。随着市场化的不断深入推进，所有的合作社终究要破茧成蝶，在未来面临激烈竞争的市场化环境中，这种被官方过多关注的合作社如果失去支撑是否能够顺利成长值得深思。

村委助力　合作共赢

——泌阳县裕民种植专业合作社

一、成立背景

　　沁阳县地处河南西北部，北依太行，南眺黄河。境内平原居多，约占总面积的 66%，其余为山地丘陵区，地势总体呈西北高东南低。裕民种植专业合作社位于丘陵地带，耕地多沿河分布，西高东低，受地形条件限制作物种植十分不方便，主要种植的农作物包括小麦、玉米、花生、烟草、杂粮等。

　　2012 年初，沁阳县董庄村委会主任王士锋了解到"农民专业合作社"这个概念并对"合作社"萌发了兴趣。随着对"合作社"了解越来越多，王士锋发现这是一个"抱团取暖、共同发展"的致富之路，于当年 7 月在县工商部门注册成立了泌阳县裕民种植专业合作社。合作社有 6 名发起人，分别是王士锋、刘新坡、刘海全、赵法学、吕有全、刘天玺，注册资金 98 万元，其中王士锋认缴出资的金额为 18 万元，其余五名发起人的认缴出资金额为 16 万元，合作社成立后陆续吸收资金入社 15 户，每户 2 万元。注册地址为泌阳县杨集乡董庄村委小庄，也就是董庄的村委会办公地点，合作社法人代表为王士锋，任合作社理事长。

　　合作社下设农机服务分社，玉米种植专业合作社，小麦、花生种植专业合作社，外出作业合作社（本县）、生产资料供应服务部和技术服务部，实行统一购种、统一耕作、统一收割，社员分户管理种植入社土地，形成了农资供应、技术服务、机械收割一条龙服务。

二、主要做法

（一）建立土地流转平台

　　为了实现大规模的土地流转以及土地托管，从而实现规模化经营获取规模效益，裕民种植专业合作社建立了完善的村级土地流转平台。合作社通过挨家挨户走访建立电子地图，把董庄附近村庄的土地分布情况录入电脑，从而实现有计划的农户土地置换和流转。为了使流转到的土地集中连片，合作社主要骨干人员分别上门做农户的思想工作，一方面，实现农户之间地块置换，使农户手中的土地集中到某一处，方便了农民种植；另一方面，合作社在流转土地时也能够更方便快捷，更容易协商。

由于理事长王士锋是村主任，威信较高，土地流转平台在董庄的建设比较完善，通过土地置换和土地流转基本实现了集中连片，但是对于董庄附近的村庄，由于种种复杂原因，土地流转平台的建设进展困难。

近年来，通过土地流转平台的建立和发展，合作社的土地流转十分稳健。2013 年合作社成功流转土地 1 730 亩，2014 年流转土地 2 580.6 亩，至 2016 年年底达到了 3 860.2 亩。

（二）土地托管

合作社成立之前，当地已经有一些种植大户以每亩 200～300 元的价格流转了部分外出务工人员的土地，为了实现土地的集中连片，合作社支持农户以土地入股的形式实现经营权转变，无论合作社是否盈利，农户都可得到每亩500 元的保底金额，合作社若有盈利农户参与二次分红。通过保底加分红的分配制度，得到了当地农户的认可和支持，土地的集中连片基本得到实现。

合作社将流转来的土地一部分用于烟草种植，一部分用于蔬菜种植，还有更多的主要进行粮食生产（来源为土地托管）。托管分为全托和半托。全托是指合作社全权管理农业生产的每个流程，从种子到农资到田间管理到收获都由合作社来负责，农户可以决定自己的土地上种植作物的品种，其余的生产过程完全不参与，合作社将粮食收获之后帮助农户将粮食运至家中，农户需要支付合作社的生产费用以及劳务费用。半托是指农户在农业生产的某个环节无能为力或者不愿意亲力亲为，委托给合作社进行管理，合作社根据任务量收取劳动报酬。

由于近年来粮食作物价格不好、经济作物市场不好，合作社没有进一步流转土地的打算。

（三）烟草种植

烟草为茄科一年生或有限年生草本植物，对生长环境的要求十分严格。古人认为："沙田种烟烟叶瘦，山田种烟烟叶枯。根长全赖地肥力，气厚半借土膏腴"，也就是说，烟草种植必须遵守肥厚、疏松、排水的原则。当地为丘陵地区，为烟草种植提供了得天独厚的环境。目前，合作社最为稳定的产业是烟草种植，面积为 1 000 多亩。

合作社采用作物轮作模式，一方面可以保证烟草的品质和高产，同时也能够有效降低病虫害的发生。同时，为了达到烟草公司对于烟草品质的要求，在烟草进入重要生长阶段之前合作社都会组织进行大规模的人工田间管理，开展中耕清沟封土、病虫害防治等田间管理工作。为了提高烟草的种植管理水平，2016 年合作社与省农科院合作开展了烟草点株灌注追肥的试验，成效显著。

烟草具有不耐储运的特性，新鲜烟草采摘下来后必须尽快加工。在当地政府的扶持下，合作社兴建了与种植面积配套的烤烟房。每座烘干塔的建设费用为 20 多万元，合作社只需要承担 18 000 元。每年烟草收获后经烤烟房烘烤处理出售给当地的县烟草公司，之后转卖给省烟草公司（主要为中华和黄鹤楼）。

烟草在我国属于管制行业，农民只能从事烟草的种植和初步的烘烤，不能进行进一步的加工，即使是把烘干好的烟叶加工成烟丝出售也是不被允许的。所以，农民在烟草的生产加工环节只能得到"辛苦费"，这个暴利行业的蛋糕对于烟农而言可望而不可即。

（四）村集体经济新形态

泌阳县裕民种植专业合作社成立之初，理事长王士锋时任当地董庄村委会主任，董庄共有土地 2 850 亩，经过几年的发展入社率达到了 94%，剩余的6% 基本上都是农户将大部分土地交由合作社管理之后的余留，也就是说除了部分农户出于感情因素不愿放弃耕种手中的一小部分自耕自种地之外，合作社基本上回到了 20 世纪的"集体经济"状态。目前合作社基本实现了和村集体经济的有机结合：合作社的理事长是当地村委会主任，合作社核心成员是当地村委会成员。合作社的内部运营管理基本上和村集体经济保持一致，这使得合作社在发展的过程中兼顾了整个村庄的利益。

首先，合作社通过整村的托管和流转实现了规模化经营，提高了土地利用率和大型机械的作业效率。其次，合作社带动了周边 300 多户农户经济增收。300 多名闲散劳动力在合作社农忙时务工，能够实现年增收万元。再次，合作社为社员（基本上是全村居民）缴纳新型农村合作医疗费用，为农户带来看得见的实际利益。最后，合作社每年年终为本社社员 60 周岁以上的老年人发放福利，合作社的这项举措既体现了社会效益也顾忌了农村养老问题。笔者认为，新型的村集体经济是解决农村养老问题的有益尝试。

三、经营成效

经过五年发展，现已有社员 359 户 1 360 人。截至 2016 年年底，通过自身发展以及政府扶持，合作社净资产 297.35 万元。其中房屋建筑及其他构建物 842.16 万元，机器设备 579.38 万元，车辆 59 320 元，办公用品 40 432 元，无形资产（土地使用权）1 148 万元，半成品 394 万元。合作社现有办公区域占地 22 亩，其中库房三座占地 2 700 平方米，办公室及活动室 360 平方米，烘烤房 70 座，保鲜库 2 座。合作社有机械设备 368 台（套），其中大型联合收割机 4 台，大型轮式拖拉机 30 台，弥雾机、旋耕机、起垄机及播种机等机械 334 台（套）、烘干机 1 座、变压器 6 台、深水井 35 眼。

四、困难及规划

（一）困难

合作社成员基本都是土生土长的农村能人，学历一般是高中和初中，普遍缺乏系统管理知识和管理经验，很多成员在提到经营管理和市场开拓方面显得力不从心。合作社发展迫切需要懂技术、会经营、市场开拓能力强的技术人才、管理人才、营销人才。

缺乏资金是制约合作社发展的瓶颈，裕民种植专业合作社发扬自力更生的精神，依靠自己的力量解决合作社的资金难题。理事长王士锋以每股 2 万元每户一股的方式，凡是有资金的农户可以自愿向合作社入现金股，年底参加现金分红。后经理事会多次研究讨论达成共识，所有股金不对外放款，仅为合作社内部发展生产经营服务。2012 年年底第一批 49 户社员主动入股共筹资 98 万元。这 98 万元流动资金在合作社发展初期起到了重要作用。现金股的启动有效地缓解了合作社缺乏资金的难题，这也是合作社自筹资金解决自身困难的有益尝试。但是，随着经济规模的扩大合作社对资金的需求越来越多，由于合作社获得资金的主要途径是社员自筹、外部资金和自我资金积累，合作社无法积聚大量股金，而缺少资金使合作社不少业务活动无法正常开展致使合作社发展后劲不足。在贷款方面由于农村金融机构较少并且农业银行、农村信用社、邮政储蓄银行、农村合作社银行等金融机构在贷款方面都有严格的抵押担保要求，而合作社在现有的金融机构贷款条件下缺乏合格的抵押品，合作社的集体财产难以用来作为抵押物，土地抵押又面临很多法律约束，因此合作社在申请贷款方面十分困难，资金缺乏成为阻碍合作社生存和发展的一大难题。

（二）发展规划

经过不断努力与发展，合作社未来发展会更好。合作社在继续做好上一年度项目内容的基础上引进蔬菜新品种、新技术进行试验、示范、推广。在各项技术成熟的基础上积极探索农产品深加工，提升农产品附加值，延伸农业产业链。

理事会商议决定于 2016 秋季及 2017 年春季实现蔬菜大棚种植 500 亩的工作。理事长王士锋满怀信心地说："要经过不断努力，让土地入股的农户每亩土地除了拿到保底的 500 元以外外力争再拿 500 元的分红，还要进一步提高入社农户的工资待遇让所有入社农户利用合作社这一平台走上共同致富之路。"

点　评

1995 年我国第一个现代意义的合作社起源于山东，至今仅有三十年的历史；2007 年，合作社立法实施，到现在也仅有 10 年的历史。所以说，我国的合作经济发展还处于初级阶段。

鉴于合作社的发展对于广大基层农户的意义，政府在这方面表现出了极大的重视程度和财政支持。所以，我们所见过的多数发展良好的合作社，大都是在政府的扶持下发展壮大起来的。然而，一种新型的市场主体只有摆脱行政扶持，实现自负盈亏、自我发展，才具有市场生命力和可复制的意义。

泌阳县裕民种植专业合作社成立于 2012 年，注册资金 98 万元，由 49 户社员（每户 2 万元）自愿入股筹得。从成立时间来看，合作社成立相对较晚，在争取财政支持方面不具优势；从注册资金及其来源来看，这是一个真正由小农户自我联合发展的合作社。

合作社的理事长为当地的村委会主任，具有一定的威望，这是基层合作社成立与发展的必要条件，即农民合作社的成立多由当地有威望的人发起，依靠在当地公信力一力促成。合作社下设农机服务分社、生产资料供应服务部和技术服务部，实行统一购种、统一耕作、统一收割，社员分户管理种植入社土地，形成了农资供应、技术服务、机械收割的一条龙服务。从服务项目来看，合作社提供的服务并不算多，只是一般性的基础服务，这也符合基层自发合作社的基本特征。

合作社最大的亮点是建立了比乡镇功能还要完善的村级土地流转平台，把附近 10 个村的土地分布情况录入电脑，有计划地流转土地。为了流转到集中连片的土地，合作社主要骨干人员分别上门做群众思想工作，让农户自愿互换地块，保障了群众自愿、流转顺畅。这种有层次、有计划的稳健的土地流转，是基层农民在实践中智慧的探索，具有十分重要的借鉴意义。

泌阳县裕民种植专业合作社亮点不多，但可以看出来是一个真正的基层自发合作社，在各个方面都具有一般性、可复制性的特点。但是就是这样一个普通的合作社，在 2016 年年底，经过五年的发展时间，由注册资金 98 万元发展到 2 900 万元，这是一个历史性的跨越。其发展历程是否具有可复制性，是一个很重要的命题。

外发促内生　实现生产生活双循环

——兰考县南马庄生态农产品专业合作社

一、合作社基本情况

南马庄生态农产品专业合作社位于兰考县素有"小江南"之称的三义寨乡南马庄村，最初成立于 2004 年，由张砚斌等 5 人发起，主要从事水稻的生产和种植。合作社正式在工商部门注册时间为 2008 年 4 月 10 日，注册资金 1 000 万元，张砚斌任理事长，合作社集生猪养殖，水稻及小杂粮生产、加工、销售和种养殖技术培训与服务为一体。合作社下设大米杂粮加工厂、资金互助部、供销部和植保部。现有社员 1 038 户，覆盖周边 12 个村庄，种植水稻小杂粮面积 5 000 亩，2016 年合作社农产品营业额突破 2 000 万元，利润达 150 万元。合作社生产的"南马庄"牌大米、小杂粮远销郑州、北京、深圳、上海、西安等全国大中型城市，合作社拥有自己的直销店和网络销售平台。合作社自成立以来，先后被中国科学院农业政策研究中心确定为农民合作与城乡互助型生态农业示范基地、被中国人民大学农业与农村发展学院确定为学生实践基地、被中国农业大学确定为农民问题研究所科研基地，同时与北京小毛驴农业有限公司、志诚公司东莞分公司、深圳米博士投资股份有限公司、河南第五元素商贸有限公司、开封亿禾润丰商贸有限公司等公司建立了长期销售合作关系。

从 2009 年至今，合作社连续被评为省级示范合作社（2009 年），国家农民专业合作社示范社（2011 年）；2014 获得"中国银行业协会普惠金融服务奖"和"全国农民合作社加工示范单位"等荣誉称号；南马庄牌系列农产品先后获得了"全国休闲农业包装创意银奖""大别山区农产品博览会金奖""中国具有影响力合作社产品品牌"等奖项。河南省委书记谢伏瞻，原河南省委书记徐光春、卢展工，开封市委书记吉炳伟等主要领导与许多社会知名人士都曾来合作社考察指导过工作。

二、外发促内生，合作社快速成长

自南马庄合作社创建伊始，先后有多种外部力量介入合作社的建设和发展。首先，是 2003 年 7 月中国农业大学副教授何慧丽到兰考县挂职副县长，这拉开了探索新农村发展模式的序幕。2004 年 8 月底，在何慧丽的主导下，北京、天津、河南等地方的一些专家、教授及志愿者在兰考县贺村召开了合作社知识培训及发展经验交流会，时任南马庄村支书兼村主任的张砚斌派村民周孟奇、付玉平等到贺村参加了培训会。在培训会上，他们就商讨了回去组织村民建立合作社，发展养殖业和无公害大米种植业等事宜。回到村子不久，张砚斌就动员农民组建了南马庄经济发展合作社，当天加入合作社的农户只有 48 户，代表 230 口人。2004 年底，何慧丽又召集河南大学三农发展研究会的志愿者，吉林省四平市银监局官员姜柏林、梁漱溟，乡村建设中心主任刘湘波等人在南马庄召开了"兰考县合作社与科技扶贫培训会议"。这次会议之后，又有农户加入合作社，社员增加到 109 户 504 人，2005 年增加到 230 户。在无公害大米协会运转初期，大米销售遇到了困难，何慧丽利用自身在北京的一些资源卖起了大米，由此引发"教授卖大米"事件。何慧丽身体力行不断推动着合作社的前进与发展。其次，是三农专家温铁军积极扶持合作社发展，不仅给予合作社 10 000 元的扶持资金，而且还为合作社成员提供了到晏阳初乡村建设学院学习交流的机会，在温铁军等人的帮助下，合作社改组为无公害大米协会，并争取到了 10 万元的农业部示范点项目。此外还有其他一些热心人士和以河南大学三农发展研究会为代表的大学生志愿者，他们在合作社发起阶段做了大量的宣传发动工作，在一定程度上协助张砚斌等人促进了合作社的起步。

专家学者把他们的思想和设计用于合作社实践中，但外在力量的作用毕竟有限，合作社的发展仍需自身内生力量的崛起。南马庄合作社的社员主要分为四类：核心社员、积极社员、普通社员和依附社员。核心社员都是合作社中的主要管理者和项目实施者，是理事会的主要成员；积极社员是合作社中的活跃分子，有一定能力，能够积极响应合作社发出的号召，是合作社各种项目、各种活动的承担者和具体实施者；普通社员在合作社占绝大多数，南马庄合作社社员从 48 户增加到 230 户，加入的社员都是普通社员，他们只是合作社各种活动的被动接受者，不会主动为合作社的发展出谋划策，仅仅是为了坐享合作的收益；而依附社员是合作社中的投机者，一有风吹草动有损自身利益时即不遵守合作之约定，他们是合作社中的不稳定因素。南马庄合作社以张砚斌为首形成合作社"内力"，以拥有管理能力和技术专长的核心社员和积极分子为先，以广大普通社员为主体。这样"内力"的发育，是与何慧丽和温铁军等人的知识分子力量、以河南大学三农发展研究会社团的大学生力量、秦君芝等人的体制内干部的力量、衡生喜等人的城市离退休志愿者力量等的综合"外力"作用分不开的，更离不开政府的扶持政策。在众多外部力量的作用下，南马庄合作社的核心社员和积极分子勇于探索合作社发展道路，把合作社的事内化为自己的事，以组织的力量约束和制衡普通社员和依附社员的投机行为，推动合作社的发展壮大。

▣▣ 【链接】教授卖大米事件

2003年，"三农"问题专家温铁军在河北定县创办晏阳初乡村建设学院，并在更广地区开始了名为"新乡村建设"的实验。曾因焦裕禄而闻名全国的兰考，也开展了乡村建设实验。其中，三义寨乡南马庄村经济合作社开发的无公害大米项目，成功申请到了农业部10万元专项资金，农民们改变了单干的方式，组织起来，在中国农业大学教授们的监督指导下生产出无公害大米。

2005年，合作社改组为无公害大米协会，在运转的初期，协会需要加强对农田管理的统一化经营，因而必须统一供应合乎生态标准要求的低毒性农药、化肥。在协会自身缺乏资本的情况下，张砚斌、周孟奇等人自己垫资经营。在无公害大米走向市场之前，协会还主动将没有按照统一经营原则经营的农户生产的大米剥离出协会以确保大米的品质。协会管理层的几个骨干先后到昆明、郑州、洛阳、北京等大城市跑市场，大米销售却一直都没有大的进展，以致部分社员开始把自己种植的无公害大米当作普通大米在本地市场进行零星销售。后来，协会与洛阳一个商场达成了合作意向，但协会的领导层在没有收缴订金的情况下，就匆忙地把10吨大米发到了洛阳，遭遇了大米进入市场后的第一个骗局，致使协会遭受数千元的损失。何慧丽实在不愿意让这些农民承受大米销售失败的打击，也为了让农民得到实惠，让消费者买到真正的无公害大米，避免让商贩们从中掺假，就开始动用自己在北京的一些资源，卖起了大米，从而上演了一场饱受社会各界关注且喧嚣一时的"教授卖大米"事件。即便教授卖大米，也遭受了冷遇，这一年，无公害大米协会并没有挣到钱，相反还把农业部扶持的10万元财政支持资金给赔了进去。

"教授卖大米"事件后，合作社意识到产品不好卖，因为销售中没有更多的故事讲给消费者，所以，合作社积极制造故事，如"购米包地""购猪认养""大米开张节""南马庄生态旅游节"等年年举办，一直坚持到现在。合作社每年都在制造故事，宣传故事，才有了如今双循环的生产销售模式和生活模式，农民生产销售离不开合作社，农民的生活也离不开合作社。

三、依托多种农产品生态生产循环链，实现三产融合

合作社严格按照"统一生产、统一技术、统一管理、统一品牌、统一包

装、统一销售"的"六统一"模式进行生产，生产出来的"南马庄"牌系列农产品有黄金晴等原生态大米品种系列；黑绿豆、黑花生、芝麻、绿豆、红豆、黑豆等小杂粮系列；快乐猪、快乐鸡等传统品种养殖系列；原生态种养结合的藕田蟹等。如今的南马庄合作社正在探索一条重生态、重合作、低消耗、自循环的城乡互助型生态农业发展道路。

自从 2004 年开始带动社员种植大米，合作社多年来一直在探索绿色农业的可持续生产和销售模式，主要是将传统技术和现代技术结合起来，进行多样化和循环农业的生产。比如，用自身加工厂的废料发酵，用发酵床养猪法饲养"快乐猪"，猪粪和沼渣用来做水稻、小麦、小杂粮等农作物的肥料，农作物下脚料做猪的饲料，形成农产品生态生产循环链。在生态农业种植中，南马庄的原生态大米已经取得了显著成果，在国内市场上赢得了良好声誉。在此基础上发展了 8 亩有机耕作水稻，使南马庄原生态大米逐渐向有机耕作大米的方向上转变，从而为市民提供更加健康和放心的食品。

在生态养殖中，2010 年 4 月合作社通过"购猪认养"活动，南马庄的 30 余头快乐猪被开封、郑州的市民订购。订购的条件是必须让猪在快乐的环境里成长，拒绝喂养饲料添加剂、瘦肉精，保证生态猪肉的绝对原生态，并且南马庄生态农产品专业合作社已向国家商标局申请注册"快乐猪"商标。

2009 年，合作社在大力种植莲藕的基础上引进外地先进经验开始尝试藕蟹立体种养，2010 年在尝试种植的基础上发展 100 亩藕蟹混养基地，从而实现了种植和养殖的立体结合，达到了生态效益与经济效益的双赢。并在此基础上进一步发展旅游观光农业，在藕蟹混养基地建成 100 平方米的垂钓池，吸引游客赏荷花、钓螃蟹，努力打造旅游型的生态循环农业。

在发展生态农业的基础上，合作社从 2009 年起开发城乡互助型乡村旅游。2010 年建设生态循环的市民多功能农园，让城市人享受到播种与采摘、收获的乐趣，而且规划了有机蔬菜基地，给市民配送有机蔬菜。建立起城里人与当地农民的合作关系，实现集生态种植、生态旅游、生态消费于一体的城乡互助型生态循环农业模式。2010 年，合作社对投资 50 万元建成的两座面积达 600 平方米的青钢结构、节能环保生态楼房进行了装修，装修后的生态楼房一次能接待 150 人以上会议或旅游，食宿条件优越，为开发城乡互助型的乡村旅游奠定了良好的基础。2010 年 10 月 2 日至 7 日举办了南马庄第二届生态文化旅游节，吸引游客 200 余人到南马庄认知农业、体验农业。2017 年，合作社筹建的"农家乐"即将开业。

四、拓宽销售渠道，开创销售新模式

在产品销售方面，积极拓宽市场销售渠道，推动产品走向市场。通过十多年的农产品销售历程，合作社总结出五种销售模式：一是市民与农民的直销模式，真正实现"市民农民心连心，城市乡村叶通根"的城乡之情，市民能从农民手里直接买到农产品，农民绕过层层经销商直接销售给市民获得较高的利润。二是农产品本身在当地就是特产，通过合作社的文化宣传与建设、商业广告、精心精致的包装等成为当地人走亲访友和商业交往的必备之品。三是产品档次分开，生态种植的产品就应该包装高档成为精品，成为白领们的首选，而且它的价位不菲，成为合作社收入的主要来源。四是把合作社托管的大部分农产品要用传统的销售模式销售出去，在本县或者周边县市铺设到几百家超市网点，所选超市一定是当地人气很旺的，每个超市里面都要有合作社的宣传海报、门型展架和经常变换的宣传页。五是网络销售，拥有一个专业的团队进行网站维护、微店管理、塑造合作社文化，让消费者认知、认可、认同，最终成为合作社产品的忠实粉丝。通过网店与大公司合作进行众筹模式销售，或者公司回馈客户订制随手礼，派专业团队对接"私人定制"，仅此一项，南马庄合作社2016年就销售杂粮11万箱。2017年合作社与汉顿集团合作，签订了"买格力电饭煲送南马庄生态大米"协议，开创销售新模式。

五、依托生活循环，为社员提供全方位服务

南马庄合作社认为，合作社把群众组织起来，通过生产增强社员凝聚力的作用比较小，合作社应该向群众提供与生活息息相关的各方面的服务，加强社员和合作的依存关系。合作社在村内开办了超市，成立了资金互助部，贷款给资金急缺的社农，社农买生活用品可以到超市，基本实现生活循环，增强凝聚力。

（一）改变合作社成员分红模式，增强社员的凝聚力

经过不断实践，合作社探索出四种分红模式：第一，对回收社员的农产品进行直接加价10％。第二，把分红资金折算成有机肥分发给社员进行生态种植。第三，分红形式以优惠券取代现金，优惠券只能在村庄内部使用，可以用优惠券购买农资、在村内超市购买生活用品等。第四，通过给社员缴纳水电费、为社员子女提供助学金、为社员缴纳体检费等公益形式分红。具体内容包

括：为本村社员的 6 个月至 15 岁儿童购买保险、每年承担村中路灯电费 5 000 元、为每个合作社成员解决每年 420 元的水电费、为所有考入大学的孩子颁发奖学金（一本每年 5 000 元、二本每年 3 000 元、三本每年 1 000 元）、出资为 60 岁以上的老人每年检查身体一次。2016 年为社员的分红资金总额达到 130 万元。

（二）开展资金互助，满足社员资金需求

早在 2004 年，南马庄村以从事农业生产经营的农户为主体，按照自愿、自主、互利的原则开展了合作社资金互助，但成立之初条件简陋，制度不完善，一直没有规范化发展。近几年，随着南马庄生态农产品在河南各地知名度的提高，销量日益上升，但合作社的加工能力远远不够，想扩大规模再生产，资金成了发展的瓶颈。为了盘活农户手中的资金，协调会员间的资金余缺，缓解农村生产、生活资金紧张矛盾，合作社通过吸收会员股金，增加农业资本积累，为产业化发展提供服务。合作社依据党中央、国务院的相关政策规定，在原有资金互助的基础上，于 2013 年 7 月 26 日开办了自己的资金互助部。在成立仅 12 天的时间里，有 150 户成员参与，资金达到了 150 多万元，为"快乐猪"养殖户、有机大米种植户、农资经营户提供了 20 万元的借款，不但支持了农户的生产经营，同时也解决了留守妇女创业难的问题。目前合作社已拥有存款 1500 多万元，已跻身全国优秀资金互助部行列，并获得了"2014 年中国银行业协会（花旗集团）微型创业年度普惠服务奖"。资金互助一定程度上解决了合作社融资难的问题。2013 年 9 月，北京宜信公司与兰考县南马庄生态农产品专业合作社建立合作，通过将城市中的闲余资金出借给当地信用良好、有资金需求的低收入农户，同时为城市中热心公益的人士和信用良好的贫困妇女建立帮扶桥梁，截至目前，宜农贷平台共向合作社累计提供资金 48 万元，为 24 名当地农民提供资金支持。合作社累计为 286 户留守妇女成员提供每户 20 000 元的借款，宜农贷以年息 3％的低息放款给合作社符合条件的留守妇女，合作社加收 3％的费用，费用用于合作社的公益事业。

（三）以合作形式发展农家乐

在农家乐的经营上，充分利用农户专长，有技术投技术，无技术可以投劳力，由参与农户提供食物原料，如农家乐主营是餐饮，需要粉条、石磨豆腐、豆芽等原料，带动几家农户种植红薯、大豆，超过农家乐需要的合作社负责销售。合作社坚持只分红不给工资，无论是技术入股还是劳务入股，月底都按不低于 60％的比例分红，体现合作精神。合作社的宗旨在于充分让村民参与到

合作社当中，以自己的劳动在合作社提供的平台上去赚取应有的分红。群众可以用分红所得的优惠券在农家乐吃饭、买包子、豆腐脑等。

（四）组建文艺宣传队，凝聚人心

在合作社倡导下，每逢周六、周日，村里的文艺队和老年人协会都会组织文艺活动，村民们自编、自演豫剧、曲剧等，南马庄村民们笑声不断。村民们说："要是以前，咱谁也不理谁，是合作社让村民们的心合在了一起。"

（五）土地托管解放劳动力，增加就业渠道

合作社通过土地托管的方式为南马庄村群众提供全产业链服务，解放了全村 80% 的留守劳动力，他们可以外出务工或者就近打零工，其中合作社大米杂粮加工厂就吸纳了 70 多名妇女老人，解决了留守妇女的就业问题。

六、合作社发展规划

目前，南马庄合作社在发展中遇到的瓶颈主要是专业人才缺乏，合作社发展需要有专业的管理人才，合作社承担不起雇佣专业人才的高昂费用，另外高水平人才也不愿参与。合作社还需在以下两个方面加强建设：一是培养合作社骨干，挖掘成员潜力，吸引能人入社，提高自身素质，壮大合作社实力。二是继续寻找合作伙伴，主要是涉农企业与大米、杂粮加工合作社联合，壮大经济实体，让每个成员通过合作社这一载体富裕起来，同时成员的积蓄能更多地存入资金互助部，才能有更多资金支持成员的发展、支撑起合作社经济实体的发展，形成一个良性的经济循环链。

七、启示

（一）外生力量的介入是合作社诞生的催化剂，而内生力量的崛起是合作社发展的支撑力

如前所述，在南马庄农民合作的诞生与发展中可以看到外生力量的作用，理性的农民基于对自身参与合作的"成本—收益"的主观考量，即便是合作具有了现实必要性，也难以主动采取有效行动去打破那种非合作的状态。在这种情况下，来自外生力量的介入是促进农民合作的催化剂，就有可能形成外生促内发，随着内生力量不断成长进而逐渐成为支撑合作社不断成长的根本性力量。但是，乡村建设的主体是农民，农民合作社的发展也不例外。即便是外来

力量唤醒了农民的合作意识，在智力支持和资源帮助等方面起到了很大作用，但农民合作社的发展最终的依靠力量还是农民自己。因此，以核心社员、积极社员、普通社员和依附社员等为主要表现形式的内生力量才是农民合作社发展过程中真正可以最终依靠的支撑力量。如果没有他们的逐渐崛起，就不可能有合作社的成长和壮大。

（二）农村能人带动是农民合作社发展的内在驱动力

农村能人是活跃在农村经济社会发展舞台上的积极分子，是新知识与新技术的乡村先行者——因为讨教与效仿邻里，是中国乡村农民简单、实用、有效的学习机制，乡村能人事实上是乡村农民学习的"标杆"，他们中的许多人在从事生产致富活动同时，还为村民提供公共服务，资助贫困家庭、孩子上学、修路等公益项目，因而也是村庄内生权威的主要构成部分，是乡村社会内部有声望、有威信、有号召力的一个重要群体。在南马庄合作社的建立及发展过程中，以张砚斌为首的农村能人无论是在动员农民、组织农民，还是在日常的组织运作、经营管理等方面都发挥了重大的作用，正是他们推动着农民专业合作组织不断地向前发展。在组织农民发展合作社的过程中，这些农村能人投入了大量的时间、精力，甚至财力。如果没有他们的奉献和付出，没有他们积极主动的组织和引导，也就难以促成合作社的发展与壮大。

（三）通过生产生活双循环增强合作社凝聚力

合作社成员凝聚力，是一个合作社发展的生命力之所在。增强成员凝聚力，从组织的角度出发，成员应出资入股。作为农民，出资入股才会更有主人翁意识。从合作社管理来看，合作社必须有明确的章程，合作社的章程必须得到所有成员的认可，并且合作社的相关业务遵循照章办事的原则，很多问题迎刃而解。

南马庄合作社始终坚持合作制的基本原则，建立各种制度，规范合作社行为，成员出资入股，并坚持按股分红，采取以优惠券代替现金的方式，通过统一购销的生产循环和为社员提供便利的生活循环，加强了社员与合作社的联系，增强了合作社的凝聚力。

点　评

南马庄有个响亮的名字——中原第一生态合作村。"生态合作"和"第一"道出了南马庄村的特色与知名度。南马庄生态农产品专业合作社就位于该村，这是一个值得好好关注的农民合作社。2004 年，南马庄村民在县、乡政府的大力支持下，在著名"三农"专家温铁军和中国农业大学副教授、兰考县挂职副县长何慧丽等专家指导下，成立了"南马庄生态农产品专业合作社"。合作社自创建伊始，就走了一条与大多数合作社不太一样的路子，其发展经验可以概括为以下几个方面：

首先，合作社的发育只靠一盘散沙的农民的自生力是难以实现的，必须借助于一定的"外力"。那么，以什么样的"外力"，怎样发挥"外力"的作用，怎样促进"内力"的生成和发展，使之成为合作社的支配性力量，是个重大的研究问题。以张砚斌为代表的南马庄合作社的实践，为回答这些问题提供了经验材料。南马庄合作社自诞生之日起就饱含各种政治元素，具有不可复制性，有多少个"何慧丽""温铁军"能为合作社出谋划策，能为合作社发展奔走，寻求各种扶持？但有一点可以肯定的是，农村能人精英们在合作社诞生和发展上的重要作用不容忽视。南马庄合作社的领头人——张砚斌以前是个经济、技术能人，凭借其所掌握的兽医技术，生活在南马村堪称富裕，在南马庄村民们的信任下，张砚斌放弃了每天一二百元的兽医工作，当起了每月只有一百元工资的村支部书记。自从当上村支书兼村主任后，一心想带动群众致富，想促进社会和谐，遇到何慧丽后终于找到了以"合作制度"来达到这两种目标的路子。合作社每一步新的探索都与张砚斌的付出分不开，张砚斌就是这样不断努力，一步一个脚印，把南马庄生态农产品专业合作社发展成一个综合性的社区合作组织，为社员提供从生产到生活的多种服务。合作社需要这种无私奉献，把合作社的事当做自身"私事"的领头人。

其次，南马庄合作社建立之初，就确定了生态发展的目标，选择无公害大米和养殖业作为合作社主业。合作社以"六个统一"的生产模式，生产出了有机大米、纯天然小杂粮、坑塘野生鱼、莲藕、螃蟹等农家食品，还引进了生态民居、发酵床自然养猪等环保理念，实现了生态生产循环。南马庄的产品不追求表层有多光，外观有多亮，而是追求健康食品、生态食品。环保的理念、健康生态的食品赢得了消费者的青睐。

最后，南马庄合作社很会讲故事，"在教授卖大米"事件之后，年年围绕如何推动产品销售讲故事，从"购米包地""购猪认养""大米开张节"到"南马庄生态旅游节"无不在宣传南马庄，推广"南马庄"品牌。通过多年的实践，合作社总结了五种销售模式：传统的超市销售、市民与农民的直销、作为当地特产销售、分档次销售和网络销售。在网络销售方面，合作社有一个专业的团队进行网站维护、微店管理、塑造合作社文化，并积极与大公司合作试行众筹销售模式，承接私人订制，使消费者认知、认可、认同，最终成为"南马庄"粉丝，赢得了市场。

植保专业化 农药"负增长"

——叶县民昌种植植保专业合作社

一、背景及概况

2010 年 1 月，卫阳明参加了河南省农业厅举办的阳光工程职业农民培训班，深受启发决定放下手中农资经营的生意，发展合作社，为当地农户提供服务，带动大家共同致富。经过三个月的筹备，2010 年 3 月叶县民昌种植植保专业合作社成立。合作社注册资金为 178.8 万元，注册地址为叶县常村镇吴庄，法人代表为卫明阳，任合作社理事长。

为了合作社规范化发展，卫阳明认真研读了合作社法，贯彻落实相关条款的要求。成员资格方面，根据合作社法第十四、十五条的规定，八位农民发起人都是具有"民事行为能力的公民"；出资方式方面，根据合作社法第十二条的规定，成员出资方式多样化，其中以荒山、林地、花卉、苗圃参股入社的金额为 60 万元，以大型农业设备入社的固定资产总额 60 万元，直接以现金方式入社的金额为 58.8 万元；民主管理方面，根据合作社法第四章（组织机构）的规定，充分发扬"民办、民管、民受益"的办社原则，结合合作社自身情况，设立理事会、监事会、党支部等职能部门；财务管理方面，根据合作社法第五章（财务管理）的规定，建立成员账户、盈余分配制度、亏损处理方案等，合作社聘请了职业会计人员进行财务管理，会计分为专职会计和交易会计，前者不常驻合作社，只负责合作社年度的资产负债表、会计报表等业务，后者常驻合作社，负责现金交易、成员账户的交易记录等。

虽然民昌合作社的各项制度和行为准则都严格按照合作社法的要求制定和执行，但在后来的实际操作中还是出现了问题。原来合作社成立时成员的出资方式多样化，有些是以荒山林地折价入社，合作社运行的过程中发现这些固定资产无法产生效益。这样，年末的盈余返还就出现了问题：盈余分配中社员按交易量返还的 60%，可以实现合理分配，但是按股金分红 40%，由于荒山林地的效益问题，如果按照折价的股金分配对资金入社的社员明显不公平，如果不允许这部分社员参与分配又违背合作社法的相关规定。于是，合作社成立几年内的股金分红部分一直存在合作社的银行账户中，只记录而未分配。为了解决这个问题，2015年民昌合作社修改章程实行重组，剔除了荒山林地等固定资产的折价入社。在剔除之前，为了避免发生争执，往年积累的盈余实现了返还（按照荒山、林地的折价）。同时，允许农户"带地入社"，提供全托管和"菜单式"托管（点托），不过只托管5亩以上连片的耕地，5亩以下的耕地由于面积小不利于大型机械作业，暂时不提供托管服务；合作社还创新发展了"服务置换"，以免费服务换取土地一个生产季度的用益物权。

截至2016年年底，合作社发展社员285户，固定资产达到350万元（主要为农机），直接经营的土地面积为3 180亩，提供服务的土地面积达到50 000～60 000亩。合作社提供的服务主要有：农业机械化耕作、病虫草害统防统治（植保服务）、农业科学技术推广、土地托管等，其中合作社的核心业务是植保服务。

理事长卫阳明长期从事农资经营，深知农药的滥用情况及其危害。为了响应国家农药"零增长"的政策，民昌合作社在成立之初就以专业化的植保服务为核心，通过推广专业化的统防统治减少农药的使用量，提高农药的施用效率，目的在于抑制和减少病虫害的发生，维护粮食安全，保护生态环境。2014年9月，民昌合作社被评为国家级农民专业合作社示范社。

【链接】合作社发展历程

2010年3月，叶县民昌种植植保专业合作社注册成立；

2012年，获得"全国百强服务组织"称号；

2013年开始，陆续建设粮食烘干设备，购进自走式喷杆喷雾机，130马力（1马力＝735瓦）以上大型农业拖拉机、大型玉米收获机等；

2014年，当地持续70多天无降雨，合作社义务拿出大型水罐车，解决农户的吃水问题以及部分农田的灌溉问题；

2015年，合作社经历一次大的股权调整，由于荒山、林地等无法产生效益，通过调整使荒山、林地等退社，解决了盈余分配的难题，同年允许农户以土地托管的形式加入合作社。

合作社成立七年间，严格按照《农民专业合作社法》的要求，每三年进行换届选举，调整理事会、监事会的成员构成，分别于2013年、2016年举行过两次选举。

二、主要做法

（一）组织结构及决策机制

合作社有多层组织结构，分别为成员大会、成员代表大会、理事会和监事会。

成员大会由 285 户社员组成，每年召开两次（中秋节和春节），成员大会坚持一人一票的原则，出资额较多的成员不享有附加表决权。中秋节是夏收秋播的时节，合作社在中秋节召开成员大会，一方面是发放福利，另一方面是为了让全体社员了解到合作社在下个生产周期提供的服务及收费标准等；春节时召开成员大会是为了盈余返还。

成员代表大会按照十进一的原则由 30 人组成，不定期召开。由于一般社员的文化素质较低，一般政策性的决策召开成员代表大会商议决定，比如修改合作社章程等。成员代表大会的决策会在全体社员中公示，社员可以提出异议，由理事会解释说明。

理事会会议为每年两次，在成员大会召开之前召开。理事会的会议内容一般是决定成员大会的会议主题、为社员发放福利的水平、盈余返还的具体事项等。没有具体事务一般不召开理事会。

监事会会议不定期召开，监事会监督检查合作社的日常生产经营、年终盈余分配等。监事会每年年终向成员大会递交年度检查报告总结一年的监察情况，提出问题和解决措施。

（二）严格的准入准出制度

农村环境复杂，由于受农民教育程度、外部环境等各种因素的影响，农民的个人素质参差不齐，影响了合作社的运行。为了保证合作社的良性发展，民昌合作社制定了严格的准入准出制度。

首先，农户想要加入合作社，必须提交纸质的入社申请。提交之后，合作社专门考察该农户的素质素养，然后提交理事会；理事会召开会议，根据考察结果综合决定是否吸纳该农户入社。

其次，农户入社后，必须在一年（两个生产季度）内与合作社发生交易，交易内容包括种子、农资、服务等，社员在一年内不与合作社发生交易视为自动退社。

再次，社员与合作社发生交易后建立成员账户，次年参与盈余返还。合作社为社员提供服务时收费标准参照市场价，不提供内部优惠价。年末盈余按照交易量的 60％返还给社员。

合作社现已发展稳定社员 285 户，截至 2016 年年底，共有 7 户农户的入社申请未得到审批。

（三）创新以服务置换土地的流转方式

土地规模化是农业产业化发展的前提和基础。为了充分实现合作社的服务职能，辐射和带动周边地区的经济发展，民昌合作社进行大胆尝试和创新，探索出了一套切实可行的土地流转办法。"服务置换"就是合作社利用自身机械和种植专业化的优势，在小麦的生产周期为外出务工人员提供田间管理服务，从而获得秋季耕地的用益物权。

在小麦的生产周期内，合作社免费提供包括耕地、播种、施肥、病虫草害防治以及收获在内的所有机械服务，而小麦整个生产过程所需的种子、化肥、农药由农户按照市场价支付。收获之后，外出务工农户返乡销售小麦，合作社不提供收储服务。之后，外出务工农户的耕地在秋季免费提供给合作社耕种。

合作社从 2013 年开始提供服务置换，到 2016 年已经由一开始的几十亩发展到 335 亩，预计在 2017 年麦季开始之前，会增加 100 多亩的服务置换土地。也就是说，来年麦收之后的秋季，合作社将免费获取 400～500 亩的耕地来发展作物种植。

由于这种独特的合作方式，合作双方不涉及现金并且合作社付出的只是劳务和机械，相对于流转而言风险大大降低。理事长卫阳明说："这是我们合作社的创新发展，独一份儿"。

目前合作社实现规模化的土地面积为 3 180 亩，其中以转包方式经营的土地面积为 150 亩，以"服务置换"方式经营的土地面积为 350 亩，土地托管模式经营的土地面积为 2 680 亩。

（四）植保专业化

民昌合作社从成立之初就是一家专注于植保服务的专业性合作社，主要体现在四个方面：

一是"控"。合作社自行建立病虫害预防和预警系统，能够及时发现病虫害的种类、病区等，从而针对性施用农药将病虫害消灭在萌芽阶段。在合作社服务区域内，划分区域设植保员，主要从事病虫害预测测报、植物检疫、试验示范、农药监管等工作。植保员既是植保技术推广、服务的最主要提供者，也是农户需求与植保技术推广服务相结合的纽带。病虫害初期，通过植保员的观察和农户的反映，合作社及时展开防治工作，将病虫害消灭在萌芽阶段，防患于未然。通过有效的防控工作，有效降低了病虫害对农业生产的危害，维护了农户的生产安全和粮食安全。

二是"替"。由于种植规模较小，目前农户使用的喷洒农药的设备大多数是手动设备。手动的小型施药机械在使用过程中，用药量大、农药的使用效率低、植保的质量较差；而民昌合作社拥有的大型农业植保机械和无人植保机能够大幅度提高用药效率，节省工本费，减少单位面积的农药使用量，同时能够提高施药效果，有效地减少和抑制病虫害的发生和泛滥。

从 2013 年开始，合作社开始更新植保设备，逐步购进自走式喷杆喷雾机、无人植保机等新型农业植保机械。合作社现有 40 台水雾机，主要用于小麦的一喷三防服务，水雾机的工作效率为 50 亩/小时，收费标准为 25 元/亩次（农药由合作社提供）。

三是"精"。农业生产的除草剂、控长剂、各种虫害的对应农药等十分复杂。合作社通过预警系统，针对病虫害的类型和程度配方选药、对症下药；针对病虫害发生的区域差异，用药量实行差别化，不盲目加大农药的施用量和施用次数，做到了农药施用精准化，减少了农药的施用、残留以及对环境的污染。

四是"统"。合作社推行病虫害统防统治，依托自身的大型植保机械对服务区域提供全方位的植保服务。2012 年合作社获得了"全国百强服务组织"的荣誉，合作社在十天内就可以完成对五六万亩耕地的统防统治工作。

三、经营成效

（一）科技兴农

科学技术是第一生产力。合作社成立七年来不断加强科技传播，提高社员科学种田的意识和能力，提高合作社创新发展水平。合作社组织带领人员开展科技下乡活动，累计 230 余天，受益群众累计 2 万人次；组织合作社成员到农业示范园参观 100 余次；利用广播宣传科普知识 160 余次，建宣传栏 40 多期；分发玉米优良品种宣传广告 3 万多份；结合阳光工程培训项目培训进城务工农民 1 600 多人次。这些措施大大提升了农民的科学文化素质，使农民在进行作物种植过程中，能够实现科学选种、科学选肥、科学管理。

合作社还与相关技术管理部门建立合作关系，聘请相关技术人员亲临现场，指导育苗、施肥、病虫害防治等工作，大力推广保护性耕作技术，开展土地配方施肥，推广灌溉、喷洒、化肥深施等新技术，实现了将农机与农艺相结合，良种良法相配套，减少了作业次数，提高了农产品的产量和品质。

（二）土地托管，富农增收

为了满足社员需求，合作社提供全托管和半托管服务。民昌合作社每年与农户签订的产量指标为玉米 1 000 斤、小麦 700 斤。这使得选择托管服务的农户亩均收入达到了 1 600 元左右，而没有选择托管服务的农户，亩均收入不足 1 000 元。农户看到了实实在在的效益，入社积极性越来越高，土地托管的面积不断扩大。截止到 2016 年年底，以土地入股形式加入合作社的农户已达285 户，托管土地面积 2 982.5 亩，当年仅托管一项给农户增加的经济效益就高达 200 万元。

合作社提供的托管服务解决了外出务工农民"广种薄收"的问题，也使务工群体能够安心在外工作、赚钱。同时，合作社吸纳无外出务工能力的农户到合作社工作，提高了农户的经济收益。

合作社每年至少吸纳 5 名贫困户进入合作社务工，负责合作社日常的卫生等工作，年薪 2 万元左右，这项举措有效提高了贫困户的收入水平，减轻了贫困户的生活压力，同时也为政府分担了责任。

（三）农药"负增长"

农药是重要的农业生产资料，对农产品病虫害防治、促进粮食增产至关重要。近年来我国农药使用量总体呈上升趋势，导致农业生产成本增加、农产品残留超标、病虫害抗药性提高、环境污染等现象时有发生。为了实现农业可持续发展，2014 年年底，农业部提出"到 2020 年化肥农药使用量实现零增长"；2015 年，农业部制定了《到 2020 年化肥农药使用量零增长行动方案》，要求坚持"预防为主、综合防治"的方针，树立"科学植保、公共植保、绿色植保"的理念，依托新型农业经营主体、病虫防治专业化服务组织，构建资源节约型、环境友好型病虫害可持续治理技术体系。

民昌合作社作为一家以植保服务为核心的新型农业经营主体，通过推广专业化的统防统治减少单位面积农药的施用量，提高施用效率，进一步缓解了农药残留对环境的污染，实现了农业可持续发展。为了进一步响应国家号召，合作社提"负增长"的发展理念。一方面，合作社以大型农药植保机械代替一家一户的小型植保机械，有效减少了单位面积的农药施用量，从整体上降低了合作社服务区域内的农药施用量；另一方面，合作社探索非农药植保服务：购置了新型水雾机、使用环境亲和型的药剂；探索使用"生物导弹"，以虫治虫防治玉米螟；在蔬菜、水果的生产方面，使用防虫板实现诱捕式杀虫等。

合作社坚持"科学植保、公共植保、绿色植保"的理念，逐步探索和实现农药的"负增长"，为农业的可持续发展贡献自己的一份力量。

四、困难及规划

（一）困难

农户认识不足。专业化的植保服务在农村还是一个比较新鲜的概念，多数农户认为合作社提供的植保服务仅仅是"代打农药"的服务，没有意识到植保服务对于农作物的防治效益、农户的经济效益以及周边的生态效益的重要作用。比如，合作社进行植保服务时能够充分利用大型农业机械的优势、充分发挥农药的作用，减少病虫害的发生；合作社通过统一购进农资，一方面能够降低农资的购买成本，另一方面能够保证农资的质量；合作社大型农业植保机械和无人植保机能够大幅度提高用药效率，减少单位面积的农药使用量，有利于保护当地的生态环境。

农机问题。合作社提供专业化的植保服务主要依赖大型农业机械，所以，农机的购买、维修、定期更新是民昌合作社的一大难题。大型农机的前期投入大、一次性投入高，但是收益周期长、见效慢，而且农机的日常维修需要专业的维修人员，进行农机作业时油费等开支较大，加上农机五年一代的更新周期，往往造成刚收回投资就要更新换代的现象。

统防统治难。合作社托管服务的土地未能完全实现集中连片，在进行大规模的统防统治的过程中，部分未托管的农户的土地阻碍了正常植保服务。而且，由于部分农户的病虫害防治做得不到位，会在一定程度上造成该农户地块上的病虫害向周边农户的农作物蔓延，使统防统治的效用不能充分发挥。

（二）规划

民昌合作社的植保服务对象主包括小麦、玉米、花生等，合作社对这类作物为农户施用农药提供技术支持和服务，在提高病虫害防治方面取得了显著的效果；但对于一些豆类、果树等，由于所开展业务的局限性，还没有能力提供专业的植保服务。合作社的服务对象比较单一，缺乏对其他各类农作物的综合服务能力，不能完全满足农户对病虫害的防治要求。

所以，为了满足农户多样化的需求，未来几年，合作社计划提高服务能力，购进新型植保机械，培养技术人员和农机手，发展多样化的植保服务，全方位满足农户对植保服务的需求。

除此之外，为了保护生态环境，合作社计划进一步采购新型水雾机（水雾机施用的药物具有环境亲和性，可自然降解，不会造成环境污染）。

合作社在非农药植保技术方面也有自己的探索。比如，2015年开始使用"生物导弹"，采用以虫治虫的方法在玉米螟幼虫期利用赤眼蜂和黑卵蜂达成消灭虫害的效果。

对"公共植保，绿色植保"的植保准则而言，单一的农药防治不能实现"绿色"，不能完全满足农户的要求。未来，合作社将逐步提高非农药植保服务的能力，在实现病虫害统防统治的同时，减少对环境的危害，维护地区生态效益。

点　评

合作社是一种完全扎根于基层的新型市场主体。一方面，作为一种市场主体，直面市场风险与市场要求，换句话说，能够生存下来的合作社都有其独特的优势；另一方面，以其扎根于基层来理解，必然会对其周围的单位具有辐射效应与带动作用。

合作经济的发展是小农户的有机联合，是一种"抱团取暖"式的发展。从本质上说，合作社的发展其实就是为了辐射和带动周围小农户的发展，提高小农户的技术水平，从而提高小农户的种植收益，实现农民增收。

叶县民昌植保专业合作社在发展的过程中，以小农户不具有的规模优势和产业优势，实现了对社员以及周边小农户的辐射和带动，十分具有借鉴意义。

首先，合作社组织带领人员开展科技下乡活动。组织合作社成员到农业示范园去参观学习，利用村广播宣传科普知识次，建立科技宣传栏，结合阳光工程培训项目培训进城务工农民。这些措施提升了农民的技术水平，促进农民走上科技种田的致富道路。

其次，合作社大力推崇土地托管。这避免了农户因过分依赖土地的传统思想而不愿意流转土地的情况，有利于土地的规模化经营；还降低了农户入社的门槛，使周围农户都有机会得到合作社提供的综合社会化服务。

再次，土地托管的农户的收益高于同期非土地托管的农户的收益。这种示范效应带动了更多农户纷纷加入合作社，使得周围的农户的种植收益同比高于往年的种植收益，提高了当地农户的收益水平。

最后，合作社集中作业，改变了往年农户单打独斗的种植传统。由于合作社的科学化、规模化的生产，在灌溉、农药、化肥的施用等方面都更加合理有效，一方面节约了水资源，另一方面通过减少化肥、农药的施用，有效缓解当地的土地和环境污染。

合作社作为一类群体性的合作经济体，在发展的过程中必然会对当地经济、环境发展起到一定的示范作用和带动作用，但是这种作用大多是隐性的、短期内很难计量的，但是对于一个地区的经济社会发展具有十分重要的意义。

所以，合作社在发展自身的过程中，应该有意识地去辐射和带动周边农户的发展，创造一种良好的人文环境与社会环境，这不仅有利于合作社未来的发展，更是国家和社会对合作经济的希冀。

借助优势　富农增收

——潢川县金塔红蔬菜种植专业合作社

一、成立背景

金塔红蔬菜种植专业合作社成立之前，当地农户从事蔬菜种植都是各自为政、自产自销，由于农户缺乏市场信息种植上容易盲目跟风，往往导致丰产不丰收，经济效益不佳。金塔红合作社的理事长张新生从 20 岁开始在海南三亚市南繁农业科技种植基地工作，主要从事反季节粮食、瓜果、蔬菜的生产种植，经过十多年经验积累掌握了全套的农业生产技术。张新生返乡后，认识到了无序的蔬菜种植对农户经济利益的消极影响，为了使农户生产经营有序化提高农户收益，张新生决定组建合作社为当地菜农提供服务，带动周边农户增收致富。2009 年，张新生牵头成立了潢川县金塔红蔬菜种植专业合作社，任常务理事长。合作社注册资金 600 万元；注册地址为潢川县付店镇骆店村；法人代表为余昌红，任理事长。

金塔红合作社主要从事瓜果、蔬菜种植和优质高产粮、油种植。在瓜果、蔬菜种植方面，充分发挥大棚和日光温室的作用，适时育苗种植各类反季节瓜果、蔬菜和常规陆地瓜果、蔬菜。合作社生产的瓜果、蔬菜不但保障了潢川城市的市场供应，而且还在信阳金牛山蔬菜批发市场建立了批发销售网点，常年销售合作社种植生产的瓜果、蔬菜等。在粮油种植方面，合作社主要以种植优质高产小麦、水稻和花生为主，充分依托县农业局、县农科所科技服务为支撑，充分发挥现代农业机械的高效作业生产的效能。

合作社从承包 400 亩土地起步，到如今发展至 2 600 亩。现有社员 113 户，生产工人 55 人，拥有农用机械 85 台（套），建成 150 亩瓜果蔬菜大棚和 20 亩现代高效日光温室，有蔬菜保鲜库 2 座，配送中心 1 个，建立直营店 10 个。2016 年，社员人均收入 2.3 万元。金塔红合作社是一家集农业技术服务、蔬菜种植、加工销售为一体的合作社，其以市场需求为导向、以提供优质无公害绿色蔬菜确保市民"菜篮子"安全为目标，带动周边蔬菜种植进入市场化销售轨道。2015 年金塔红合作社被评为省级农民专业合作社示范社，2016 年被评为国家级农民专业合作社示范社。

二、主要做法

（一）组织架构

合作社的决策机制。合作社是农民联合所有、共同管理以实现每位社员的利益最大化的组织，社员地位平等，合作社的重大事项和决策均由社员积极参与并作出决策。金塔红合作社设立成员大会、成员代表大会以及董事会、监事会。根据合作社发展的实际情况不定期召开成员代表大会，商讨合作社发展过程中的重要问题；每年召开一次成员大会，用以发放盈余和基本福利；定期召开理事会和监事会，决定合作社发展的日常问题和监察情况。

合作社的组织结构。理事会成员组成：理事长余昌红；副理事长张新生、余昌正、罗本祥三人；理事闻传忠、汪建国、余学付三人。监事会成员组成：监事长闻传新；副监事长余学付、刘树国、余昌红三人；监事闻传峰、刘明宽、陈崇军三人。

（二）收入和盈余分配

金塔红合作社从 2015 年开始设置成员账户，记录社员与合作社的交易情况，以确定其在合作社盈余返还中所占的比重。合作社的主要收入来源为手续费和物流费。合作社建立了农产品产地交易市场，社员的蔬菜通过市场交易每斤收取一定的手续费，手续费为双向收费，买卖双方都各缴纳一半。合作社有自己的冷链物流通道，一方面为社员的蔬菜提供物流服务保证蔬菜的品质不受损害，同时还通过冷链物流通道实现了外部盈利。

合作社的盈余分配机制为：合作社在提供种子、农资的过程中会给社员内部优惠价格；合作社每年都会实现二次返利，按蔬菜交易量为社员分红。依照相关法规要求，盈余的 60％ 分配给社员。

（三）发挥优势，稳步发展

首先，发挥地域和传统优势。合作社地处小寨河东沿岸，土地属沙质土壤，非常适宜农作物种植，而且当地有瓜果蔬菜种植传统，特别是 45 岁以上的农民有着丰富的瓜果蔬菜种植经验。合作社充分注重把传统经验与现代科技相结合，注重把瓜果、蔬菜专业种植技术做精，逐步实现规模化种植。

其次，发挥交通便利优势。合作社所在的骆店村地处潢川县城西部，距县城区仅 13 千米、距 312 国道 8 千米、距大广高速寨河站仅 3 千米，交通优势对合作社的瓜果、蔬菜销售、运输至潢川县城和信阳市非常便利。

再次，合作社与附近的一个养牛场和养羊场签订了互利合作协议。合作社提供相应的稻草和饲料，两个养殖场提供全部牛羊产出的农家肥。同时合作社与县农产品检测中心签订了产品免费检测协议，每季每批各类瓜果、蔬菜不经过检测不上市，确保是无公害产品并逐步过渡到绿色食品。合作社生产的各类瓜果蔬菜通过免检进入信阳金牛山蔬菜批发市场，产品品质得到了信阳市民的普遍认可。

最后，量力而行，逐步扩大经营规模，稳步发展。合作社成立之初流转承包服务作业土地面积400亩，建设蔬菜大棚20亩，逐年扩大到至今的流转承包服务作业土地面积近3 000亩，建成钢架大棚70亩和2 700平方米的日光温室，采取了滚动发展，逐步实现规模化经营。

金塔红合作社还在当地政府的支持下成立了信阳市蔬菜工程检测中心，每天都会对产地交易市场的蔬菜进行抽样检测，保证蔬菜的质量安全和品质要求，对于不合格的蔬菜要求社员当场销毁。2016年销毁蔬菜三车，原因是蔬菜第二批次（茬）的产品不符合绿色蔬菜的品质要求，销毁的蔬菜由社员个人承担损失。

（四）冷链物流，促农增收

瓜果蔬菜是人们餐桌上每天必不可少的消费品，单就潢川城市30万人口的消费，以每人每天消费0.2斤各类瓜果蔬菜计算，每天需求约为6万斤，市场消费潜力巨大。

为了拓展合作社经营业务，增强合作社经济实力，金塔红合作社扩大服务范围。金塔红合作社多位股东拿出自己多年的积蓄建立起合作社自己的物流通道，以信阳市为服务范围发展瓜果蔬菜的冷藏运输，确保合作社出产的农产品能够原汁原味进入市民餐桌。

瓜果蔬菜种植季节性、时令性强，品质保鲜要求高，合作社针对这些特点，做到了适时育苗有温室，种植管理摘收有常年固定工人，保鲜有保鲜库（合作社已建成260立方米的保鲜库，在信阳市金牛山批发市场建成180立方米的保鲜库），运输有车辆随时待命，销售有批发网点（潢川市已建成三个定点批发网点）。

三、经营成效

合作社从成立之初流转承包的蔬菜大棚20亩、耕地400亩逐年扩大到2 700平方米的日光温室、70亩的蔬菜大棚和3 000亩的耕地，采取滚动发展的方式逐步实现了规模经营。金塔红合作社充分利用已建成的日光温室适时培育各类瓜果、蔬菜种苗，实现多类品种的种植生产。

2015 年金塔红合作社的小麦种植，在科技人员的指导下亩产达到 800 斤，是该村有史以来的最高产量，合作社被县农科所定为高产创建示范点。水稻种植被县农业局确定为高产创建示范区，在县农技站的指导帮助下亩均产量突破 1 300 斤。合作社 2016 年度瓜果、蔬菜、粮油种植经营收入加上合作社农机作业为周边农户服务性收入，全年实现了生产经营收入 718 万元。

2016 年 12 月金塔红合作社在国家工商总局将生产的新鲜蔬菜、植物种子及粮食作物以"骆店"的名称进行了商标注册。合作社注重打造无公害农产品、绿色食品、有机农产品，注重提升产品品质，确保产品安全。

四、困难及规划

(一) 面临困难

首先，瓜果蔬菜种植投资大、成本回收慢，而且农业规模化种植靠人工已成历史，必须依靠农机化作业，从种到收需要一定数量各类农机具才能完成。目前合作社已投资近 200 万元购置了 60 台（套）农机具，基本具备完成 1 600 多亩农田不误农时的种和收。由于农机具使用周期为 5~7 年，合作社的近年来的利润大多用于更新换代农具。

其次，瓜果蔬菜种植的季节性较强，作物种植风险大。气候、土壤、水肥等都对瓜果蔬菜种植影响较大，这些因素直接影响到瓜果蔬菜品质和合作社收益。同时，这类农产品的市场波动较大，往往会出现"丰产不丰收"。

再次，土地流转期限短不利于规模化承包经营。金塔红合作社承包农户的土地大部分是在五年、少部分为十年，合作社前期对土地的土壤改良投入、生产道路修造的投入、农业设施的建设投入以及各类农机装备的投入，在五年内难以收回成本，而五年后是否能继续承包土地还是一个疑问。

最后，农机停放难。土地承包法第一章第八条规定："农村土地承包应当遵守法律法规，保护土地资源的合理开发和可持续利用，未经批准不得将承包土地用于非农建设。"此条规定是国家保护耕地的刚性要求。但是，发展作物种植所需要的生产管理用房、各类农机装备停放场院、农用物资仓库、农产品储藏用房、设施农业建设等（日光温室、蔬菜大棚）也需要占用一定的土地，这些土地的建设审批也是一个难题。

(二) 发展规划

一是继续抓好优质水稻、小麦高产创建生产，充分利用省农科院、市农科院、县农科所与合作社签订的水稻、小麦优质生产创建示范区的平台，今后三年实现 2 000 亩优质水稻生产示范区、1 000 亩优质高产小麦生产示范区，并实现水稻、小麦从种植、植保、收割、收储全程机械化。今后三年重点新建 2 万吨实体粮仓，配套建设日烘干 60 吨的粮食烘干设备，并适时量力新建水稻加工生产线，打造潢川县自己的绿色大米。

二是计划建设 500 平方米的瓜果、蔬菜保鲜库，以解决短期售不出的瓜果、蔬菜保鲜存放问题；计划建设瓜果、蔬菜净菜加工包装生产线，提高瓜果蔬菜的上市品质，打造绿色环保的瓜果蔬菜。

点　评

20 世纪 90 年代以后，农产品的供求关系由供给导向转向为以市场需求为导向，这使农业生产趋向于当下市场的高价农产品，使得某一种农产品的种植量迅速飙升，而在该类农产品的收获季节，由于大量的生产过剩，往往出现"丰产不丰收"的情况，农户之间的相互压价也层出不穷，严重地影响了农民增收。所以，在农产品的销售上，分散的小农户在市场中始终处于弱势。

随着食品安全问题层出不穷，消费者对于农产品安全的关注度空前提高，对于农产品品质的要求也在不断提高。为了应对消费群体的要求，无公害、绿色、有机农产品品质要求越发成为农业生产者最为重视的问题。

金塔红蔬菜种植专业合作社在生产绿色农产品，实现农民增收方面有其独到之处。

首先，理事长多年从事粮食、瓜果、蔬菜种植生产，经过多年磨炼，掌握了一套农业科技种植生产管理本领，十分了解作物种植特点和市场要求。

其次，合作社注重种植生产全过程的无公害，种植用肥全部使用农家肥，与养殖场签订协议，养殖场为合作社作物生产提供农家肥。

再次，合作社与县农产品检测中心签订了产品免费检测协议，每季每批各类瓜果、蔬菜不经检测不上市，确保是无公害产品并逐步过渡到绿色食品，解决消费者对于食品安全的担忧。

最后，合作社逐步实现了产业化经营。瓜果、蔬菜种植季节性要求高，时令性强，品质保鲜要求高，合作社针对这些特点，实现了适时育苗有温室，种植管理摘收有常年固定工人，保鲜有保鲜库，运输有车辆随时运出，销售有批发网点等生产过程全方位的产业化。

随着社会进步和人民生活水平提高，人们对农产品质量安全的需求已经趋于"零容忍"的状态，对于各种农产品的要求层出不穷，农户的生产经营很难满足消费者的需求。

　　合作社是"小农户的大舞台"，由于成本、经营等方面的因素，个体农户很难具备产业化经营的能力和意识。合作社的发展，使得农户有机会实现有机联合，集中综合利用各种资源，从而提高市场生存能力和市场竞争力，最终实现农业增效、农民增收的目标。

创新土地托管　促农业增效农民增收

——宝丰县金牛种植专业合作社

一、合作社基本情况

宝丰县金牛种植专业合作社成立于 2009 年 9 月，注册资金 500 万元，流转土地面积 5 180 亩，社员 260 多人，其中高级农艺师 5 名、专业农技人员 20 名，总资产 2 274 万元，固定资产 738 万元，年销售额达到 2 700 多万元。辐射带动周边 4 个乡镇 30 个行政村农户 6 000 余人。拥有大型拖拉机 50 台（套）、化肥厂 1 个、淀粉加工厂 1 个、机械喷雾器厂 1 个、花生精选厂 1 个。该合作社与多家科研单位和大型企业有长期的合作关系，是一家具备农作物新品种引、繁、育、产、供、销一体化生产经营的专业合作社。

几年来，合作社围绕"服务农业、方便农户、促进农业增产增效"的经营理念，坚持"合作社＋基地＋农户"的运作模式，服务广大社员、走群众共同致富的道路。目前，合作社产品已获得 ISO9001 国际认证，并注册了"京意"牌商标。自合作社成立以来，先后被授予"河南省农民合作社示范社"（河南省农业厅，2013 年）、"全国农民专业合作社示范社"（中华全国供销合作总社，2013 年）、"国家示范社"（农业部，2016 年）等荣誉称号。合作社理事长牛京意先后被河南省政府授予"全省种粮大户"，奖励大型拖拉机一台；被农业部授予全国"种粮大户""全国劳动模范"等荣誉称号。

【链接】合作社的发展历程

牛京意是宝丰县周庄镇马起营村人，原是县供销社下属生产公司的职工，一直经营化肥、农药、种子购销业务 18 年。在长期与农户打交道的过程中，他感觉到一家一户几亩地投入大、产出少，已不适应社会生产力的发展，大规模土地经营才能解放劳动力，提高土地效益，增加群众的收入。

2009 年，中央、省市对"三农"的政策有了新规定，提出了实行土地流转政策，这也让他看到了在农村发展的美好前景。当年 9 月，牛京意拿出从事农资经销挣到的积蓄，在县供销社的支持下成立了宝丰县金牛种植专业合作社，专业从事农作物种植。一方面开展联购分销业务，向社员供应化肥、农药；另一方面流转承包农户土地，发展规模粮食种植。金牛合作社成立之后，通过土地流转，以每年每亩 230 元的价格，转包了张八桥镇姚店铺等两个村 300 多户的村南红土岭上的 1 600 多亩丘陵薄地。当年冬季投入 4 万元，请农机户深耕细耙，并施入 12 万元的底肥（复合肥），使丘陵薄地变成了沃土。

2010 年，理事长牛京意投入 10 万元，从信阳购回 300 万棵抗病脱毒、优质高产的红薯苗；投资 6 000 元从东北购回 600 千克大穗低秆优质高粱种子；掏 9 万元雇用村民栽上 1 200 多亩红薯，播下 400 亩高粱。通过及时追肥、除草、间苗、防治病虫害等，加强田间管理，取得良好的经济效益和示范效应。金牛合作社不断扩大土地流转规模，逐步采用土地托管方式，根据市场需要先后种植土豆、"桥玉 8 号"适合机收的高产玉米、高强筋小麦等。

2015 年，合作社与山东鲁花种业有限公司签订了高油酸花生种繁育合同，在合作社及社员种植基地试验种植 300 多亩，鲁花种业有限公司派技术人员来合作社试验种植基地进行技术指导，并及时上报"鲁花种业公司基地管理周报表"，也取得良好的经济效益和示范效应。随后合作社与山东鲁花种业有限公司正式签订了在平顶山地区种植 1 万亩高油酸花生种繁育合同，按每千克高于当地市场价 0.2 元回收。

目前合作社托管的土地主要种植强筋小麦和高油酸花生两种农产品，经营重心放在为社员提供全方位服务上，合作社的影响力越来越大，在当地赢得了良好的口碑。

二、土地半托管

土地托管是市场经济条件下在土地制度改革进程中产生的一种新模式。"土地托管"是在农民不放弃土地经营权的前提下，自愿把承包的土地有偿委托给有条件的合作社代耕托管。常见的主要有全程托管和半托管两种模式。在全托管模式下，农民与合作社签订协议，商定好土地最低收益值（如合作社与农户商定，高强筋小麦 1 000 斤/亩，低于 1 000 斤的合作社补上，高于 1 000 斤的二八分成等），农民将承包的耕地交由合作社经营，合作社负责托管土地前期农资投入、中期技术管理和后期农产品加工销售，农民获得全部土地收入，合作社从回购价中扣除投入的种子、化肥、农药的费用，获得购销差价等。半托管模式下，农民负责自有土地产前、产中、产后全部农资投入，获取土地全部生产收益，合作社负责提供统一农资采购、统一农业生产管理、统一农产品加工、统一农产品品牌销售等服务，赚取相应农资采购差价、农技服务费和农产品销售差价利润。托管土地最低收益值、土地超产盈余分配、服务质量、服务费用等由双方事前商定。

几年来，为了更好地组织千家万户农民加入合作社，走共同富裕的道路，金牛种植专业合作社积极探索实践，摸索出了一条农村土地半托管的运作模式。合作社对托管土地主要施行五定：即定托管土地面积；定交纳托管费用；定托管农产品产量（目前，合作社主要生产两种农产品：高强筋小麦和花生，每年每亩给农户包产小麦 1 000～1 500 斤，花生 600～650 斤）；定盈亏比例分成；定双方权利和义务。其中，土地面积指分户面积，托管费用指生产费用，产量目标指土地被合作社代管以后，粮食产量水平按最高单产水平确定；定盈亏比例分成、定双方权利和义务，即双方所应遵守的承诺以及违约责任等。合作社负责耕作农户"托管"的土地，保证无论发生天灾还是人祸，每年每亩都向农户提供不低于同等地块非托管户产量的粮食，完不成的部分由合作社补齐，超额部分合作社与农户分成，农户则不再管理自家的承包地，并自愿向合作社交付每亩每年两季所必需的种子、化肥、农药、收割等生产成本费用。水浇地高于 700 元的不托管，不能水浇地的合作社也不接受托管。

三、完善土地托管保障机制

一是规范合同，明确双方责权利。近年来，一方面，随着宝丰县外出务工人员不断增加，导致家中原有责任田管理不善，粮食产量比正常产量平均低 15％～20％；另一方面，由于地块细碎化，合作社拥有的部分农业机械无法使用，造成农机具和劳动力的闲置浪费。为扩大生产经营规模，提高农业生产效益，最大限度地发挥农村劳动力资源的综合利用效率，合作社主动同农户协商确定，按照"双方自愿、合同制约"的原则，由合作社与农户签订土地托管合同。合同一年一签，合作社每年根据订单统筹规划，确定种植品种，并依据所种品种确定托管费。合同的签订明确了合作社与农户双方的权利和义务，这为土地托管的后续推进提供了坚实的保障。

二是服务保障。首先，合作社构建了完善的服务网络，为社员提供全方位及时服务。合作社有 8 个业务经理（经 2016 年股份调整后都是合作社的股东），业务经理下设社员服务站站长，服务站设在土地托管集中的村，站长的选择主要是村里有德有才的人（像村里的文书或是会计），站长的职责主要是发展社员、服务社员，在农资、种植、农保、信息交流等方面开展一体化服务。宝丰全县有 1 000 多个行政村，现合作社已有 500 名站长，一名站长负责 2～3 个托管村，基本做到了全县覆盖并辐射周边县部分村庄。站长负责为社员农资送货上门，免费施肥、喷药，使社员足不出户即可获得农资服务。社员服务站的设立既便利了农业活动的开展，确保翻耕、播种、收割的及时性，又增进了合作社与社员之间的紧密联系。其次，整合资源，对社员进行农业农机、植保、市场销售、利用网络发布供求信息等服务。合作社成立了机耕队、机收队、排灌队、植保机防队等服务农业生产的工作队，利用大中型拖拉机、联合收割机、植保机械等农机具，推广保护性耕作、秸秆还田、农机节能等新技术，开展机械化耕、耙、播、收、植保服务，极大地提高了工作效率，保护了环境。

三是技术保障。合作社定期对社员农户进行农业法律、法规、农业技术、技能培训。邀请农业科技专家对整个生产过程把脉会诊，将农业科技落到了实处。合作社有专职农艺师2人，并可根据需要随时聘请专业老师指导培训。合作社还成立了金牛合作社110，随叫随到，为社员农户提供技术支持。

四是利益保障。其一，合作社为农户提供的所有产品和服务均低于市场价格20%，签订协议保证产量，保证质量，保证回收。其二，合作社实行推广良种良法、精量播种、配方施肥、科学除草、防治病虫害、适时收获等精细管理。精细管理避免了劣质种子、化肥、农药等给农户带来的损失，增强了应对各种自然灾害的能力，间接降低了农民的成本，使农户利益得到保障。

四、开创"十统一"管理模式，标准化经营，规范化管理

农户分散经营土地被托管后，合作社对托管土地采用规模化经营、规范化管理、模式化栽培、商品化生产。结合农事季节对农业生产实行严格规范的技术监控管理，总结归纳为"十个统一"，即：统一农资供应、统一配方施肥、统一机械整地改良土壤、统一品种布局、统一播期播量、统一节水灌溉、统一防虫治病、统一机械收割晾晒、统一订单收购销售、统一分户核算盈亏分成。在统一配方施肥方面，由于当前农业生产面临土壤板结酸化、重金属超标的问题，粮食生产进入瓶颈，难以突破产量，对此，合作社开办了测土配方肥站，为社员提供测土配方肥，引导农户少上肥，提高产量，改良土壤。在统一机械整地改良土壤方面，合作社采用大型拖拉机深耕达到25～30厘米，使土壤得到了很好改良，为粮食高产打下基础。在分户核算盈亏分成上，以小麦为例，各生产管理环节所使用的生产资料和劳务费用，全部按低于市场价计算，由农户按亩缴纳秋麦两季每亩为405元，每一项收费均比市场价低5元以上。合作社分户按亩包产，欠产分担，超产分成。每年每亩给农户包产小麦400千克，实际产量达不到400千克时，欠产部分合作社承担80%，农户承担20%；实

际产量高出 400 千克时，超产部分合作社分成 20%，农户分成 80%。例如，村民杨国民种的 2.7 亩地交给合作社托管后，麦季只向合作社缴 1 093.5 元托管费，竟收打小麦 1 647 千克，亩产小麦达到 610 千克。按照协议超产部分二八分成，2.7 亩超产小麦合作社应得 226.8 元，杨国民应得 907.2 元。

五、土地托管取得成效

金牛种植专业合作社对农户实行"土地托管"后，出现了以下五个方面的新变化：

一是提高了农户参与托管的积极性，实现了规模经营。2013 年合作社托管了兴隆村 130 户的 450 亩小麦，经过合作社 9 个月的科学种植，精心管理，2014 年小麦喜获丰收，亩均产量达到 600 千克，比协议每亩包产增产 200 千克。兴隆村没有参加土地托管的 7 家农户看到托管后既能增加产量，又能增加收入，麦子收割完后就主动找到牛京意签订了 30 余亩的秋粮托管协议。石桥镇边庄村党支部书记牛民了解到兴隆村农民通过土地托管，不但实现了增产增收，而且有效避免了"非粮化"现象的发生，于是就动员该行政村的镇海寺自然村的 40 多户农民与牛京意签订了 300 余亩的土地托管协议。

二是提高粮食产量，降低农业生产成本。2016 年夏季，该合作社"托管"的 450 亩小麦同比共增产 90 吨，平均亩产达到 610 千克，较往年平均亩产 450 千克增加 160 千克。合作社托管土地以后，实现了规模经营，提高了机械利用率和劳动生产率等，农机耕种效率比以前提高 50%～60%，专业服务价格低于市场价 10% 以上，农机户收益提高 25% 以上。由于批量购买种子、化肥、农药等生产资料，享受农资公司优惠价，小麦成本价格亩均降低 55 元，效益增加 10%～15%。

三是实现土地集约经营，促进现代农业发展。实施土地托管后，合作社通过统一规划、统一技术服务，改变了过去农户分散种植品种不统一、田间管理水平差异大的状况，解决了一家一户办不了、办不好、办起来不划算的事，改变了"家家地不多，户户各干各"的经营状况，一定程度上实现了土地集约经营。在合作社服务范围内，以标准化方式对农产品生产过程进行统一管理，从而实现生产流程标准化和农产品质量标准化，有利于农业新技术推广应用，增强了农业竞争力，促进了现代农业发展。

四是提高劳动生产率，促进农民增收。土地托管前，小麦生产从种到收亩均需要七八个工作日，使农民外出打工不能专心，耕种管收都得请假。合作社为外出务工农民"托管"土地后，土地由托管员专业管理，农户打个招呼就有人上门服务。小麦生产亩均仅需三四个工日，劳动效率成倍提高。农民完全从土地中解放出来，安心外出务工经商或就地转移从事二、三产业，促进了分工专业化。农户每亩土地平均可以实现 500 元左右的收入，另可享受国家各种惠农补贴，外出务工还可收入上万元；即使不外出务工，也可以在合作社里当农业生产工人，每年人均收入近万元。用入社农民的话说，土地托管这种形式使他们"离乡不丢地，不种有收益"。同时实行土地托管后，秋田复种率达到了百分之百，有效避免了"非粮化"现象的发生。

五是延伸产业链条，增加产品附加值。在市场化的今天，当遇到市场低迷的时候，大量农产品的囤积不仅影响下一期的种植，也会对农户造成很大的损失，因此，合作社有必要在能力范围内扩展产业链条，发展粮食加工业。在土地托管的基础上，金牛合作社实行订单生产，开展粮食精深加工，延伸产业链条，取得了良好的经济效益和社会效益。最初，合作社流转土地种植红薯的时候，投资 20 万元兴建了淀粉加工厂，红薯统一收购后，通过淀粉厂进行深加工，其价值远远高于红薯自身的价值。高粱收购后，与宝丰县就业有限公司合作，进行高粱深加工，成为原酒的主要原料。对于生产的高强筋优质小麦，合作社创办了年产 6 万吨"豫强面业"小麦加工厂，高强筋小麦以每千克高出市场价格 8 分钱由合作社统一收购，最终实现效益最大化。随着高油酸花生的种植，2017 年合作社又建成一个达到环评要求的花生回收精选厂，加工处理回收的花生。经过多年的经营，金牛合作社已发展成为一家以农业为基础，集粮食和经济作物种植，农资购销，农产品加工、运输、储藏为一体的产、供、销一条龙的现代化农业种植专业合作社。

六、启示

（一）土地托管是合作社实现规模经营、集约经营的有效途径

农村土地流转是当下市场经济发展的产物，各地都在摸索土地流转实现路径。在土地流转的实践中，探索出了转包、出租、借用、互换、转让、入股、托管等多种形式，其中，土地托管作为一种新的生产经营模式，其产生的主要原因在于农村劳动力构成变化和农民的现实需求。如今，农村的青壮年外出打工的越来越多，留在家的多是"903861 部队"，即老人、妇女和儿童，他们从事农业生产力不从心，又不想把土地流转给别人，土地托管适应了当前的国情，很容易被农民接受。土地托管不改变土地承包经营权，土地仍然是农民的；被托管农户在获得正常产量的基础上还可以获得超产的红利；被托管农户不用操心田间地头之事，无后顾之忧，可以安心地外出打工。而农户将土地托

管给合作社统一管理，打破了一家一户田块之间的界限，使原来田块之间 10 厘米左右宽的"地山沟"也能种上庄稼，同时，土地交给合作社，方便合作社大面积统一管理，降低了农药、肥料、田间用水等生产资料的投入成本，使入托农户增产又增收。合作社也通过专业化的规模经营实现了节支增收。合作社可以直接从厂家采购良种、无公害农药，比农民自己购买便宜许多；采取集约化管理，提高了耕种管理效率；推广的良种，统一防治病虫害，都为增收增效提供了保障。

（二）拓展产业链条是合作社成长壮大的必由之路

农业是一个涉及一、二、三产业的综合性产业，包括从原料到生产、加工、销售为一体的产业链条，保障农业产业链条的完整性对现代化农业的建设和农业的转型至关重要。农业产业链的发展和完善将提高合作社的抗风险能力和市场把控能力，并降低产业链内部的交易成本，提升合作社的发展空间。该案例中，金牛合作社在调整种植结构的同时，积极发展加工业，提升了发展空间，赢得了市场，赢得了农户的信任。

点　评

这是一个通过"土地托管"实现规模经营，集粮食和经济作物种植；农资购销、农产品加工、运输、储藏；产、供、销一条龙的现代化农业种植专业合作社。

土地托管制度的推广既有利于分散合作社的经营风险，防范土地租赁和股份化等方式带来的风险过于集中的难题，又有利于化解我国现行土地制度对合作社发展的制约，有效缓解信贷资金对合作社发展的金融约束。以金牛合作社为代表的土地托管模式创新对于加快转变农业经济发展方式，打造现代农业产业化联合体具有非常重要的现实意义。金牛合作社通过"托管"模式经营土地，这是一种新的探索，通过土地托管实现了土地的规模经营，土地耕作的精细化、机械化。合作社的做法还是值得肯定的。合作社主动同农户协商确定，按照"双方自愿、合同制约"的原则，由合作社与农户签订"土地托管"合同。合同内容实行"五定"，合作社负责耕作农户托管的土地，保证无论发生天灾还是人祸，每年每亩都向农户提供不低于同等地块非托管户产量的粮食，完不成的部分由合作社补齐，超额部分合作社与农户二八分成，农户则不再管理自家的承包地，并自愿向合作社交付每亩每年两季所必需的种子、化肥、农药、收割等生产成本费用。通过"五定"明确了双方的权利与义务，保底的做法使农户愿意把土地托管给合作社，使合作社规模连片经营，实现了节本增效，也实现了农户增收，有效避免了"非粮化"现象的发生。

相对于其他方式，土地托管制度还有利于稳定和完善农村土地承包关系。稳定和完善农村土地承包关系，是创新农业经营体制机制的前提条件。金牛专业合作社实行"五定"的土地托管办法，没有改变农村土地所有权性质，没有改变土地用途，没有损害农民土地承包权益，没有改变农村土地承包关系，在稳定农村土地承包关系的基础上开展了"十统一"服务，符合国家"最严格的耕地保护制度"的要求。

合作社在托管过程中还存在一些问题：一是在实施托管土地过程中，如果农户向合作社交托管费多就不愿意托管，交的少合作社在管理环节中就没有利润可赚，难以满足自身发展的需要。二是合作社实行托管土地，土地经营权在农户个人手里，合作社不会投资打井修渠等田间配套设施等，没有灌溉条件的土地合作社就不会去托管。三是土地托管风险大，由于合作社自身实力还不够强，缺乏抵御农业自然灾害的能力，如果遭受自然灾害，达不到规定产量，合作社肯定赔钱损失。四是由于受区域的农业资源条件影响，农户土地有好有赖，分户收获兑现收入，既浪费时间、又浪费人力财力，增加合作社费用。特别是面临较大的风险，需要政府在金融和保险方面给予一定的支持。

小小植保乾坤大

——汝南县天顺农业高新技术专业合作社

一、合作社概况

汝南县天顺农业高新技术专业合作社在县植保站领导的倡议下于 2009 年 8 月依法成立，总社位于汝南县天中综合市场 A 区 10 号，现有注册资金 1 087 万元，入社人员增加至 354 人。2013 年变更注册资金为 3 469 万元，入社人员增加至 658 人（户），法人代表为王振国。

人才队伍方面，该社现有技术人员 25 名，共聘请高级农艺师 2 名、农艺师 5 名、技术员 7 名；聘请国内外知名农业专家 11 名为本公司常年技术顾问。

对外合作方面，该社与美国陶氏集团、德国拜耳公司、美国杜邦公司、瑞士先正达公司、四川利尔化学、山东施可丰肥业、山东侨昌农化、河南大众种业、山东登海种业、河南邦农种业等国内外知名农资企业直接建立了长期的战略合作伙伴关系。

在自身建设方面，配备有办公室、电教室等基础设施 360 平方米。配备笔记本电脑及投影机 4 套，建立可容纳 100 人的科技培训多媒体教室。拥有农资配送车辆 7 台、科技服务车辆 4 台、自走式植保机械 51 台和无人植保机械 20 架。除此之外，合作社还拥有花生播种机 500 多台、花生剥壳机 600 多台、玉米精播耧 300 多台，90 型、100 型拖拉机 2 部。

经营服务方面，该社拥有配送车辆 11 台、服务人员 112 人，合作社直接从生产企业到各个农户统一配送，实现了"统一采购、统一配送、统一标识、统一承诺、统一价格、统一管理"，减少中间流通环节，降低生产成本。

天顺农业高新技术专业合作社发展到今天，已经发展分社 10 个，托管土地 11.2 万多亩；发展协管员 102 个，土地托管面积 8.3 万亩，该社共托管土地 19.5 万亩。带动农户 3 万户以上，直接受益农民 18 万余人。2009—2013 年，合作社通过对分社、农户直接进行物资服务、技术服务、机械服务和产品销售等，获取了显著的经济效益。2013 年，统防统治统一配送农资销售总额达到 1 245 万元，成员人均增收 1 100 元以上，带动农户户均增收 3 850 元，合作社净收入达到 210 万元。

该合作社 2010 年被河南省供销合作总社评为"五有"专业合作社，2010—2015 年连续 6 年被汝南县供销社评为优秀农民专业合作社，2013 年 3 月被市农业局评为市级示范合作社，2013 年 9 月被评为市级百强示范社，2013 年 12 月被评为省级示范合作社，2014 年 9 月被评为国家级示范合作社。

❖【链接】发展历程

随着中国城镇化、工业化的不断推进，农业劳动力日益短缺，农业生产中机械化程度逐渐提高。农业生产全过程，大体而言可以分为播种、施肥、中期管理、和收获几个环节。而在不同环节中，机械化替代的程度不同。就粮食生产来说，种植、收获环节都有相应的机械可以替代人工劳动，相应的社会化服务已经比较发达。但中期管理中，特别是植保环节，由于专业技术要求高，相应的社会化服务尚比较缺乏。就具体情况来看，植物病虫害发生时农民缺乏相应知识，不知道如何对症下药，打药不知道多少剂量合适，中毒事件时有发生。这成为制约农业机械化推进的一个弱项。而且就具体农作物来说，小麦的生长周期为 200 天左右，玉米为 100 天左右，较长的生长周期意味着田间管理的需求较大，也意味着专做植保服务蕴藏着巨大商机。合作社理事长王振国，多年从事农资经营，是农业病虫害防治方面的专家，深得农民认可。为了能够解决植保环节专业化服务程度低的短板，更好地为农民增收、农业增效服务，在 2009 年成立了天顺农业高新技术专业合作社。

合作社从 2009 年建社至今，在实践中探索，在管理模式上做了重大调整，其发展共经历了两个阶段。

第一个阶段是 2009—2012 年底，分社发展阶段。此时合作社实行的是总社＋分社＋社员管理模式。总社职责是对分社进行指导和培训及物资采购供应及分红，分社具体对社员进行指导和培训及物资采购供应及分红。当时先后成立了王岗分社、金铺金赵分社、金铺李庄分社、常兴马屯分社、和孝陈屯分社、王岗卢岗分社、三门闸老房庄分社、王岗分社、三桥马庄分社、官庄分社共十个分社。

这种管理模式的优点，总社只对分社社长管理，再由分社社长对社员具体管理，比较简单。但由于分社独立核算，社员得到的实惠不多，再加上分社人力、物力及管理水平都跟不上，发展受到极大限制和约束。

第二个阶段协管员托管模式。从 2013 年初开始，在原分社管理模式不变的情况下，该社又推出的总社直接进入的协管员托管模式，其管理模式为新增模式，即合作社社员土地托管实行协管制度。每个协管员负责管理社员土地 100～2 000 亩。协管员只配合管理，其他均由合作社负责。合作社主要负责 4

总面积的 6.2%。

（六）统一机械化病、虫、草害防治，提高植保效率

2014 年 5 月，合作社承担了中国农资集团的国家低毒低残留农药的安全使用及推广项目，主要开展药械相结合的植保服务。目前，已购进自走式植保机械 110 台，日防治面积 2 万亩以上，与农户签约机械施药土地 10 万余亩。通过在花生田、玉米田的试验、示范、推广，使用自走式施药机械施药不但比目前当地群众普遍使用的静电喷雾器效率高 10 倍，而且雾化程度高、施药均匀、没有死角，最重要的是不会因人工施药引起农户中毒，省工、省时、省药、环保。

【链接】合作社统防统治具体操作

大力推广自走式打药机、弥雾机、静电喷雾器病虫害防治技术，提高防治效果及效率，在当地作物关键生育期每日出动自走式打药机 56 台（其中 3WX－280G 共 27 台，3WX－400G 共 25 台，3WX－1000L 共 2 台，3WSH－1000 共 1 台，加农炮 1 台），弥雾机 40 台，静电喷雾器 1 500 台，平均日防治面积 25 000 亩。

统一防治时间。根据汝南县小麦种植情况及生长情况，小麦"统防统治"适宜时间一般定在 2 月 10 日至 25 日，对麦田杂草统一防治；3 月底 4 月上旬对前期红蜘蛛、蚜虫，及纹枯病、锈病、白粉病等进行统一防治。花生的统防统治按花生生育期分三到四次统一防治。玉米病虫草害的统防统治一般分苗期和小喇叭口期两次进行。

（七）合作社盈余分配办法

合作社盈余分配办法：①按成员与该社的业务交易量（额）比例返还，返还总额不低于可分配盈余的 60%。②按前项规定返还后的剩余部分，以成员账户记载的出资额和公积金份额，以及该社接受国家财政直接补助和他人捐赠形成的财产平均量化到成员的份额，按比例分配给成员。2016 年度该社盈余分配金额为 95.9 万元。

三、经营成效

合作社立足植保，服务生产，解决了农业发展中的多个难题。第一，解决了外出务工农民的后顾之忧。合作社托管土地后，外出务工农户完全从土地中

解放出来，在安心经商、外出打工的同时，又能够获得稳定的粮食收益，实现了打工收入和农业生产"双丰收"。第二，提高了合作社植保机械的使用效率。减少了农户重复购置植保机械的开支，减轻了农民耕作农田的劳动量，实现了农作物的机械化、规模化作业。第三，推广农业生产新技术。合作社已成为接受、吸纳先进实用科技成果的服务平台。例如，这两年县农业局、县植保站推出的小麦宽幅宽行播种机械，能够很好解决小麦中后期自走式植保机械进地作业难的矛盾。2013—2014 年该社共推广新式宽幅宽行机播耧 168 台，为该县小麦统防统治提供了很好的种植模式。第四，提高粮食产量。2012 年夏季，合作社托管的小麦比没有托管的小麦亩产提高了 120 斤，2012 年秋合作社托管花生亩产荚果 800 余斤，花生亩产提高了近 200 斤；托管超级玉米登海605，每亩产量平均可达 1 350 斤，最高达 1 800 斤。2013 年全县小麦冻害严重，可合作社托管的小麦仍然达 1 050 斤的收成。2014 年，该社托管的小麦亩产平均达 1 310 斤。据测算，托管前，农户每亩土地全年需投入 880 元左右，而托管后，每亩实际投入降低为 650 元左右；同时集中进行服务管理，减少劳动量，在同等条件下每亩每年要增收 500～800 元。第五，产生了一批"职业农工"。由于每台植保机械需 2 人实施机防，每年共使用机手 147 个，这些机播手成了在家打工的"农民工"。第六，经济效益和社会效益显著。天顺合作社对分社、社员、农户开展了农资、销售、技术、机械、土地托管等方面的服务，提供农资 4 100 吨、销售农产品 20 100 吨，为服务"三农"，探索以家庭承包经营为基础，统分结合的农业生产经营体制创新作出了较大贡献。其中，2013 年以来共推广农业生产技术 10 多项，带动农户 59 850 户，受益农民 18万人，社员人均增收 1 500 元，农户户均增收 4 150 元。

四、发展规划

一是 2020 年年底，汝南县天顺农业高新技术专业合作社成立一站式托管服务体系，其中包含：土地银行、农业机械服务组织、农业技术服务组织、农资服务组织、土地检测养护服务组织、农业信息服务组织。二是预计在 2020年初到 2025 年底，完成汝南县 50 万亩土地托管的计划，同时加快合作社对土地租赁的步伐。三是至 2030 年，完成合作社上市的前期准备工作，打造上市。

点　评

这是一个由种业公司领办的合作社。虽然是由种业公司领办，但却并没有局限于种子环节，而是沿着农业生产的全过程，着重在农业生产的薄弱环节——植保环节，做起了文章。合作社的主要业务和特色围绕植保而展开。理事长在农业技术方面具有较高权威，因而合作社的主要业务也是围绕着农业生产服务展开，具体来说是立足农机服务、农技服务、农资服务三大优势，进而开展土地托管服务。也就是说，与一些合作社直接联系粮食销售相比，该合作社的侧重点是提供农业种植环节的外包服务，只负责粮食的种植，不负责粮食的销售，不直接面向市场，市场风险还是需要农民自己来面对。但合作社的主要精力放在植保环节上，以植保为突破口，不断提高农业种植效率上，因而与普通农户相比，其生产效率更高，产品质量、单位成本方面更有优势，这是其特色所在。

由于合作社的主要精力是在植保方面，因而对于大田植保的各个工序研究非常深入，服务项目多样化，并且形成了多种不同的"套餐"可供农户选择。合作社土地托管形式有：

点托：只对作物整个生育期的某一点进行委托管理，这种管理模式占该社托管面积的70%；

半托：只对作物整个生育期的两个或多个关键点进行委托管理，这种形式管理模式占该社托管面积的25%以上；

全托：对整个作物的全生育期进行正常耕种管收的全部委托管理，其中不含自然灾害的防御，这种形式管理模式占该社托管面积的5%以下。

这些不同服务程度的托管方案，农户可以根据自身家庭劳动力情况灵活做出选择，这对于推动农村劳动力的非农就业并稳定农业生产、保障粮食安全具有重要的意义。

另外，本案例中所谈到的发展历程也具有启发意义。

在2009—2012年，合作社实行总社＋分社＋社员的模式。总社职责是对分社进行指导和培训及物资采购供应及分红，分社具体对社员进行指导和培训及物资采购供应及分红。这样，合作社工作中的大部分被放在了分社，总社只对分社社长管理，再由分社社长对社员具体管理，对总社而言比较简单。这种模式，看似和新田地合作社的农业生产要素车间模式类似，然而，由于各个分社只是基于自然村而成立，并不具备标准化生产的条件，故而总社在对分社的管理上就不会像新田地合作社对农业生产要素车间那样能够做到心中有数。而一般来说分社的规模都比较小，人力、物力及管理水平都不能满足需要，因此这种模式下，农民得到的实惠不多，总的来说是弊大于利的。分社不能做到标准化生产，是导致其弊端的原因。

为了解决这个问题，合作社对管理模式进行了改革，把原有的总社＋分社十社员模式，调整为总社十协管员十社员模式。新模式下，协管员负责管理社员 100～2 000 亩土地。协管员只配合管理，其他均由合作社负责。合作社主要负责 4 项主要工作：第一，负责采购和组织社员需要的农资产品、提供农业生产机械和植保机械，每 1 000 亩地配置自走式植保机械一台，面积大的临时调配大型植保机械；第二，与社员签订服务项目，提供技术服务指导，对社员进行年终分红；第三，与农机合作社、农产品加工企业签订社员需要的服务项目，如农产品回收、机械作业等；第四，招聘、培训和管理协管员。协管员负责具体服务，如打药、犁地等。

这样，相当于取消了原来的分社这一中层管理机构，把合作社的主要业务活动放在总社，使合作社组织机构更加扁平化，因而能够降低管理费用，提高合作社和农民的收益。这样做以后固然有以上的好处，但随着合作社规模的扩大，总社早晚会有要照看的土地太多以至于忙不过来的那一天，因而就长远来看，随着托管规模的不断扩大，如何改进管理机制，建立起标准化的农业生产单元，将是这类合作社的发展方向。

后　　记

　　农民专业合作社法颁布实施这十年，是农民合作社成长发展最迅速的十年，是合作社多元化发展的十年，是合作社从量变到质变飞跃式成长的十年，是农民合作社创业故事最动人的十年，也是合作社在农村扶贫中大显身手的十年。作为传统农区产粮大省，河南省的农民合作社发展更是有其特色和亮点。因此，在2017这个具有里程碑意义的时间节点，以案例方式展示河南农民合作社发展的生动实践、呈现河南农民合作社发展的蓬勃生机，是一件非常有意义的工作。

　　然而，认认真真完成这项工作远非想象中那么简单。从案例逐一遴选到现场调研访谈再到资料整理核对、案例主题讨论、资料补充细化等，每个环节都凝聚着编写组全体成员的辛劳和付出，每个环节的完成都得益于多方面的支持与帮助。

　　在本书成稿过程中，河南省农业厅农村经济体制与经营管理处（以下简称农经处）与河南农业大学经济与管理学院联合成立编写组。为获得扎实的一手资料，省农业厅农经处先后组织编写组成员赴荥阳、许昌、项城等地开展现场调研和问卷访谈；为进一步挖掘案例特色亮点，农经处又召开了为期两天的全省典型合作社理事长座谈会。座谈会提供的大量细节性信息，不仅使得合作社案例更为生动感人，也使得编写组能够更好地把握案例主题。当然，调研访谈以及资料整理工作的顺利推进离不开各级农业部门领导和工作同志的鼎力协助，离不开案例合作社理事长在现场访谈以及资料搜集过程中的积极配合。可以说，前期的扎实调研直接决定了本书的写作质量，在此向他们表示崇高的敬意和衷心的感谢。

　　感谢在案例编写过程中付出辛劳的河南农业大学经济与管理学

院各位老师。感谢陈俊国老师，陈老师不仅全程参与案例合作社的座谈讨论，而且为案例主题的选择提出了多方面的建设性意见。感谢张锋、刘宁、倪冰莉、赵明正、贾小虎几位老师，他们从调研座谈到初稿形成过程中付出了大量辛勤劳动。感谢刘阳博士，刘阳博士不仅整理了部分案例，而且在统稿过程中奉献了大量的时间和精力。感谢张鹏飞、张鹏宇两位研究生，他们协助完成了大量的调研和文字整理工作。

　　本书的出版得到了河南农业大学农业政策与农村发展研究中心、河南省农村区域经济发展研究中心的资助，在此表示衷心感谢。本书能够得以及时出版，更需要感谢的是中国农业出版社的大力支持和编辑们为本书付出的辛勤劳动。

编写组

2017 年 12 月 18 日

图书在版编目（CIP）数据

河南省农民合作社典型案例及评析／河南省农业厅
编．—北京：中国农业出版社，2017.12
ISBN 978－7－109－23819－0

Ⅰ.①河…　Ⅱ.①河…　Ⅲ.①农业合作社-案例-河
南　Ⅳ.①F321.42

中国版本图书馆 CIP 数据核字（2018）第 003484 号

中国农业出版社出版
（北京市朝阳区麦子店街 18 号楼）
（邮政编码 100125）
责任编辑　赵　刚

中国农业出版社印刷厂印刷　　新华书店北京发行所发行
2017 年 12 月第 1 版　　2017 年 12 月北京第 1 次印刷

开本：720mm×960mm　1/16　印张：16.75
字数：293 千字
定价：45.00 元
（凡本版图书出现印刷、装订错误，请向出版社发行部调换）